つり人社書籍編集部 編

みんなのハゼ釣り

ファミリーから
ベテランまで楽しめる多彩な釣り方を徹底解説。
料理、生態、釣り場案内も！

つり人社

目次

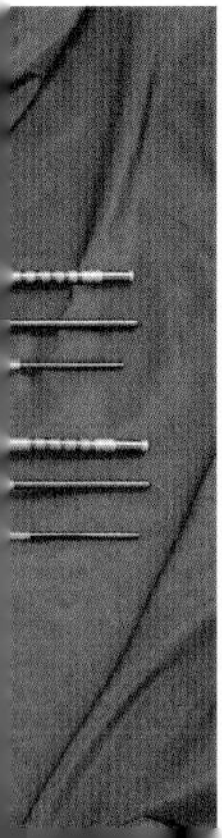

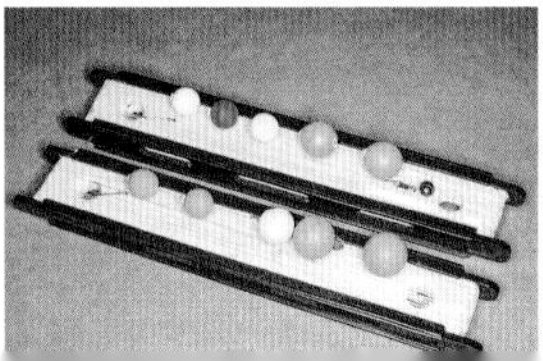

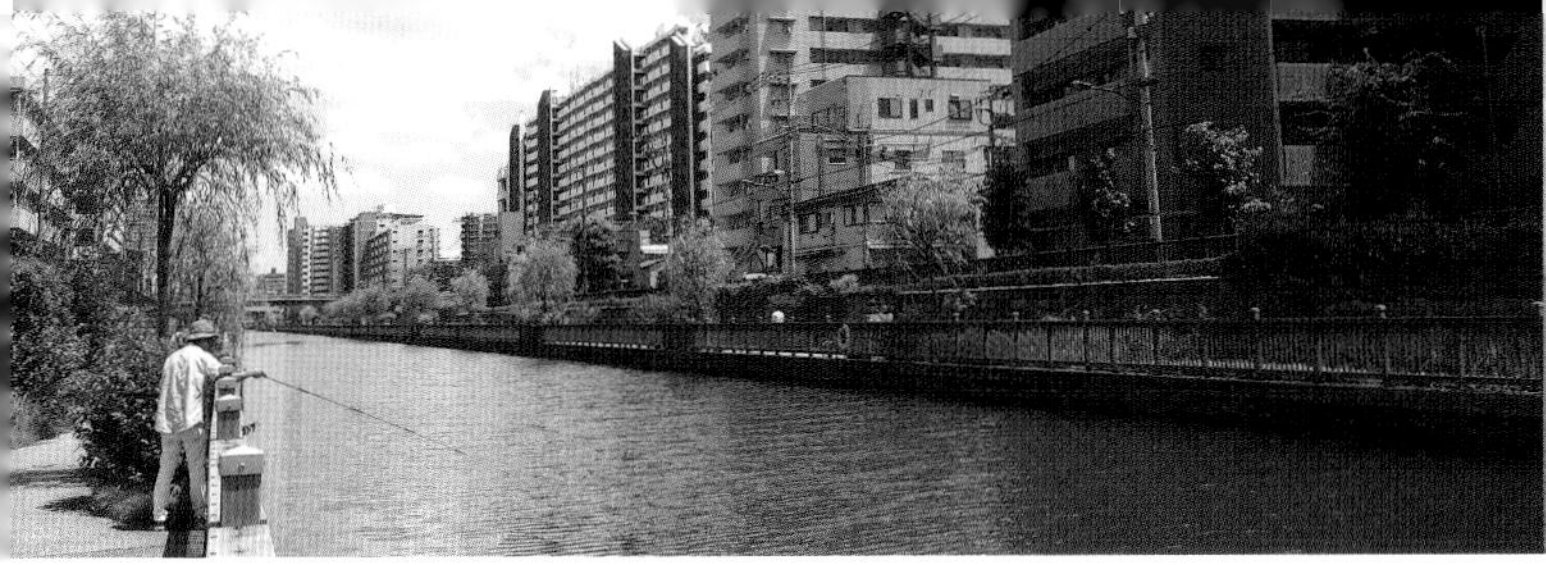
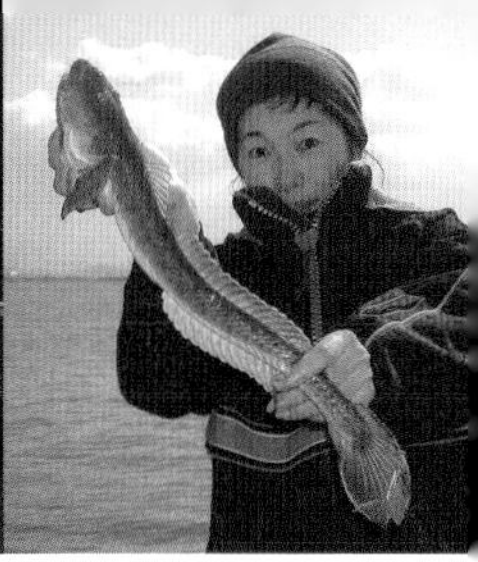

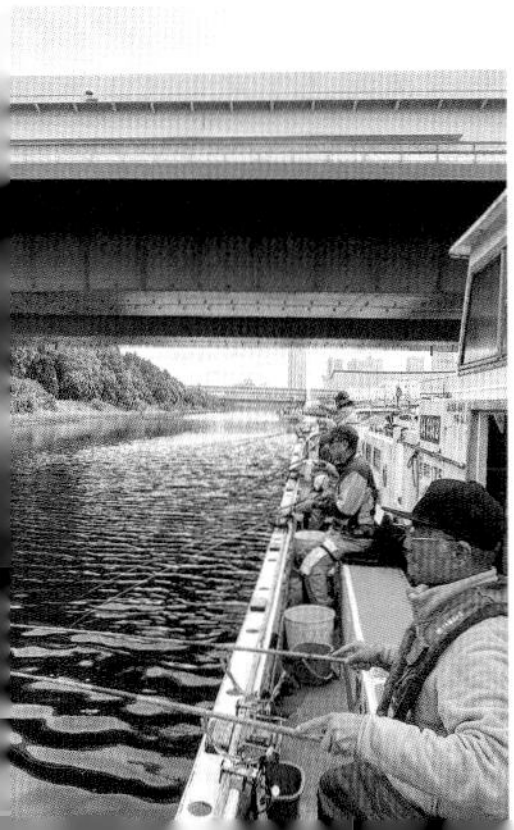
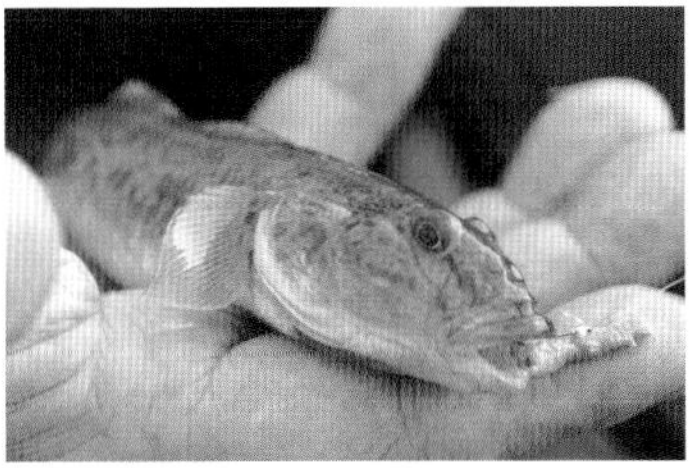
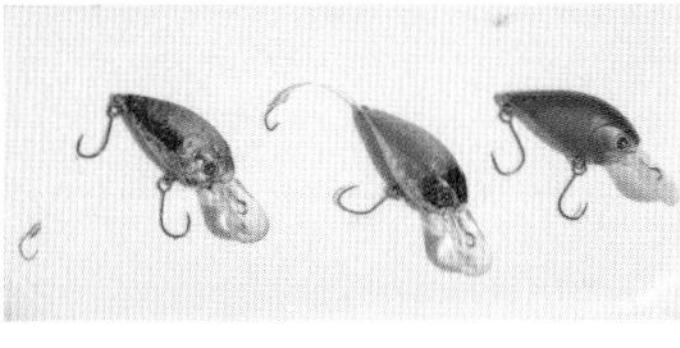
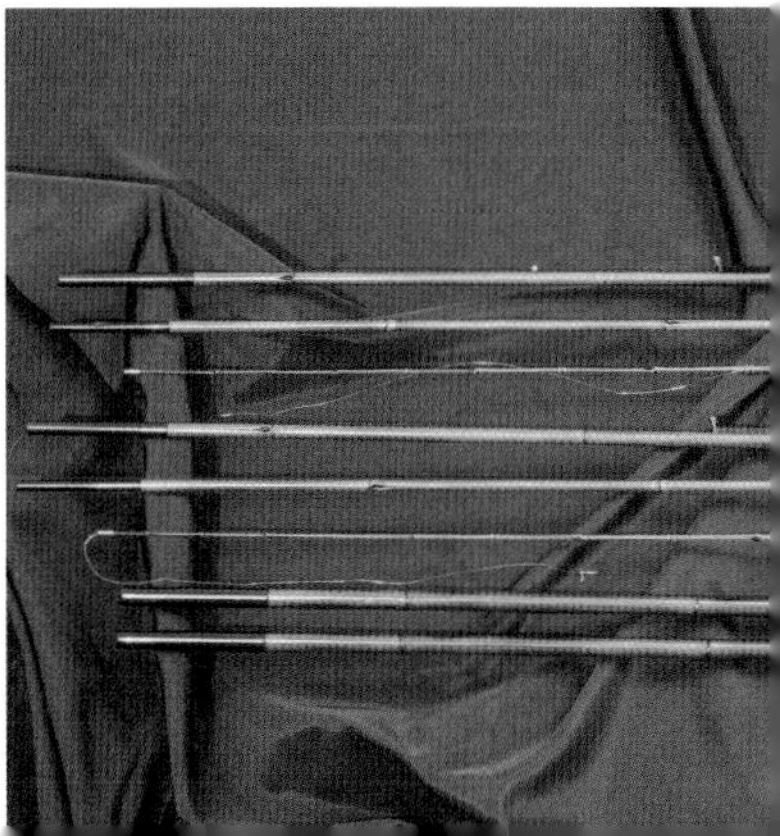

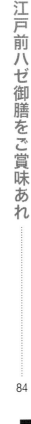

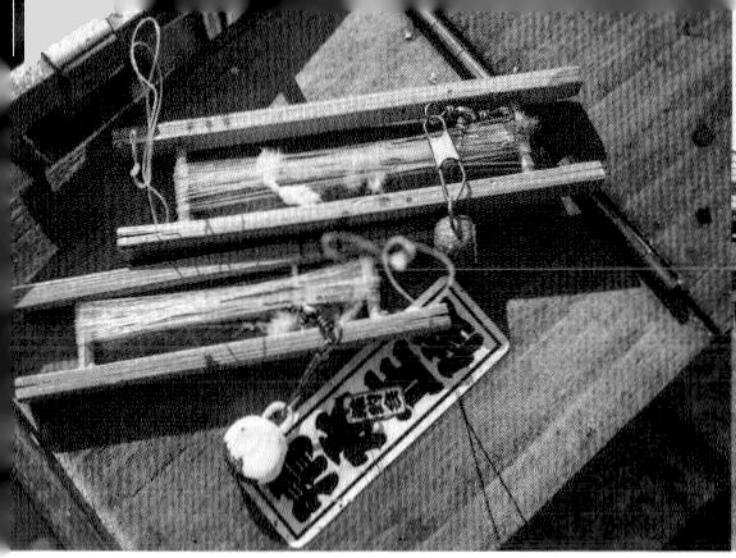

BOOKデザイン　佐藤安弘（イグアナ・グラフィックデザイン）
カバーイラスト　廣田雅之
本文図版　石井正弥・廣田雅之・堀口順一朗

数多くいるハゼの中でも最も釣り人に人気が高いマハゼ

マハゼこそ

▽▽▽釣って実感、豊かな汽水域を残す・造る大切さ△△△

【新世紀のウォータフロント像の象徴】

文◎工藤孝浩（日本魚類学会）
写真◎工藤孝浩、編集部

ハゼの仲間は分類学上ハゼ亜目に属し、世界に2300種類以上いるとされる。その内、日本には670種以上が、河川上流、湖沼、河口、沿岸、そして水深数百mの深海にまで生息している。わずか1㎝以下で成魚になるものから、50㎝以上になる大型まで多彩だ。そんな数多くいるハゼの中でも最もポピュラーで釣り人にも人気が非常に高いのが本書の主役であるマハゼである。

マハゼは東京湾と市民のインターフェース

1950年代以前の東京湾岸には、春の潮干狩り、夏の海水浴、夏から初冬までのハゼ釣りと四季折々に人々の賑わいがあふれていた。かつて東京湾は住民に生活の糧《かて》とは別に、潤いと安らぎを与えてくれる場所であった。ところが、相次ぐ埋立てと企業や港湾による占拠・立入り禁止措置などにより、しだいに人々は東京湾から離れていった。

しかし今、「東京湾再生」をスローガンとした官・民・学の連携・協働の取り組み

汽水域に多く形成される干潟。干潮時には露出して満潮時に栄養豊かな汽水に覆われるから多彩な生物が生活できる

が活発化し、東京湾のアメニティー価値が大きくクローズアップされつつある。東京湾の生物のなかでも疎遠《そえん》になってしまった人々と海とを再び結びつけるもの、それがマハゼだ。

かつてハゼ釣りは、首都圏住民にとって「安・近・短」の大衆レジャーの花形だったが、ハゼ釣り全盛期の東京湾は、決してよい環境ではなかった。有機汚濁はむしろ今よりもひどく、埋立ては進んでシラウオやアオギスが姿を消してゆく中、マハゼは大繁栄を遂《と》げていた。それはなぜか？

自然に適度な人為が加えられた環境で人と共存する生物が多く知られている。ホタルやカタクリをはじめとする里山の動植物がその代表だ。里山になぞらえた「里海」という言葉が広まってきたが、まさにマハゼは里海を代表する魚で人とともに繁栄できるポテンシャルを持っているのである。

茨城県涸沼。大型のハゼが釣れることで知られるほか現在もシジミ漁が盛ん

ハゼの一生についての定説

マハゼの一生は移り変わる釣趣と連動しており、基本的な生活史は広く釣り人に認識されている定説でもある。

繁殖期は冬で、雄は水深10ｍ前後の海底に長大な巣穴を掘り、雌をその中に招き入れて産卵させる。

早春、巣穴でふ化した仔魚は表中層に分散して浮遊生活を始める。仔魚はプランクトンを食べて成長し、遊泳力がつくと塩分が薄い河口や運河などの泥干潟に集まり、生活の場を海底へと移す。

着底後はごく浅い海底で底生動物を食べ

都市部周辺に少なからず残っているこうした干潟を残していくことが大事

都市部の運河で釣りが成立し、しかも美味しくいただくこともできるのがハゼの人気の理由のひとつ

て急成長し、淡水域にもソ上する。７月には全長８㎝前後になって釣りの対象になる。夏の育ち盛りのハゼは食欲旺盛で警戒心も薄く、デキハゼと呼ばれてオカッパリで数釣りが楽しめる。

　秋はハゼ釣りの最盛期。平均全長は10㎝台となり、釣趣は格段に向上する。水深３～５ｍのタカ場と呼ばれる浅瀬に多くなり、陸からも投げてねらえるが、船やボートからの釣りが中心となる。

　11月を過ぎると成熟したハゼはケタと呼ばれる水深10ｍ前後の産卵場に移動する。

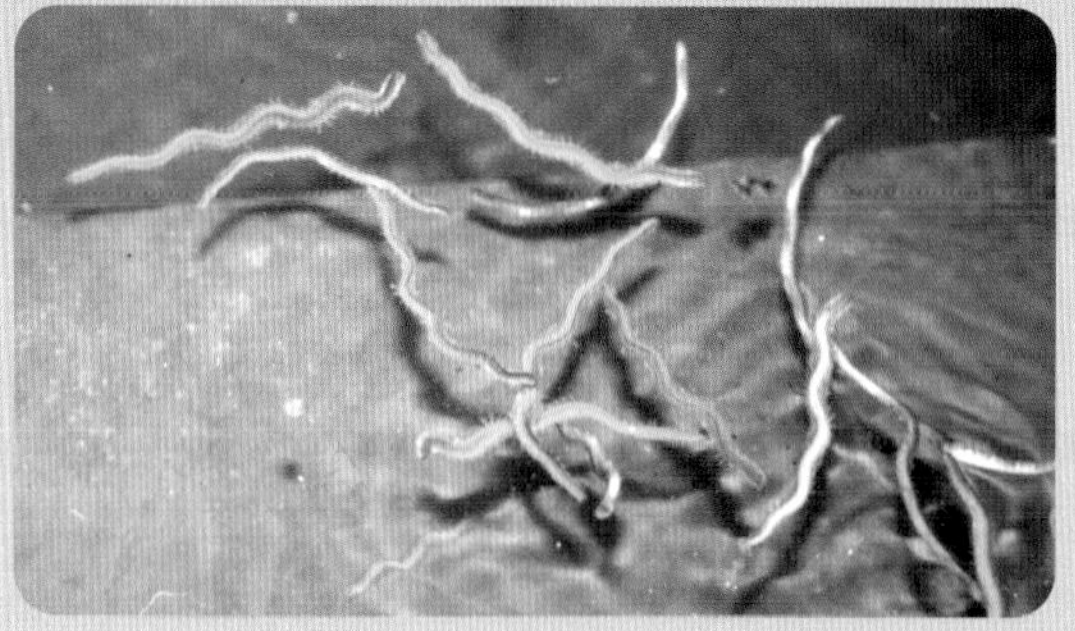
ヤマトカワゴカイ

魚のエサになる生物たち

チゴカニ

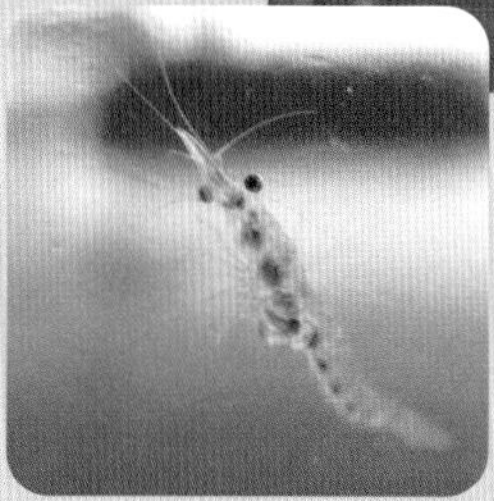
ニホンイサザアミ

ヤマトシジミ

落ちハゼやケタハゼと呼ばれるこの時期は、食いが落ちて釣りにくくなるものの15～20㎝の大ものがそろいベテランを夢中にさせる。
　その後翌春までには産卵し、雌は産卵後に、雄は１ヵ月の卵の保護を終えた後に死んで多くが1年の短い一生を終える。ただし、成長不良のため1年目に成熟できず、ヒネハゼと呼ばれ2年生きて繁殖するものもいる。

豊かな汽水域があってこそ

　そんなハゼたちが、生まれ、育つ場所であり、釣り場でもあるのが汽水域だ。

　そもそも汽水域とはどんな場所なのだろう。簡単にいえば、河口域や閉鎖された内湾に淡水が入り込む水域のことをいう。また、塩分（塩化ナトリウムや硫酸マグネシウム、硫酸カルシウム、炭酸水素塩などを含む塩類）が、０～25ＰＳＵ（Practical Salinty Unit＝実用塩分濃度）、濃くても30ＰＳＵ未満であれば汽水域と呼べる。

　1ＰＳＵとは1ℓの水に1ｇの塩分を溶かした状態で、たとえば東京湾内湾部の平

タマシキゴカイのフン。こうした生物たちのフンも汽水域の貴重な栄養になる

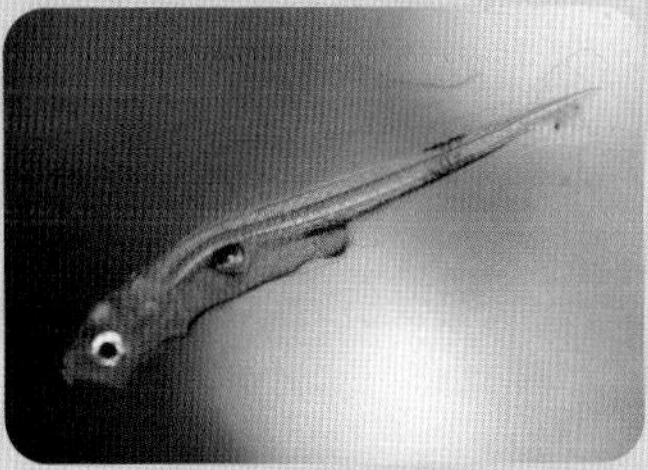

こちらはハゼの子ども。冬までに大きくなり、基本的には産卵を終えると死んでしまう年魚だ

アシハラガニ

汽水域で生活する

シラタエビ

ハゼの卵

ヤマトオサガニ

常値は32〜33PSUとなっており、汽水域と呼ぶにはやや濃度が高い。

　水域の単位面積当たりで比較すると、汽水域は栄養の供給も魚類の生産も最も高い場所である。栄養供給が多い理由は陸からの栄養塩（窒素、リン、ケイ酸）や生物生産に必要な微量元素（鉄等）が豊富にもたらされているうえ、水深が浅いために底質からも供給されるためである。

　特に微量元素は、急激なペーハーの変化による化学的反応で凝集・沈降し、その多くが汽水域に溜まる。この栄養豊富な水によって植物プランクトン、底生藻類やコアマモなどの海草が旺盛に繁殖し、それらを食べる動物プランクトンや各種の底生動物が豊富に湧き、ハゼをはじめとする多くの魚たちにとってこのうえないエサ場になるのだ。

　ゴカイ類やエビ・カニ類、アミ類、シジミなどの貝類も豊富に生息する汽水域。そうした生き物の共通の特徴は、生息できる塩分の範囲が大きく、広塩性であること。数値でいうと5〜30PSUに生息できる生物。浅くて潮汐による干満もあるので水温

仲間たち

ハゼクチ

見た目はマハゼに似たこの大きな魚は有明海と八代海にだけ生息する。当地の泥深く広い干潟がハゼの仲間で最大級の 50㎝以上に育てる

チチブ

「ダボハゼ」と呼ばれて釣り人から蔑（さげす）まれるハゼは、主に本種とシマハゼ類である。生活域はマハゼとオーバーラップし、旺盛な食欲と強いナワバリ意識をもち、すかさずエサをかすめ取る外道の代表格。汽水域の中でも塩分が薄く泥っぽいエリアに特に多い

アカオビシマハゼ

チチブとともにダボハゼの双璧を成し、本種とシモフリシマハゼが特に区別されることなく「シマハゼ」と呼ばれる。ストラクチャー、石積みや岸壁の周りには特に多く、塩分が濃いエリアには本種、薄いエリアにシモフリとすみわけている

マハゼ

学名：*Acanthogobius flavimanus*
分類：スズキ目ハゼ亜目ハゼ科マハゼ属

北海道南部から鹿児島県枕崎までの日本海・東シナ海沿岸（有明海を含む）、津軽海峡から屋久島までの太平洋沿岸、瀬戸内海に分布。内湾と河川下流域を生活の場とし、汽水域を中心に一部海域と淡水域とを移動しながら成長する。20㎝前後までが標準で、最大で 28㎝になる。本書の主役

変化にも強く、底生動物では干出《かんしゅつ》に強い。そして浸透圧を調整する機能が発達していない稚魚にとっては、汽水の塩分は体液の濃度に近く、生理上のストレスがない環境である。また、汽水域は濁りが強いことが多いため、捕食者から隠れられるなどの利点もある。

　こうした汽水域の豊かさの恩恵を受けて生まれ育つマハゼは、かつてはあまりの多さに〝湧く〟と表現されたほどだったが、実は人間が過度に改変した環境に適応しつつ何とか命のバトンを繋《つな》いでいるという現実も知っておいていただきたい。

　特に貧酸素水塊と高水温という抗し難い危機に直面している現代のマハゼの新たな知見に関しては後半（150〜159頁）で詳解しているのでぜひご覧いただきたい。

　末永くハゼ釣りを楽しむためには、豊かな汽水域があってこそなのである。

汽水域に住むマハゼの

イトヒキハゼ

水深があって泥っぽい場所にすみ、テッポウエビと共生する。ボートや船のケタハゼ釣りの外道で釣れ、大きな口で指を噛むので「テカミ」、「パックンチョ」などと呼ばれる。生命力が強くてハリに掛けても弱らず、知る人ぞ知るマゴチやヒラメの泳がせ釣りの特エサ

アシシロハゼ

マハゼと同属のそっくりさん。見分けは難しいが、鱗の数が少なく大きさは10cmどまり。マハゼと同所的にすむが、秋に産まれた仔稚魚はマハゼに先がけて浅い干潟に着底して早く成長し、後から着底してくるマハゼの仔稚魚を待ち構えて食べてしまう

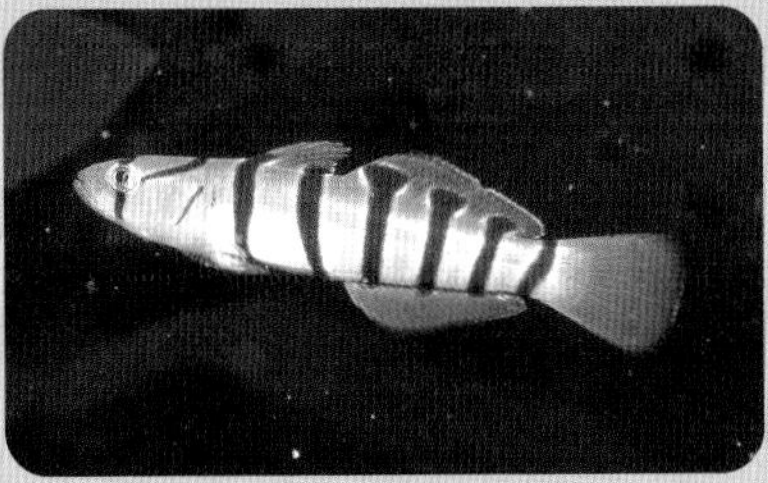

キヌバリ

藻場の中層に群れる美しいハゼ。写真は太平洋岸型で体に黒色横帯を6本もつが、日本海型は7本もつ。ハゼの世界的な研究者である上皇陛下は、本種とその近縁種の研究に特に力を注がれた。かつては普通にみられたが、藻場の衰退により近年各地で減っている

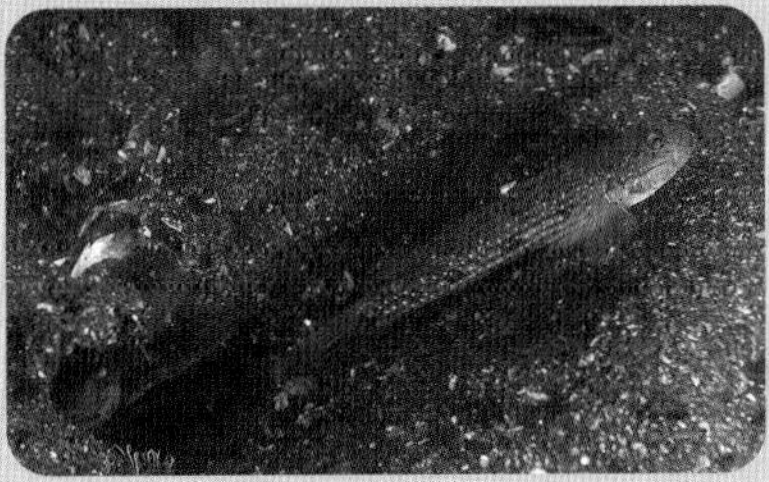

スジハゼ

マハゼより高塩分で泥分が少ない場所を好み、特にアマモ場の周りに多い。テッポウエビと共生し、危険が迫るとその巣穴に逃げ込む。数は多いが口が小さいためデキハゼ釣り以外ではあまりお目にかかれない。体のコバルトブルーの斑点が美しい

トビハゼ

水陸両生の5cmほどの小型種。有明海のほか沖縄から東京湾の江戸川放水路の泥干潟にまで生息。20年ほど前には当時の建設省がトビハゼ用の人工干潟を造成。現在も多数のトビハゼが人工干潟で生活している。ハゼたちの生活の場を残すことも大切だが、新たに造ることも大切だ

ドロメ

晩春から初夏にかけて稚魚の大群が中層に浮遊している。着底すると転石の隙間や下、岸壁の裂け目などにひそみ、待ち伏せ型の捕食をする。口が大きく、カサゴやムラソイの穴釣りの外道で釣れることがあって驚かされる。大きなものでは15cmに達する

釣りに慣れないファミリーフィッシングには玉ウキの変化が楽しいシモリウキ仕掛けのウキ釣りがベスト

ハゼ釣りのスタイルあれこれ

誘いもアタリも目で楽しむ！

【ウキ釣り入門】

淡水魚全般の小もの釣りを代表する釣り仕掛けはウキ釣りが主流。水面に張り付くように揺れるいくつもの玉ウキを目で追っているうちに、気持ちよく引き込まれるアタリは爽快《そうかい》そのもの。慣れないチビッコや女性軍にもお手軽感が強い。ここではハゼのオカッパリ釣りに適した「玉ウキのシモリウキ仕掛け」を取り上げ、仕掛けの組み方やサオ操作、アタリ&アワセ方といった基本的なテクニックを説明しよう。

サオ

3m前後で2～3段のズーム式がオールマイティー

シモリウキ仕掛けによるオカッパリハゼ釣りのウキ釣りはミャク釣りと同じ振り出しのノベザオが適している。サオの全長は釣り場の規模やねらうポイントの遠近など状況によって、主に2・1～3・6mクラスを使い分ける。できれば、2～3段式のズームロッドを選ぶと1本の利便性が増す一方で、釣りに慣れないチビッコや女性たちには2・1～2・7m級の短ザオが扱いやすい。また、ベテランになると4・5m級の長尺ザオを駆使して、沖めに投げ込んで広範囲のポイントをくまなく探って釣果を伸ばしている。

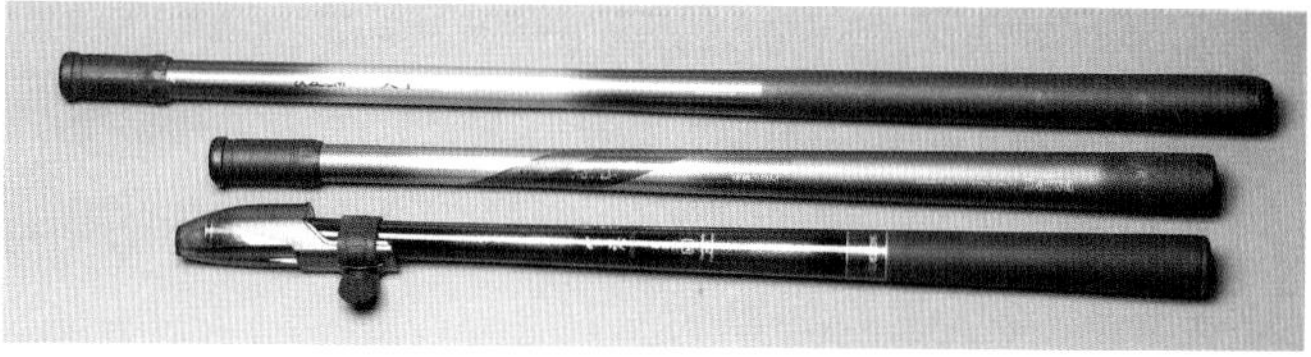

●サオ　全長2.1～3.6mの振り出しザオが定番。2～3段式のズームロッドは大変便利

家族そろってドヤ顔でご満悦！

仕掛け

玉ウキ1つから20個まである その理由と違いとは

淡水魚の小もの釣りとして愛用されているウキ仕掛けは多種多彩なパターンが考案されている。その種類は清流のヤマベ釣りに好まれる玉ウキ1つのフカセ仕掛けから、10～20個の玉ウキをつないだ数珠仕掛けまで、魚種や釣り方などにマッチしたウキ釣り仕掛けがある。

ハゼのオカッパリ釣りには、春の乗っ込みブナから秋の小ブナまでマブナ釣り全般で多用されてきた「玉ウキのシモリウキ仕掛け」が主力。ハゼ用のシモリウキ仕掛けの基本的な組み方は遊動式の中通し玉ウキを数個ミチイトに通したパターンで、視認性がよくて微弱なアタリが分かりやすいことが大きな長所だ。

オカッパリハゼ釣りに使われるシモリウキ仕掛けはまず、貝殻などの根掛かりが懸念されるポイントをねらうため、ミチイト1・2～1・5号に対してハリス0・4～0・8号といったように太さの段差を付け、仕掛け全体を失わずに、細いハリスの接続部で切れやすくする工夫をしておく。さらに、ミチイトとハリスの接続パーツとして自動ハリス止メ（小サイズ）を介することでより切れやすくなるのでお勧めしたい。

肝心な中通し玉ウキは感度良好な硬質発泡製を選べばよく、その形状には丸型とナツメ型があっ

ハゼのシモリウキ釣り タックル&仕掛け

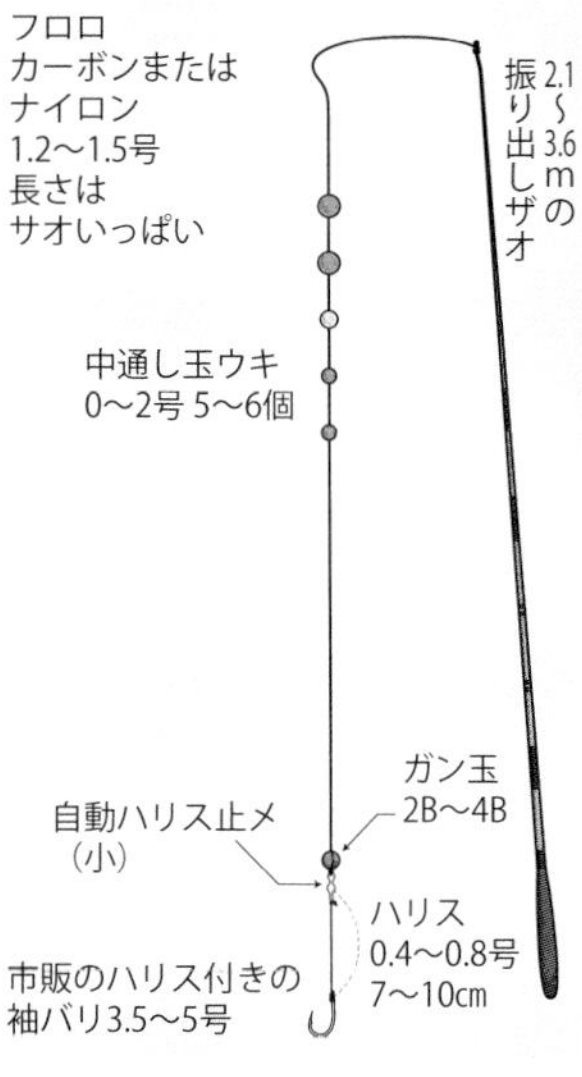

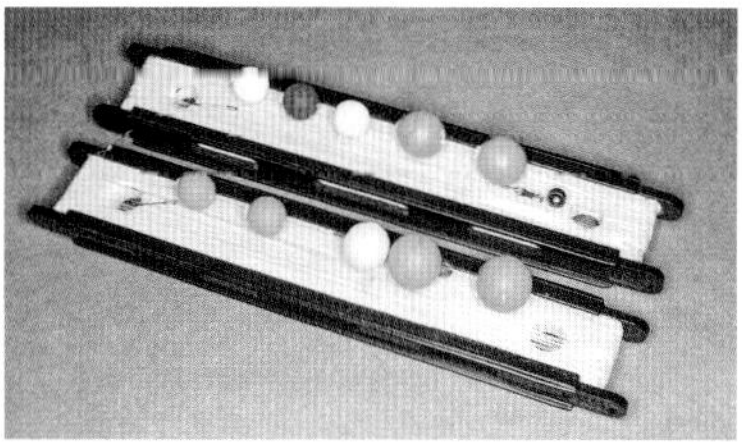

●シモリウキ仕掛け　遊動式の中通し玉ウキを５～６個通した仕掛けが使いやすく、ハゼのアタリもよく分かる

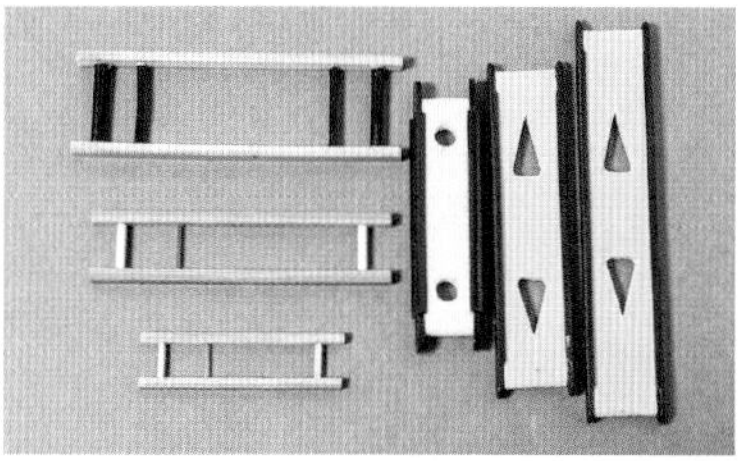

●仕掛け巻き　完成仕掛けを巻き込んで持ち歩くには必要。硬質スポンジ製のほか昔ながらの竹製もある

●玉ウキ　遊動式の玉ウキには丸型とナツメ型がある。オカッパリハゼ釣りに多用する号数は０～２号で、５連結の５ツ玉と６連結の６ツ玉仕掛けが好まれている

て各自の好み。大きさの号数は2・7m以内の短ザオなら小さめの0〜1号、3〜3・6mザオにはワンサイズアップの1〜2号を組み合わせる。オカッパリハゼ釣りのシモリウキ仕掛けには5ツ玉とも呼ぶ玉ウキ5連結式、または6ツ玉の6連結式が好適で、ガン玉の2B〜4Bをハリス上に固定して早ジモリのオモリバランスに整える。

ハリは淡水魚釣りの万能型として人気が高い袖型がイチ押し。号数は梅雨明けに釣

●ガン玉　ガン玉は豊富な大小サイズの中から、オカッパリハゼ釣りには主に2B〜4Bを使う。切り口の開閉が容易で交換が楽なソフトタイプ、またはゴム張りのガン玉がお勧めだ

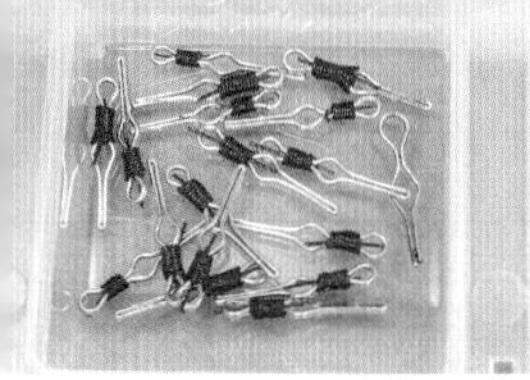

●自動ハリス止メ　根掛かりでハリスを切ったりハリ先が鈍った際、ハリ交換が手早い自動ハリス止メは大変便利。小サイズがあればOK

●ハリ　淡水魚釣りに万能な袖型が一番。夏から秋にかけての中小型ハゼには3.5〜5号の大小3サイズで充分

《中通し玉ウキの止め方》

〈つま楊枝の栓を使う〉

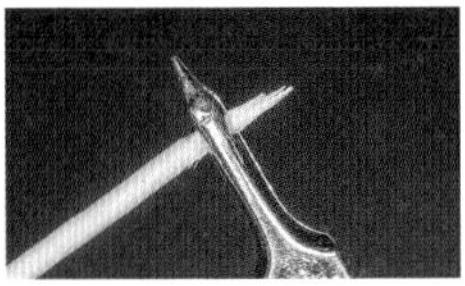

①最初に玉ウキの穴から栓が外れにくくなるように、つま楊枝の先端部を細口ペンチで軽くつぶす

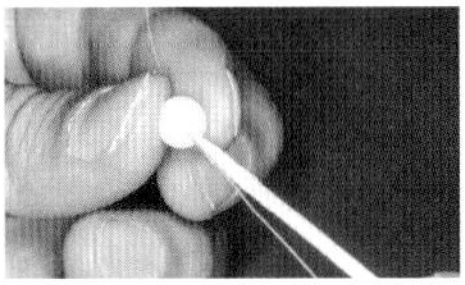

②きつめに差し込んだら、ミチイトの上を滑らせてみてちょうどよい通り加減に調節する

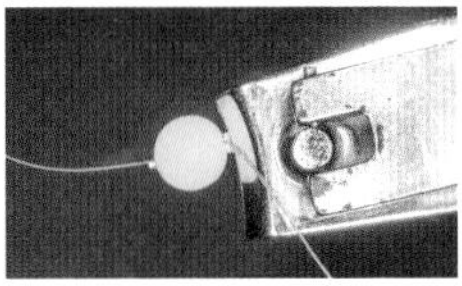

③最後に爪切りなどを利用してつま楊枝の残り分をカット。釣り場で使う際は乾燥した栓が外れやすいので、動かす前に川の水に浸すこと

〈ホウキの芯を使う〉

①今回は手ボウキから抜いたが長ボウキでもよい。ホウキの芯は太い一本芯だと外れやすいので、細目の芯を数本組ませるとミチイトに絡まりやすい

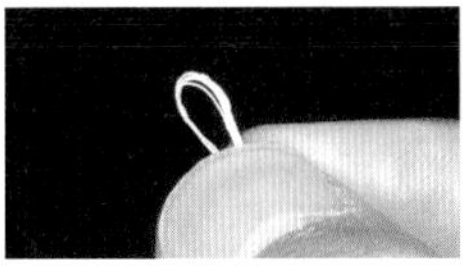

②まずは芯の中ほどを丸めたら……

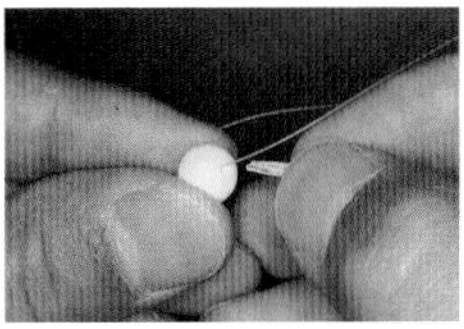

③玉ウキの穴に少しきつめに突っ込んでみて、通り加減を調節する

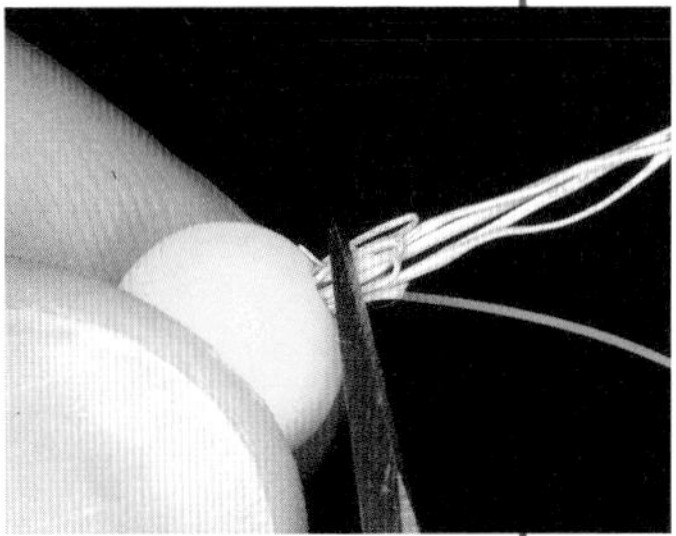

④ちょうどよければ残ったホウキの芯を切り落とす。つま楊枝の栓と同じく水に濡らしてから使い始め、念のため道具入れの中にスペアのつま楊枝とホウキの芯を忍ばせておこう

れる5～6㎝級チビハゼ用の3・5号に始まり、秋までハゼの成長に合わせて大きめのハリにスイッチし、4～5号を選ぶとよい。オカッパリハゼ用の完成仕掛けは釣り具メーカーから数多くの製品が市販されている。

　これらの完成仕掛けは市販の仕掛け巻きにセットし、帰宅後は塩分と汚れを洗い流して風通しのよい日陰で干す。根掛かりで仕掛けが損傷することが多いので、仕掛けやハリスの予備は多めに準備しておく。

釣り場

沈みが遅いので深場は苦手

サオの全長と同様、ハゼのオカッパリ釣り場もミヤク釣りエリアが大本命。ただし、

〈オカッパリハゼ用シモリウキ仕掛けあれこれ〉

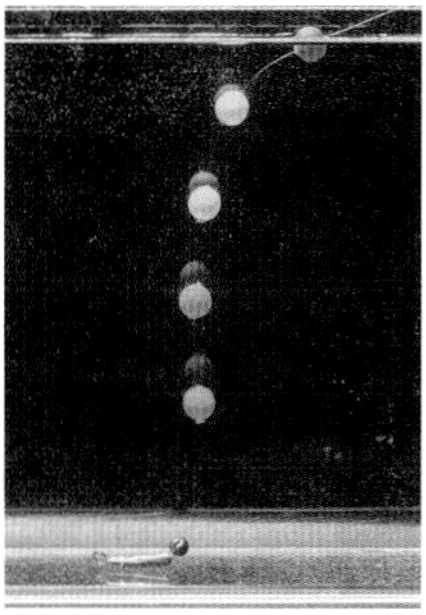

●オモリバランスは？
シモリウキ仕掛けの沈み加減はウキの浮力が勝る“トップバランス”、ウキ全体がごくゆっくり沈む“遅（おそ）ジモリバランス”、ウキの浮力を度外視して仕掛け全体が沈み切る“早（はや）ジモリ”の3通り。オカッパリハゼ釣り用には早ジモリのオモリバランスが最も向いている

●ウキ下の調節法

a　早ジモリに調節して玉ウキ5～6個を通したシモリウキ仕掛けは着底を確認したら、水面に上部の玉ウキ2～3個が並ぶくらいに調節すると視認性がよい

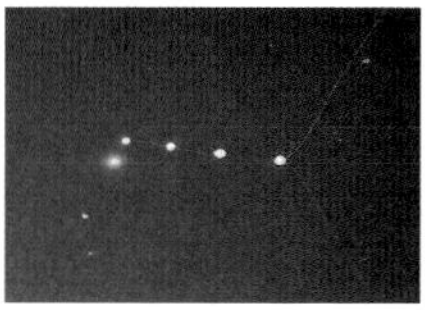

b　水深が少し浅くなると水中にあった玉ウキが顔を出し、反対に深くなると全部の玉ウキが沈んでしまうので再調整すること。また、アタリは水面に並んだ玉ウキばかりでなく、水中にある玉ウキの動きを察知するのがコツだ

潮が引いてきたら立ち込み釣りのチャンスタイム。貝殻などで足元を切りやすいので、必ずマリンシューズや古いスニーカーを着用すること

大河川でよく見かける低い斜め護岸は潮の干満の影響を受けて滑りやすいので要注意

下町の街中をいく筋も流れる水路運河群は絶好のオカッパリハゼ釣り場を形成している。ただし、その大半は運搬船などの通行のため造られているので水深が深く、シモリウキ仕掛けのウキ釣りで釣りづらいのが難点だ

潮が引いてなだらかなカケアガリが露出した水路の停泊桟橋周り。潮が満ちてくると好ポイントに変身するので、周囲のようすをよく観察しておくこと

夏ハゼ釣りシーズンは立ち込み釣りでクールダウン。ねらう水深はくるぶしから深くてもひざ下あたりまでで、上げ潮時はハゼの活性がより高くなる

夏真っ盛りでも今シーズンの一番子は15㎝を超す良型サイズに成長している

両手いっぱいにハゼを大盛りでかざし、ドヤ顔２連発！

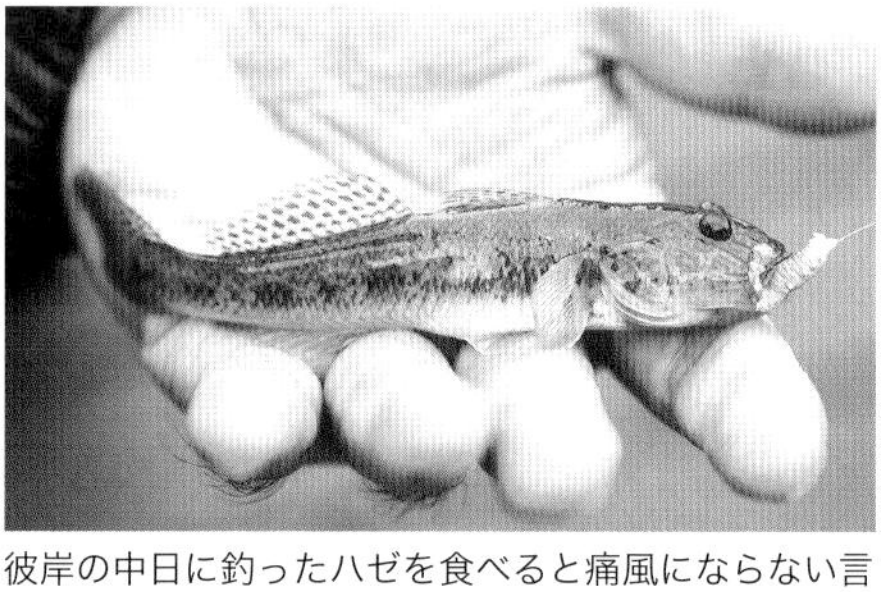

彼岸の中日に釣ったハゼを食べると痛風にならない言い伝いがある

オールマイティーなミャク釣りに対し、シモリウキ仕掛けのウキ釣りは少々の欠点が。

　それは仕掛けの沈下スピードが遅い影響で水深1m以上あるポイントは苦手で、さらに強めの流速が伴う水路運河筋などはウキの水抵抗が強く仕掛けの安定性が悪くなる点だ。とはいっても、夏から秋にかけてのオカッパリハゼ釣り場は水深が浅く、あまり問題はない。

釣り方

振り込み直後のアタリは高確率でハリ掛かりする

シモリウキ仕掛けのオカッパリハゼ釣りはミャク釣りと同じように、沖めに向かって仕掛けいっぱい振り込んで仕掛けが着水したら、ミチイトを張り気味に保って水面近くのシモリウキを基点にして、カーブフォールでゆっくりと仕掛けを沈めていくサオ&仕掛け操作が最大のキーポイントといえる。できるだけ沈下スピードを遅らせることによって、上目づかいにエサを追うハゼにアピールして、少し離れた位置にいたハゼが飛びついてくる確率が高くなるのである。

　このような振り込み直後のアタリは着底後５～10秒以内にウキの変化として表われ、しかも一番活性が高いハゼなのでハリ掛かりは１００％に近い高確率と思ってよい。

　振り込み直後に当たらなかった時はそのまま30秒ほど待った後、軽く持ち上げて20～30㎝動かして誘い、この仕掛け操作を２～３回繰り返したら一旦仕掛けを取り込んで振り込み直すこと。誘い操作をせずに仕掛けを置きっぱなしにしてしまうと、その後の当たる率はガクンと落ちるから気を付けたい。

また、誘う範囲は立ち位置から川に向かって扇型に振り込むワイド釣法が鉄則。連続してバラした場合には左右違う方向へ振り込み、ハリの痛さを学習していないフレッシュなハゼ（？）を探り当てたほうが釣果アップ間違いなしだ。

アタリ方は明快そのものだが、アワセ方はタイミングが意外と難しい。シモリウキ全体が水中深くまで消し込まれてしまったのは食い逃げアタリで、まずフッキングせず、水面前後に漂うシモリウキが横走りしたり、水中に位置するシモリウキの一部に変化があった時がジャストタイミングだ。

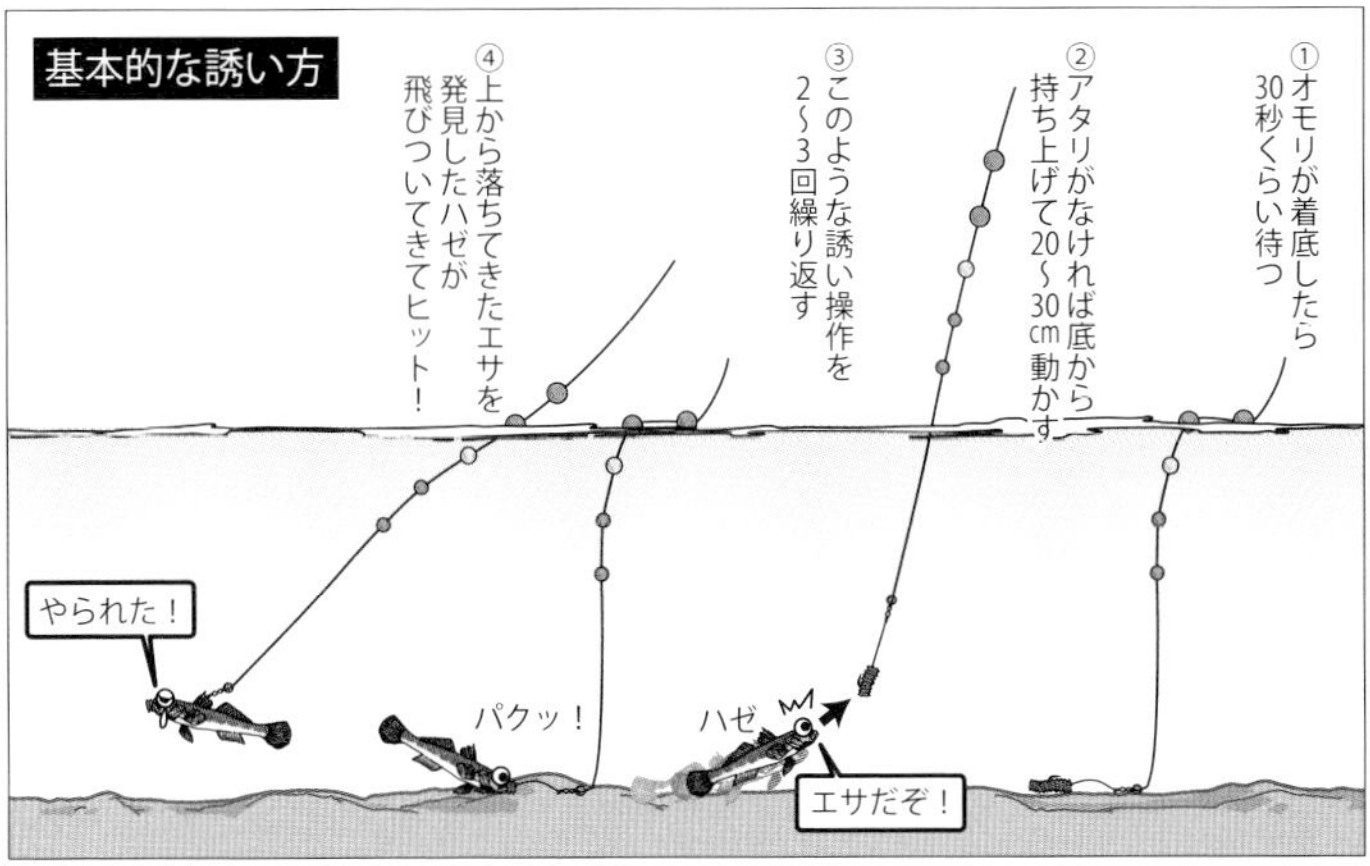
基本的な誘い方
①オモリが着底したら30秒くらい待つ
②アタリがなければ底から持ち上げて20～30㎝動かす
③このような誘い操作を2～3回繰り返す
④上から落ちてきたエサを発見したハゼが飛びついてきてヒット！
やられた！
パクッ！
ハゼ
エサだぞ！

通気性がよい木製のエサ箱は多少多めに虫エサを入れても弱りにくいのが長所。ヒモを通して首掛け式にし、金具を付けて汚れふき用の手ぬぐいをぶら下げておくと重宝する

〈ハゼの簡易冷蔵保存法〉

①探り歩くオカッパリハゼ釣りにはショルダー式クリークがベスト。ビク前面には小出しのエサ箱を配しておく

②水漏れの心配がない凍らせた500㎖のペットボトルが使いやすい

③数時間釣ってある程度ハゼが溜まったら、体色が変わって鮮度が落ちないうちにクーラーボックスに移し替えてしっかりと保冷しながら持ち帰ること

▽▽▽▽▽▽▽▽▽▽ ハゼ釣りのスタイルあれこれ △△△△△△△△△△

アタリがダイレクト！ 気配で合わせるスピード釣法

【ミヤク釣り入門】

ハゼの多彩なアタリを目で見て楽しめるウキ釣りに対して、サオを通じて手もとにアタリが伝わるのが「ミヤク釣り」だ。浅場・深場・河口と特徴が異なる3つの釣り場のミヤク釣りでの攻略法を、小もの釣りのベテランで著書も多い坂本和久さんが解説。

東京の下町にはご覧のように整備された遊歩道に面した運河でも手軽にハゼ釣りが楽しめる。水深があるところはウキよりもミヤク釣りのほうが合っている

愛らしいハゼ。浅場でねらえる初期から落ちはじめまでシーズンを通じてミヤク釣りでねらうことができる

坂本さんが用意したサオはダイワ「雪渓」硬調 3.6m をはじめ、マブナザオ８尺（約 2.4m）、約 1.5、1.8、2.1m と伸縮できるズームタイプの小継ぎザオ。これくらいの長さのサオを揃えておけばほとんどの釣り場に対応できる

サオ

釣り場に合わせて長さを変えよう ズーム機能があると便利

サオの長さはフィールドによって変える。ただし短いほうが操作性はよい。アワセがもたつかないため、その場所で使える最も短いサオを使うのが基本。長さが必要だと感じた時にはサオを変更するのがよい。今回の講師の坂本さんは基本的に和ザオを愛用しているが、カーボンザオと比べると重量があるため、3・6m以上の長尺はカーボン製のマブナザオや渓流ザオを使用している。ズーム機能があると便利。

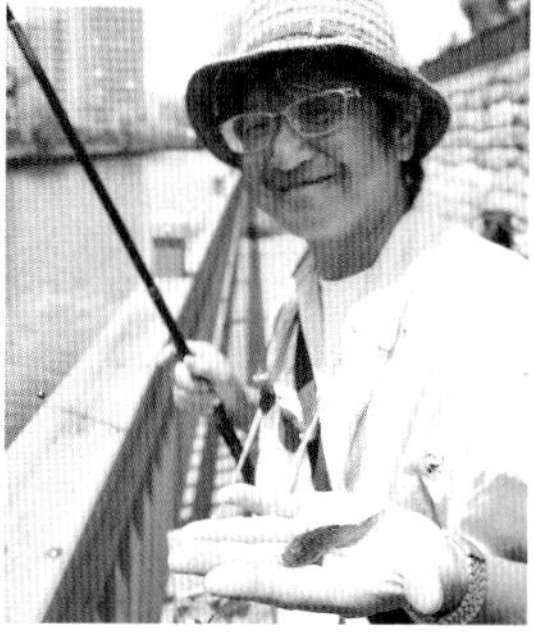

ミヤク釣りの基礎を教えてくれた坂本和久さん

仕掛け
トラブルの少ない中通しオモリを使う

ミチイトは根ズレが多い釣りなので、フロロカーボンを使っているが「正直ナイロンでも変わらない気がします（笑）」とのこと。

ミャク釣りではウキは使わずにサオや手に伝わる感度でアタリを取るが、さらに目印をプラスすると目感度も加わる。目印は渓流用の化繊タイプを使用する。坂本さんは水深の違う場所を探る時も目印を動かさないで済むように5㎝間隔で10個ほど付けている。

仕掛けは、遊動式の中通しオモリをセットした吹き流しタイプを使うのが坂本さんのミャク釣りスタイル。オモリを即座に変更できないという欠点があるものの、仕掛け絡みが生じにくく時間を無駄にせずに済む。重さは、水深が浅くオモリの着底を感じやすいところでは0・5号、着底を感じにくい深場や流れがあるポイントは0・8号を使うとよい。さらに重量を追加したい場合にはガン玉を使って調整する。

オモリの色は釣果に直接関係はないが、浅いポイントでは目立つ色（赤や金）を使うと仕掛けの位置が分かるメリットがある。なおオモリの遊動幅は15㎝。オモリ止メとして下にはビーズ、上にガン玉を使っ

おすすめのタックル&仕掛け

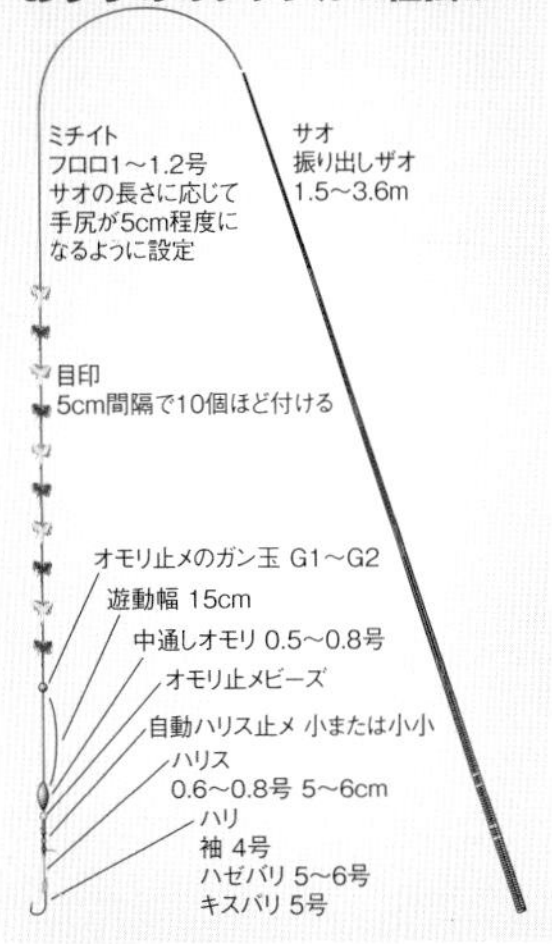

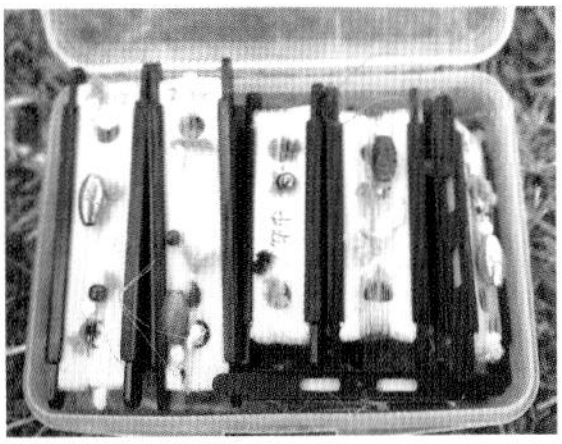

サオの長さに合わせた仕掛けをいくつか作っておく

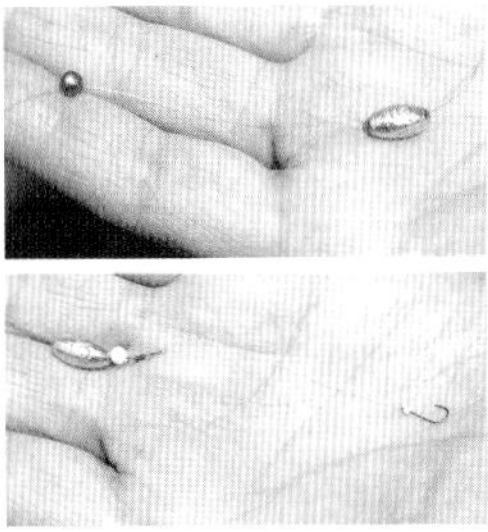

オモリの遊動幅は15㎝程度

袖４号を基本にハゼバリ５～６号、キスバリ５号を目安に、ハゼの大きさに合わせていくつかサイズを持っておくとよい

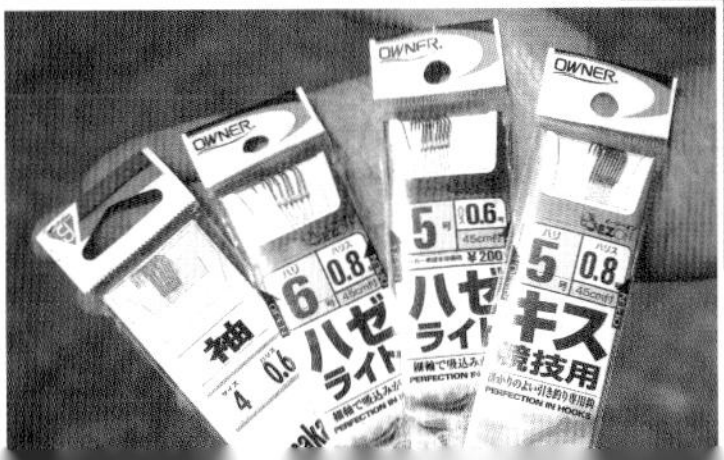

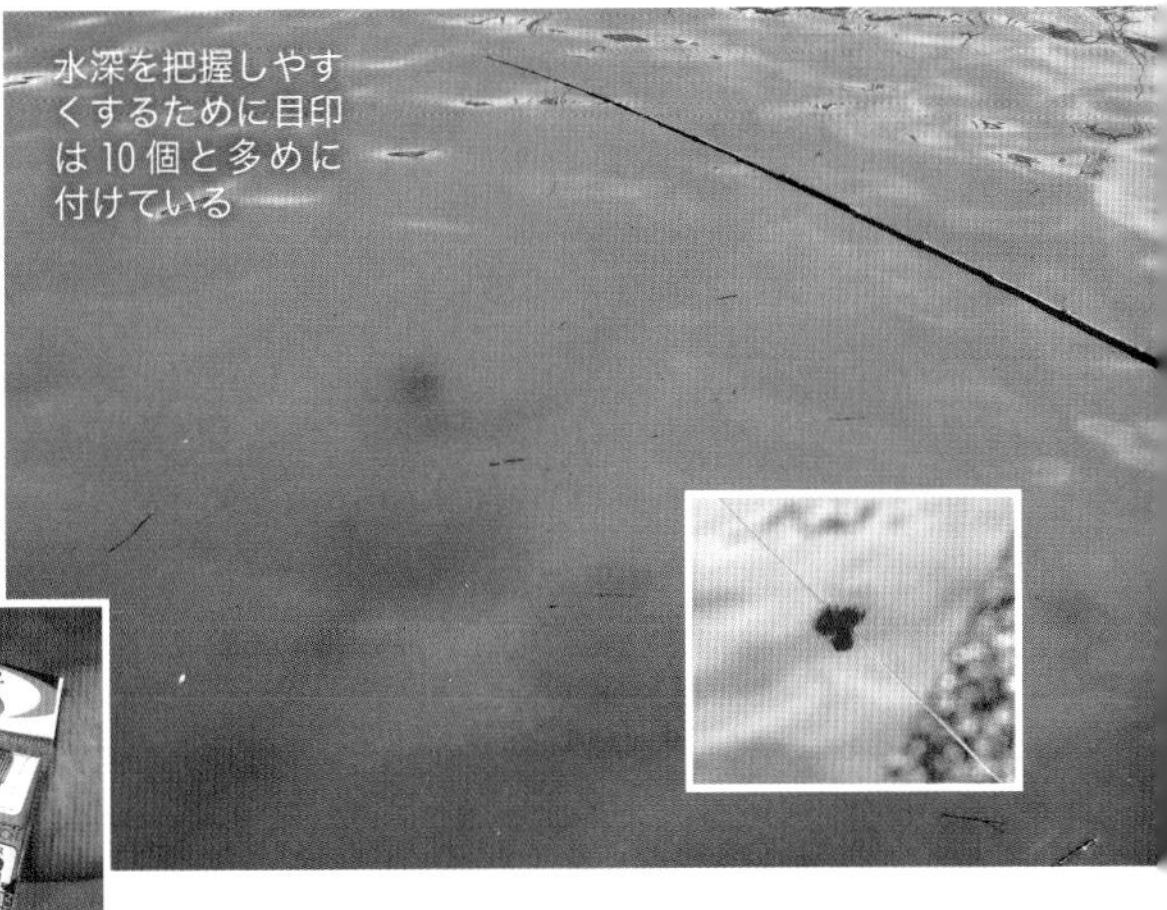

水深を把握しやすくするために目印は10個と多めに付けている

ている。どちらも中通しオモリの穴をすり抜けない大きさを使用する。ガン玉はG1もしくはG2程度。ビーズに関しては集魚効果やアピール度を高めるために付けているのではなく中通しオモリのストッパーとして使っている。

　ハリスは0・6〜0・8号、ハリは袖の4号が基本である。軸が長くエサを大きく見せることのできるハリがオススメ。

　エサはアオイソメ。一般的にはハリ持ちのよいとされる頭の部分が使用されるが、坂本さんは食い込みを重視して胴の部分を使う。「ハリ持ちは若干落ちますが、食いは断然胴がいい！　食ってくれなければ意味がありませんからね」。長さは軸が隠れるくらい。これ以上長くしてタラシを出すと端を突かれて取られてしまう。

装備

バックパックひとつでエサの保存から魚の持ち帰りまでバッチリ

　東京都内にはたくさんのハゼ釣り場がある。中野区在住の坂本さんは都内での釣行

ミャク釣りの装備はシンプル。釣りの際に身に着けるのはエサ箱と釣った魚を入れておくクリールだけ。とても身軽である

坂本さん愛用のアウトドア用のバックパックにはミャク釣りに必要な道具がすべて入る

移動時はエサ箱も保冷バックに。ここには保冷剤と凍ったペットボトルを入れておく

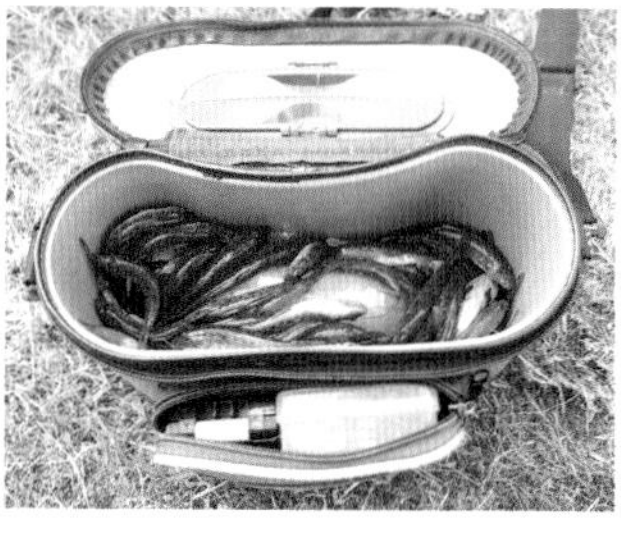

常に肩掛けしている渓流用のクリールの外ポケットに仕掛けやオモリを入れる

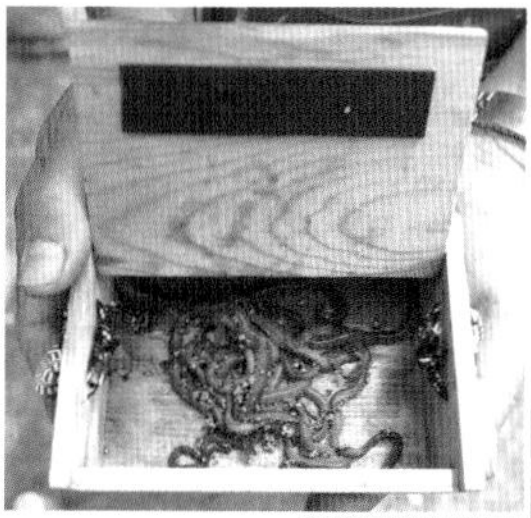

そのポイントで使う分だけエサ箱に移す。ちなみに坂本さんはフタの裏に磁石を付け、ハリを保持できるようにしている

移動のタイミングでハゼをクリールからフリーザーバッグに入れ替えて保冷バックへ

の場合、車を使うよりも電車やバスなどの公共交通機関を使用することがほとんど。電車釣行の際、すべての持ち物をバックパックひとつに詰めている。その中には渓流用のクリールと保冷バッグとサオが収納されている。「クリール」とは釣った魚を入れておくビクで、釣りの時は肩掛けにして、釣れたハゼをポンポンとその中に入れる。中には保冷剤代わりの冷凍した500mlのペットボトルが入っていて、釣ったハゼをすぐに氷締めにできる。ポイント移動の時はハゼをフリーザーバッグなどに入れ替えて、保冷バッグに移す。保冷バッグはハゼの持ち帰り、イソメの鮮度保持、飲み物の保冷ができるので必需品だ。

イソメはひとつまみほどをエサ箱に移し、残りは保冷バッグに入れておく。エサ箱はプラスチック製でも構わないが、木製だと温度が上がりづらくイソメが長持ちするためオススメ。

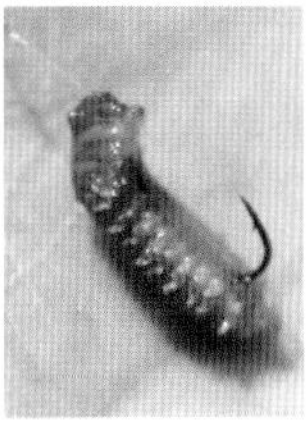

エサ付けがキモ！ 食い込み重視でイソメは胴部をメインに使用。タラシは出さずに短く切ってハリ先を出すこと

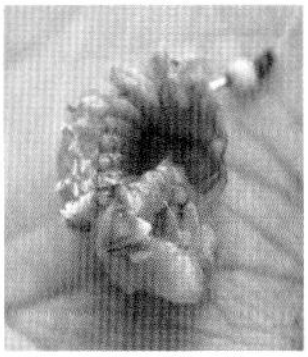

魚にいじられてハリ先が隠れてしまうとハリ掛かりが悪くなる。きちんと付け直そう

釣り方
違和感でも迷わずアワセを入れる

どんな釣り場でも共通しているのは、仕掛けを投入してオモリが底に着いてから5秒までが非常に重要であるということ。「着底してから5秒間は最もアタリが出るタイミングです。でもこの間にアタリを取っていない方が非常に多い。これを取れるか取れないかで釣果が大きく変わってきます」と坂本さん。常にハゼからのアタリがあると思って、いつでも合わせられるように体勢を整えておこう。

オモリが着底してからの5秒間にアタリがない場合はそのまま10秒ほどアタリを待つ。それでもアタリが出ない場合は、空アワセをしてから回収し少しポイントを変えて振り込み直す。一通り周囲を探り終えてもアタリが出ない場合はオモリの着底から10秒待ったのちに誘いを入れよう。誘い方

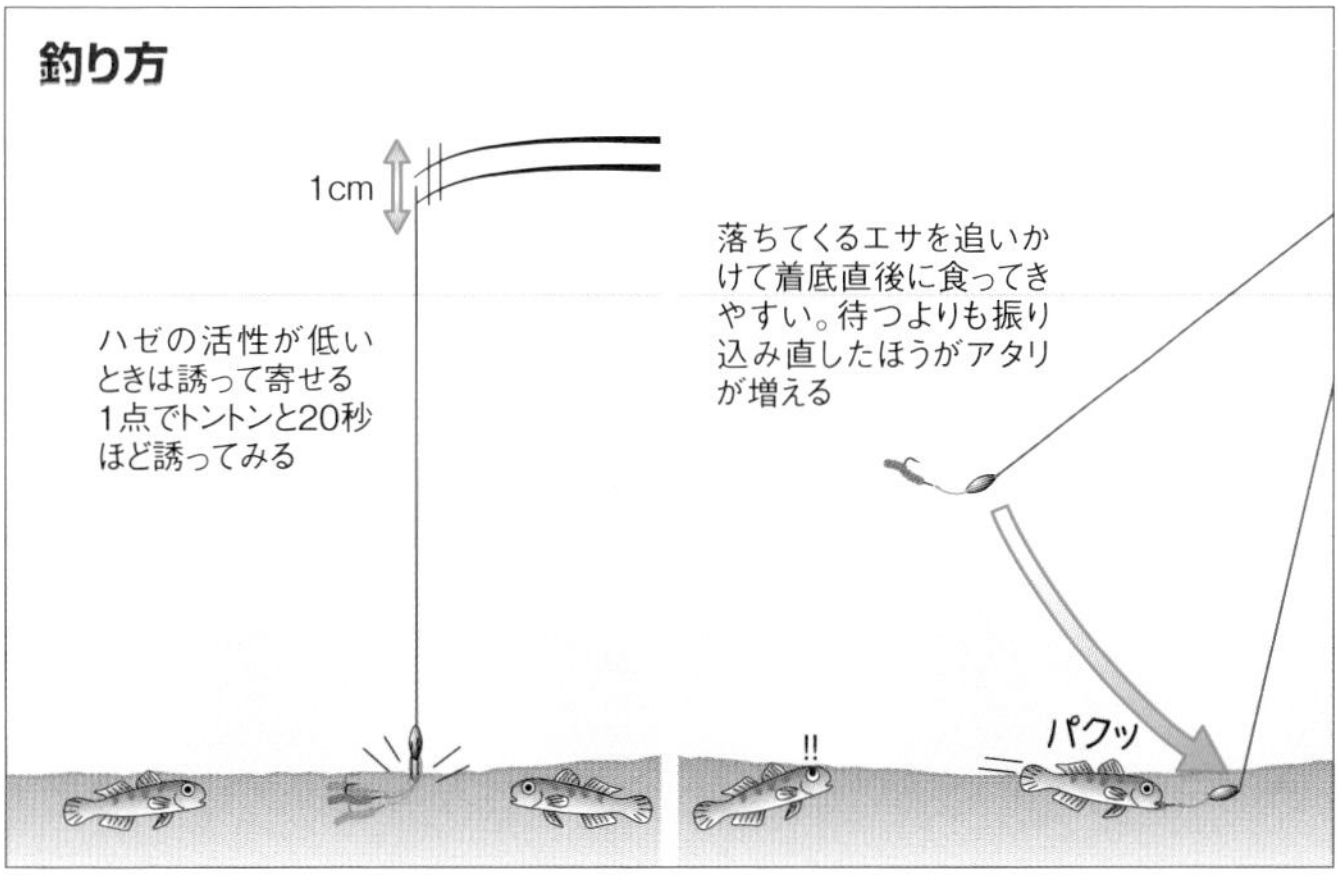
釣り方
1cm
ハゼの活性が低いときは誘って寄せる1点でトントンと20秒ほど誘ってみる
落ちてくるエサを追いかけて着底直後に食ってきやすい。待つよりも振り込み直したほうがアタリが増える
!!
パクッ

はトントントンとその場で仕掛けを1㎝ほど上下させる。その時ずっとトントンと動かすのではなく、ちょっと止めたりテンポを変えてみたりと変化をつけるとよい。

20秒くらい誘って、アタリが出なければ、空アワセをしてから仕掛けを回収し、投入ポイントを変える。サオが届く範囲をまんべんなく探ってもアタリがない場合には1、2歩移動する。このように頻繁《ひんぱん》に投入地点を変えて、食い気のあるハゼを捜すことが肝要だ。

アタリの出方はさまざまで、「コンッ」や「コツッ」といった手もとに来るアタリもあれば、目印が動くだけのアタリもある。さらに全くアタリを出さずハゼがエサをくわえているだけというパターンもある。そのため着底してから10秒待った後や仕掛けの回収時には必ず空アワセをしよう。

ハゼが釣れる時のアタリは小さいことが多い。激しく「ブルブル」っとくるのはハゼがエサをくわえて逃げようとしている時のもので、この段階で合わせても掛からない場合が多い。「ブルブル」の前には手もとに小さなアタリがあるか目印に変化が出るはず。このわずかな前アタリを察知して素早く掛けていけるのがミャク釣りの醍醐《だいご》味《み》なので、神経を集中してアタリを拾っていこう。

一度でもアタリがあった場合、エサがずれたり、取られてる。エサがないのはもってのほかだが、ずれているだけでもハリ掛かりは大きく変わってくる。アタリがあったらこまめにエサをチェックしよう。

アタリとまではいえない違和感に合わせるというのも数を釣るうえでは大切なことだそう。「ミャク釣りをやり込んでいくと、なんか食ってるなあとか、かじってるなあという感覚が分かるようになります。違和感があったら積極的に合わせましょう」。もし掛からなくてもそのアワセでエサが動いて誘いになるので積極的にアワセを入れていこう。

江東新橋の下流にある島のような場所。ハゼが多い人気釣り場だ

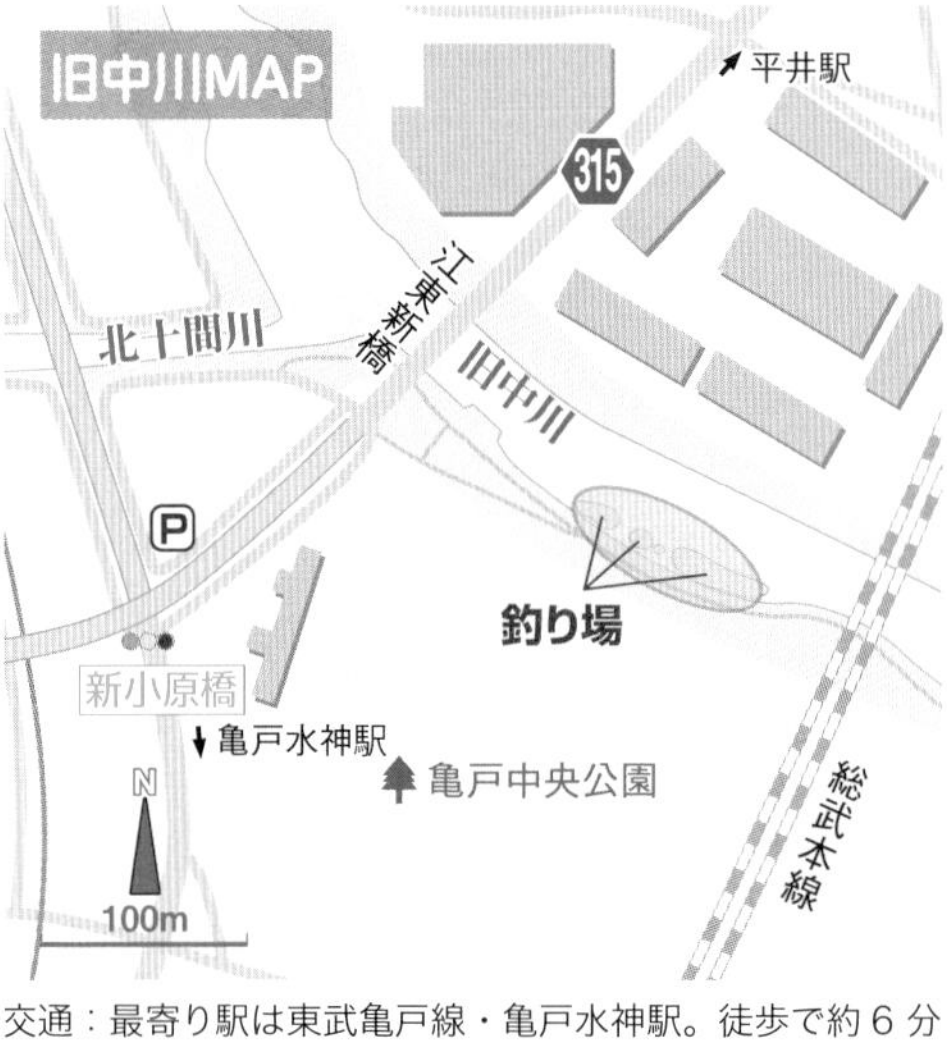

交通：最寄り駅は東武亀戸線・亀戸水神駅。徒歩で約６分

当日のポイント①
旧中川／特徴＝浅場
見釣りを楽しみながらハゼの動きを学ぼう

今回、坂本さんは都内にある特徴が異なる3ヵ所の釣り場でミャク釣りをした。

旧中川は上下流部ともに荒川に接続しているが、いずれも水門が閉じてあり潮の干満の影響は受けない。そのため潮回りを気にせずに釣りをすることが可能。

向かったポイントは江東新橋の下流、右岸側にある島だ。この島は周囲が浅くハゼが溜まりやすいためどこにサオをだしても釣果有望だ。またハゼの姿が見えるので、どのようにエサに集まり、そして食いつくのかをよく観察しながら釣りをすることができる。

まずはこのような浅いポイントで見釣りをして、水中でのハゼの動きをイメージできるようになることも大事である。

仕掛けを投入する場所は捨て石周りが基本だ。水深が浅いので川底を見て沈んでいる石を探しながら仕掛けを振り込んでいく。旧中川は杭の少し手前からストンと深くなっている。杭の周りではマハゼよりもダボハゼともいわれるヌマチチブなどが釣れる場合が多いので手前の浅場をねらおう。手前を釣るのでサオの長さは2・1m程度のものがベストだ。長いサオは重いのでアワセが遅れたり、手返しが悪くなってしまうので注意。

壁際にも付いている可能性がある。沖から足もとまで丁寧に探ろう

交通：最寄り駅は都営新宿線・西大島駅。徒歩で約7分

当日のポイント②
小名木川／特徴＝深場
オモリを変えて目印よりもサオ先に集中

続いて向かった小名木川は墨田川と旧中川を結ぶ河川で、垂直護岸されており水深が深いことが特徴だ。坂本さんによると旧中川と同様に潮の干満の影響はほぼないそうだ。ただし、流れが生じるタイミングがあり、そのときにはオモリの重さを0・8号にするなどの対策が必要。川は全体的にほとんど変化がなく、ハゼはまんべんなく生息しているためどこでも釣れる可能性がある。

小名木川や北十間川・横十間川のように足もとから水深がある河川で釣りする場合

両岸とも遊歩道が整備されサオをだしやすい

栈橋周りだけでなく開けたところにもハゼはいる。底に沈んでいる石の周りを丁寧に探ろう

は、3・6m程度のサオを用意するとよい。水深が深く、底に沈んでいる障害物などが見えないため、まずは何も考えずに仕掛けを投入する。オモリが着底したらイトを張って待つ。この時も着底してからの5秒間は全神経を集中してアタリを取る。深場での釣りの場合、目印よりもサオ先を見ていたほうがアタリを取りやすい点も覚えておきたい。

誘ってみてもアタリがない場合は、一度仕掛けを回収し、そこから少し離れた場所に再度仕掛けを投入する。このように投入し直したほうが魚の反応が得られる場合が多い。ハゼは密集していることが多く、アタリがあったらそのポイントを重点的に探るべし。

当日のポイント③

多摩川／特徴＝河口

浅瀬にハゼが差してくる
満潮のタイミングがねらいめ

東京都と神奈川県の境を流れる多摩川の河口は先の2河川とは異なり、潮の影響を大きく受ける釣り場だ。干満の差が激しく、干潮時に釣りをするためには干潟を歩く必要があるためオススメしない。満潮近くであれば、ハゼは足もとまで差してくる。ただし満潮のピーク、潮止まりだとやはり活性が落ちてしまう。満潮の前後1、2時間、潮がよく動くタイミングをねらって釣りに行こう。

基本的なポイントは栈橋周り。ポイント的には旧中川と同じように浅いが、水が濁っており、底が若干見える程度。栈橋周りの石周りをタイトに探っていくことが釣果をあげるコツ。干潮時にどこに石が入っているかを確認しておこう。石や岩の周りで実績が高いため根掛かりが頻発《ひんぱつ》する。仕

干潮時には干潟が現われる。この時に石の位置などを把握しておく

掛けを多めに用意しておくと安心だ。

サオは2・4m程度がちょうどよい。また多摩川はハゼの密度が他の2河川と比べると低く、アタリが出づらい。このような場合にはアタリを待つか、もしくは誘いを掛ける時間を長くするとよい。混んでいるポイントだと移動がままならないので空いているポイントに入り、積極的に動いて魚がいる所を探そう。

多摩川河口周辺は夏ハゼから初冬の落ちハゼまで満潮前後のタイミングでハゼが差してくる。右岸の川崎側のほうがよりロングランで楽しめるが、シーズン晩期は4mクラスの長ザオがあると便利だ。

桟橋のような障害物周りにはハゼが付きやすい。また桟橋の周りには流木や石なども多いため好ポイントになりやすい

1日の釣果。3つの釣り場で合計約200尾！

交通：最寄り駅は京急空港線・穴守稲荷駅。徒歩で約10分

▽▽▽▽▽▽▽▽▽▽▽ **ハゼ釣りのスタイルあれこれ** △△△△△△△△△△△

チョイ投げ or 2～3本の置きザオ並べ釣り

【投げ釣り入門】

ハゼのオカッパリ釣りは、振り出しノベザオのミャク&ウキ釣りのほか、リールザオの投げ釣りもなかなかの人気。投げ釣りは気温・水温が下がる落ちハゼ以降の置きザオの並べ釣りという認識が強いが、どうしてどうして、夏のデキハゼ釣り期にはチョイ投げスタイルが思わぬピンチを救ってくれる。

水路運河筋のチョイ投げスタイルは、ミャク&ウキ釣りに使うノベザオをスピニングリールタックルに持ち替えただけ。ショルダー式の保冷ビクやエサ箱は同じ

近・中距離2つの投げ釣りスタイル

ハゼの投げ釣りは、砂浜などのシロギスやカレイねらいと違い100m以上の遠投は必要ない。近いと10m前後、遠くても50～60mがポイントと考えてよい。スタイルはショートロッドのチョイ投げと、2～3本の置きザオの並べ釣りに分かれる。

手持ちザオでねらうチョイ投げは、夏のデキハゼから初冬の落ちハゼまで出番が待っている。たとえば、夏のデキハゼ釣りでは岸近くまで干上がってしまった干潮時、ハゼが避難している沖めの深みポイントをねらい、チョイ投げタックルで軽く10mもキャストすれば問題なく届き、思わぬ

「秋口にしては上出来のハゼでしょ」と、小もの釣りのベテラン2人組も大満足

小型漁船の停泊桟橋が立ち並ぶ水路運河筋。コントロールよく、好ポイントの桟橋隙間をねらう

〈チョイ投げ釣り〉

水路と水路の合流点をチョイ投げでねらうワケは？

ここまで水位がなくなってしまうと、いくら船道とはいえ、ちょっと無理

底まで干上がる干潮時になると、写真の角度は違うがご覧のとおり左奥から対岸際に沿って水位のある船道が残り、避難したハゼが入れ食いというシナリオなのだ

ピンチを救ってくれるはずだ。

ハゼが深みに落ち始めた晩秋の落ちハゼから、年末のケタハゼ釣りシーズンになると、置きザオの並べ釣りが好機を迎える。シーズン前半のショートロッドから、50～60mラインまでの中距離深場をねらえる投げ釣りタックルに切り替えることで、体長15cm超えの天ぷらサイズに育った良型ハゼがヒットしてくれる公算が大きい。

サオ

使用するオモリ号数にマッチしたサオをそれぞれ用意

手持ちザオのチョイ投げに適したスピニングロッドは、ボクシングの階級でいうとフライ級。2～4号のオモリをキャストできることを目安に、全長1・5～2・1mの堤防万能小ものザオやトラウトロッド、バスロッド、振り出し式コンパクトロッドなどが流用できる。どれを選んでも15～20mの飛距離が可能だ。

組み合わせる小型スピニングリールは、1000～2000番台とのバランスがよ

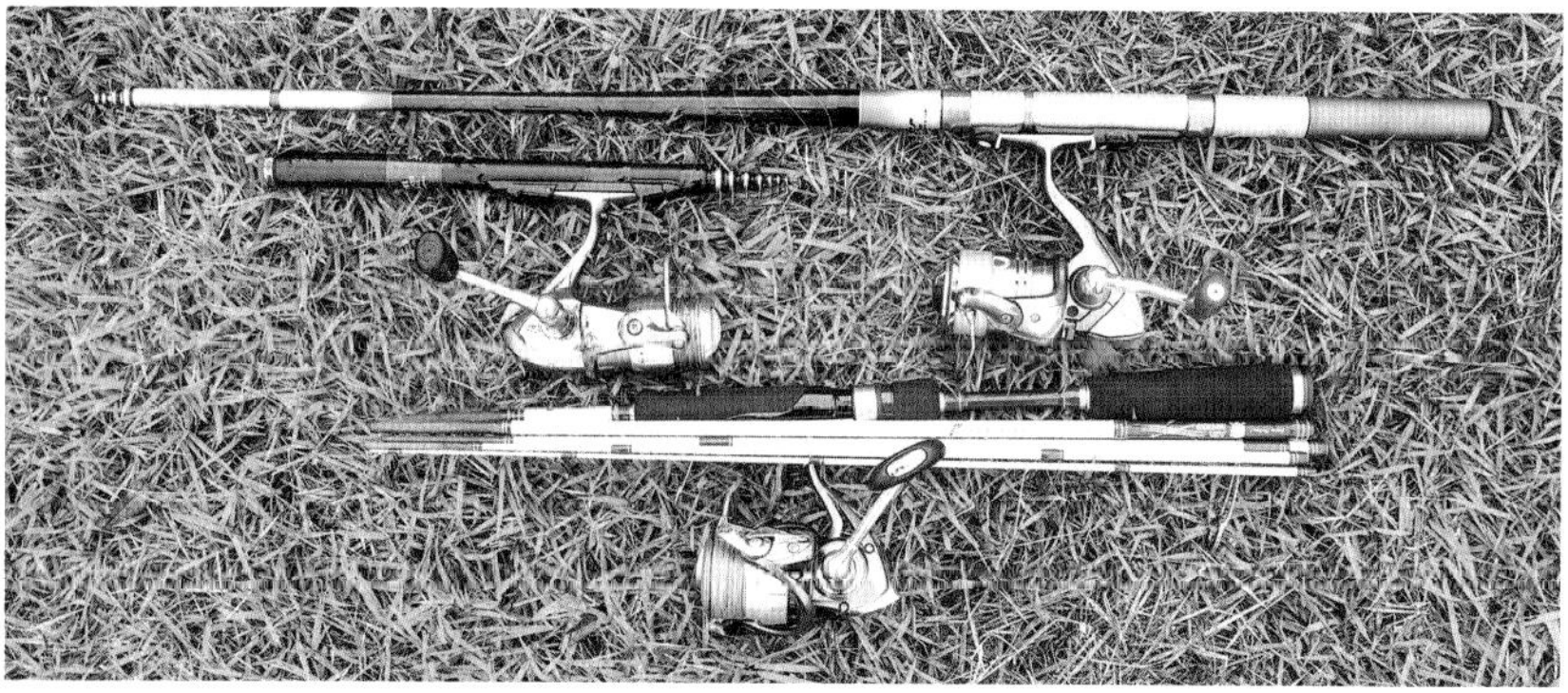

チョイ投げザオは、万能堤防ザオから振り出しや小継ぎのパックロッドまで、お好み次第

い。ミチイトはナイロンかフロロカーボンは1・5～2号。伸縮性の少ないPEラインなら0・4～0・6号を選び、根掛かり対策の先イトとしてフロロカーボン1・5号を40～50㎝接続しておく。

夏から秋にかけての釣行の際にも、ミャク&ウキ釣り用振り出しノベザオとともに、短ザオのチョイ投げタックル1組を常時携帯することをおすすめしたい。

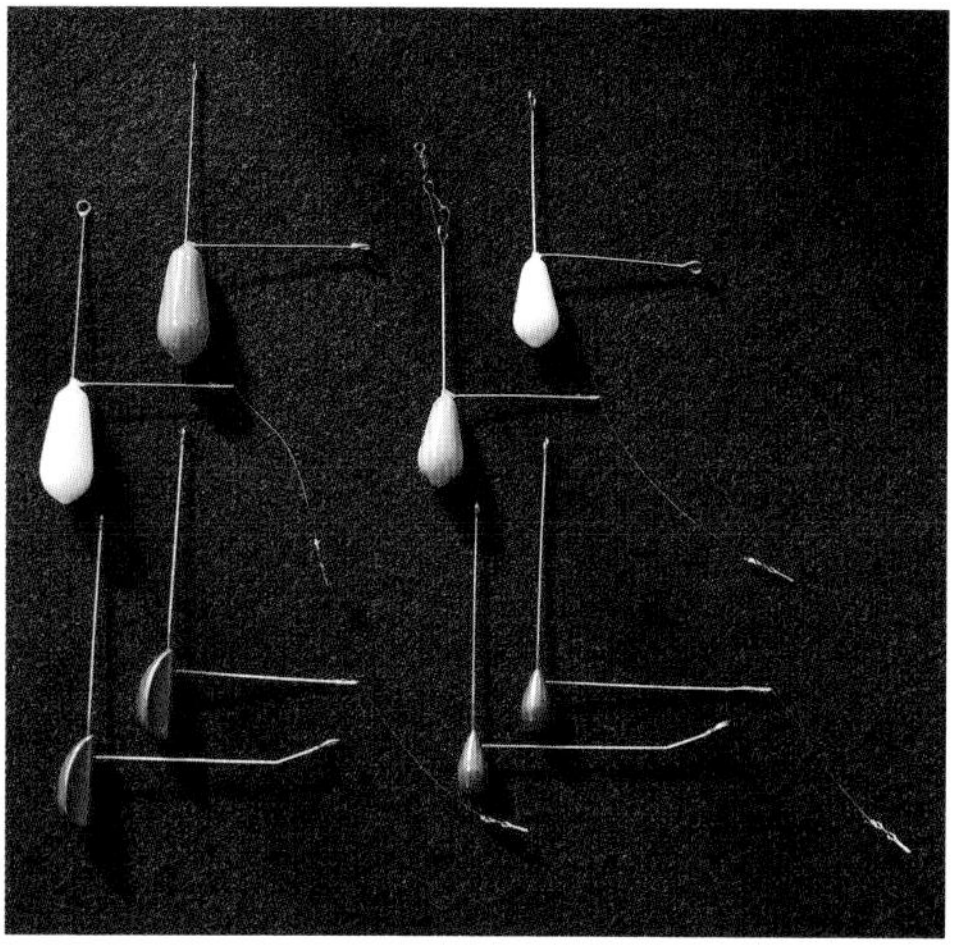

ハゼのチョイ投げに適したミニサイズの固定式テンビンオモリは2～4号が基準。各釣り具メーカーから数多くの製品が発売されている

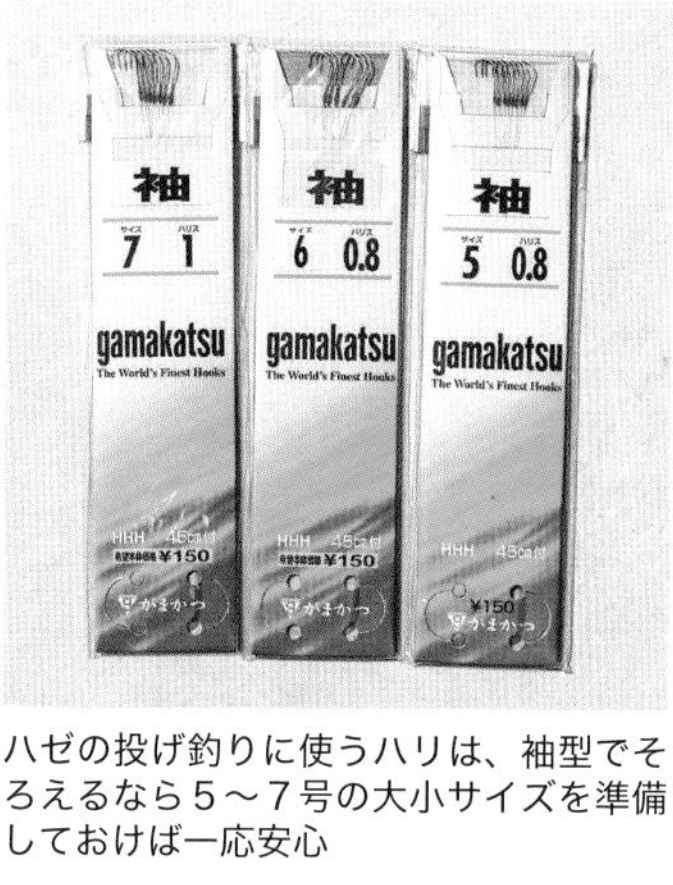

ハゼの投げ釣りに使うハリは、袖型でそろえるなら5～7号の大小サイズを準備しておけば一応安心

中距離の置きザオ釣りには全長2・4～3m、オモリ負荷10～15号のライト級投げザオが適し、安価な振り出しタイプで充分。セットするスピニングリールは2500～3000番台とのコンビがバランスがよい。

50～60mラインの深場にいる落ちハゼやケタハゼは、アタリが分かりにくい居食いも多い。そこでミチイトは伝達力が弱いナイロンやフロロカーボンではなく、伸縮性が少なくアタリ感度抜群のPEライン0・6～0・8号を選ぶ。先イトにはフロロカーボン2～2・5号を2～3m接続する。

晩秋の落ちハゼ期になると、こんな
良型のダブルヒットも期待できる

広いジャンルでPEラインが普及した現在、中距離の置きザオ釣り用には、他の釣りジャンルのキャスティングロッドも流用できる。テンビンオモリの10号前後がキャスト可能なことを目安に、特に2・4m級の先調子エギングロッドはアタリ感度、キャスティングパワーとも良好だ。

また置きザオの並べ釣りには、ポイントによって折りたたみ式の投げ釣り三脚が必要。ほかに手洗い用の水くみバケツや、イス代わりにもなる12〜18ℓのクーラーボックスがあれば快適な釣りを楽しめる。

仕掛け

トラブルが少ない固定オモリ式片テンビンがおすすめ

手持ちザオのチョイ投げ、置きザオの並べ釣りともに、ミチイトに接続するテンビン周りはイト絡みなどのトラブルが少ない

天ぷらサイズのうれしい釣果

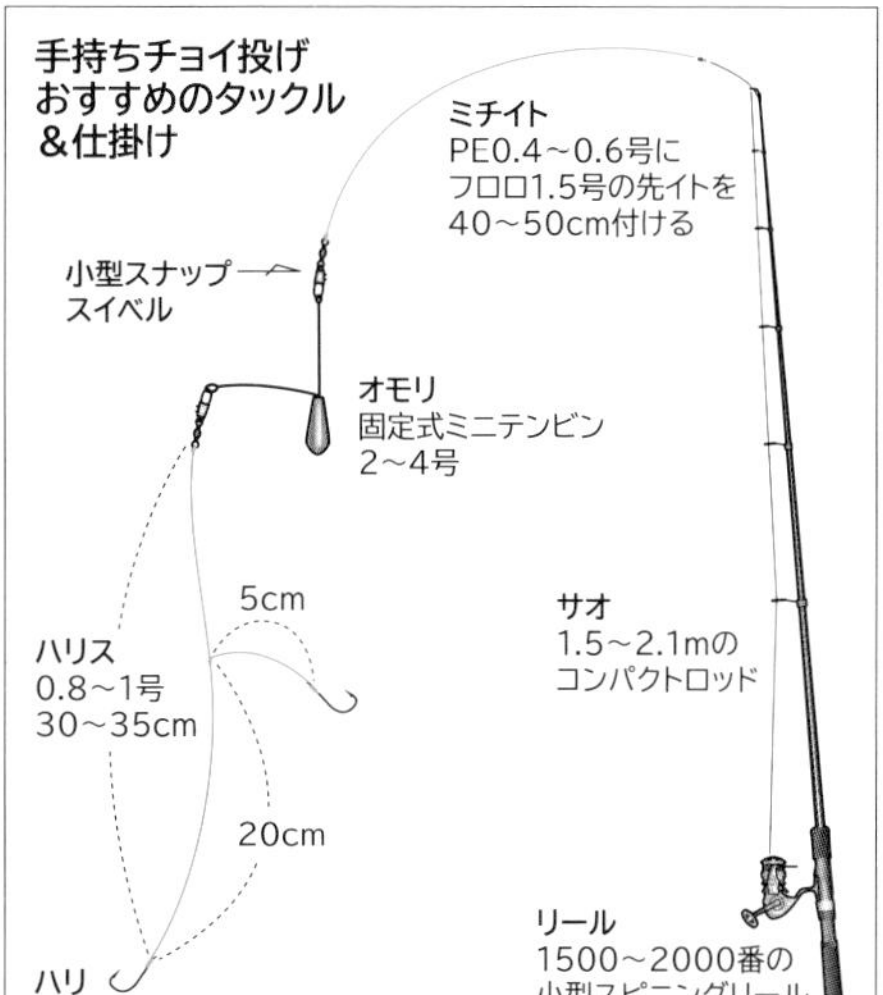

固定オモリ式の片テンビンが使いやすい。10～20ｍの近距離をねらうチョイ投げは腕長がごく短いミニサイズのテンビンオモリがマッチし、号数は2～4号を選ぶ。

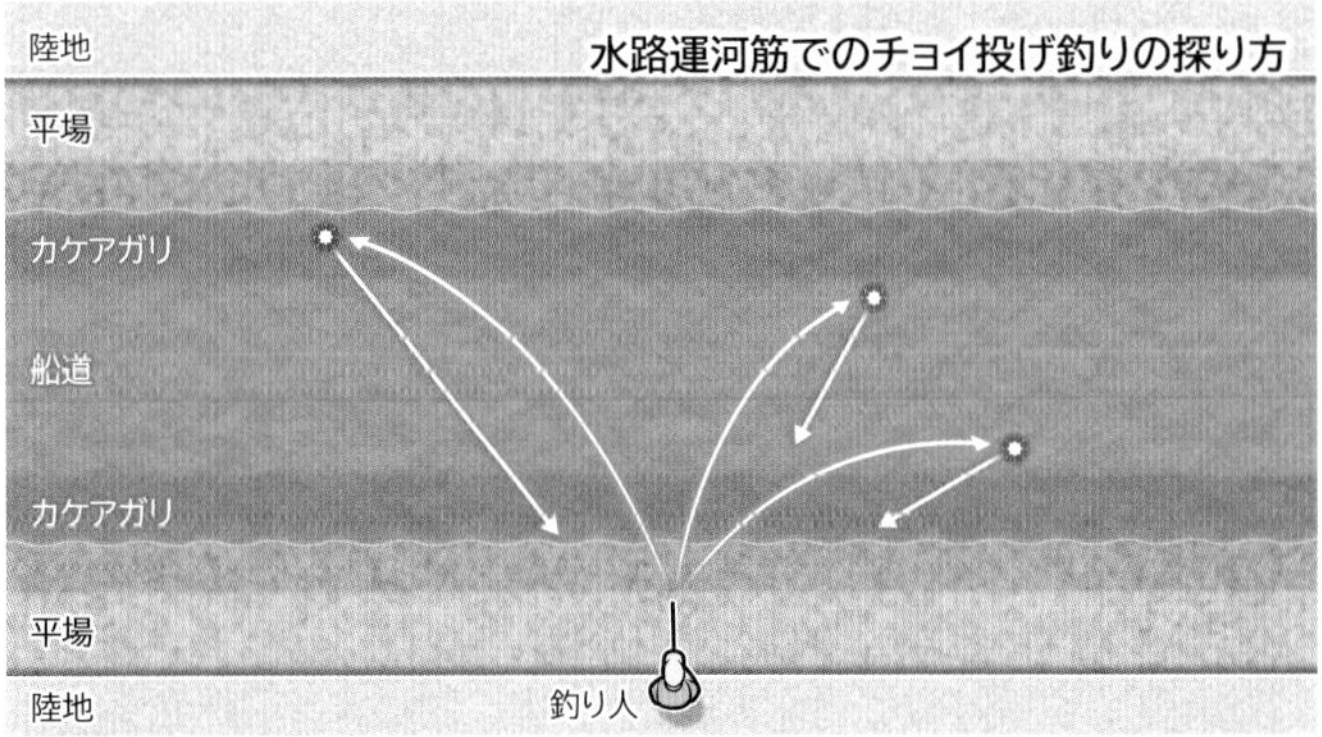

50～60ｍまでの中距離用置きザオタックルには、腕長10～15㎝のオモリ固定式テンビンのほか、船シロギス用片テンビンのM～Lサイズでもよい。PEライン使用の場合、オモリの号数は8～12号あれば充分。

ハゼの投げ釣り仕掛けは、どちらの釣り方も2本バリスタイルが基本で、仕掛けの全長が多少異なるだけ。置きザオの並べ釣りはチョイ投げ用よりも仕掛けが少し長く、市販のシロギス船釣り用2本バリ（全長60～80㎝）を流用すると作る手間が省ける。

また、ハゼ相手の場合、仕掛けの幹イト&ハリスの太さはあまり気にする必要がない。ハリは袖型を基準に、夏ハゼから秋の彼岸ハゼが5号、良型が期待できる晩秋からの落ちハゼと師走のケタハゼには6～7号が中心。

片テンビンやオモリ、ハリなどの仕掛け類は、根掛かりの損失を考慮し充分なスペアを用意しておくこと。

●アオイソメの付け方

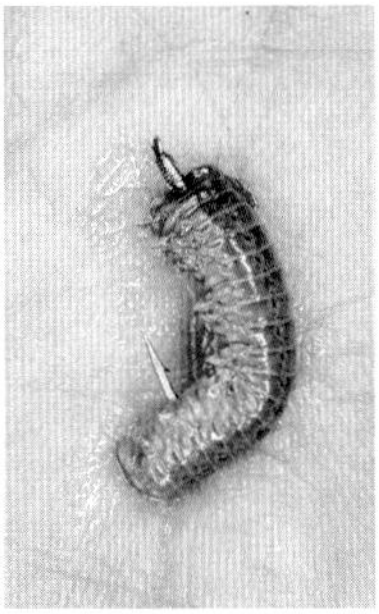
夏から秋口の小型ハゼは通し刺しでタラシはほぼなし

エサの良し悪しを選ぶ落ちハゼやケタハゼねらいでは、数センチに切った房掛けとし、食いが渋いほど軟らかい胴体部分をたっぷり付ける

エサ

アオイソメ一択でほぼOK

ハゼの投げ釣りに好まれる虫エサはアオイソメ。キャストした時に千切れにくく就

〈置きザオの並べ釣り〉

投げ釣り用三脚を使って置きザオ４本の並べ釣りを楽しむベテランの釣り人。写真のように、三脚の転倒防止に水を張った水くみバッカンを吊るしておくとよい

水路運河ねらいのチョイ投げファンも帰り道、今季の落ちハゼ釣りを想定して漁港内の魚影を確認しに……

置きザオの並べ釣り王道はこれ！　アウトドア用フォールディングチェアにどっかりと座ってのんびりフィッシングだ

大型船舶が係留されている漁港奥は一段と水深が深く、良型ハゼの隠れ家的なエリアだ

漁港の親水公園はフェンス越しにねらうことが多く、サオがずれて倒れないフェンス専用のサオ掛け（写真左右）も市販されている

置きザオの並べ釣りにはスタンダードな船シロギス用の片テンビン仕掛けも使いやすい

餌も最高。このほか同じ虫エサのジャリメも使われるが、購入価格がアオイソメに比べて高いことが欠点だ。

アオイソメの付け方は、硬い頭のチョン掛けや通し刺しが基本。ねらう時期や食いの良し悪しでタラシの長さや房掛けの数、付ける部位を工夫する。114頁「ハゼ釣りのエサ図鑑」を参考にしていただきたい。

釣り場
シーズン前半は水路運河筋
後半は船道や大中河川の深場ねらい

梅雨明けの夏ハゼから秋の彼岸ハゼまでは、大中河川、漁港などに流入する水路運河筋が主力。ノベザオのミャク釣りとウキ釣りを楽しむ釣り場エリアと同じだが、水路運河筋は水深が浅く、干潮時になると、岸際のノベザオポイントは底まで干上がり釣りが不可能になってしまう。

こんな時に活躍してくれるのが手持ちザオのチョイ投げタックルだ。水路運河筋は、小型漁船などの停泊場所として利用されているため、水路運河内の大半には通り道の船道（またはミヨ筋）が通っている。船道には干潮時でも小型漁船が通れる水深数10cm程度の水が残ることが多く、この船道にこぞってハゼが避難してくる。

これらの水路運河筋の川幅はせいぜい20mと狭く、チョイ投げで10mくらいキャストすれば、難なくハゼの溜まり場をねらい撃ちできるというわけだ。

そして、晩秋から初冬の落ちハゼ期から年末のケタハゼ釣りシーズンを迎えると、水温も低下し、産卵態勢に入ったハゼは水深が浅い水路運河筋を離れ、海に面した規模が大きい漁港内外に通じる船道や、川幅が広い大中河川などの深場へ落ちてくる。

このような規模の大きい漁港内外や大中河川の船道は、大型船舶が出入りし、最深部は4～5m以上あることが多い。この時期になるとハゼも良型に育ち、夏ハゼや彼岸ハゼのように活発にエサを追わなくなる。そこで2～3本の置きザオの並べ釣りでじっくりと構え、良型ハゼをねらうのである。

釣り方
シーズン初期はチョイ投げ
晩秋以降は置きザオ中心でねらう

ライトタックルのチョイ投げは、手持ちザオ1本を携えた探り釣りスタイルだ。干

●飲まれたハリの外し方

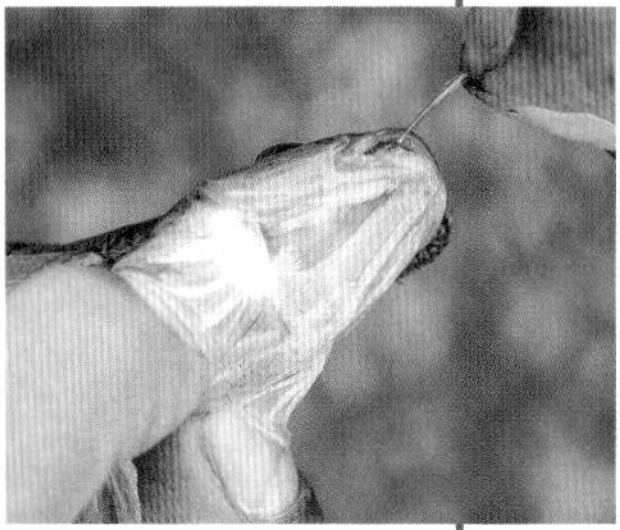

①ハゼを裏返してエラブタの両側から親指と人差し指を差し入れたら、ハリスやハリのチモトをつかんで引っ張る

②ズルッという感じで内臓ごとハリが出てくるので簡単にハリを外すことができる

潮時の船道ねらいばかりではなく、季節の変わりめを察知し始める秋の彼岸ハゼ釣りシーズンを迎えると、水位が高い潮時には水路運河筋の全域が好ポイントと化す。

　川幅の狭い水路運河筋をねらう時は、正面以外にも少し斜め対岸左右に向かって軽くキャストし、広範囲を探るほうがより効果的。小深く掘れた船道が中心とはいえ、両岸の船道に落ち込むカケアガリをトレースして探り歩くのが釣果アップのコツだ。

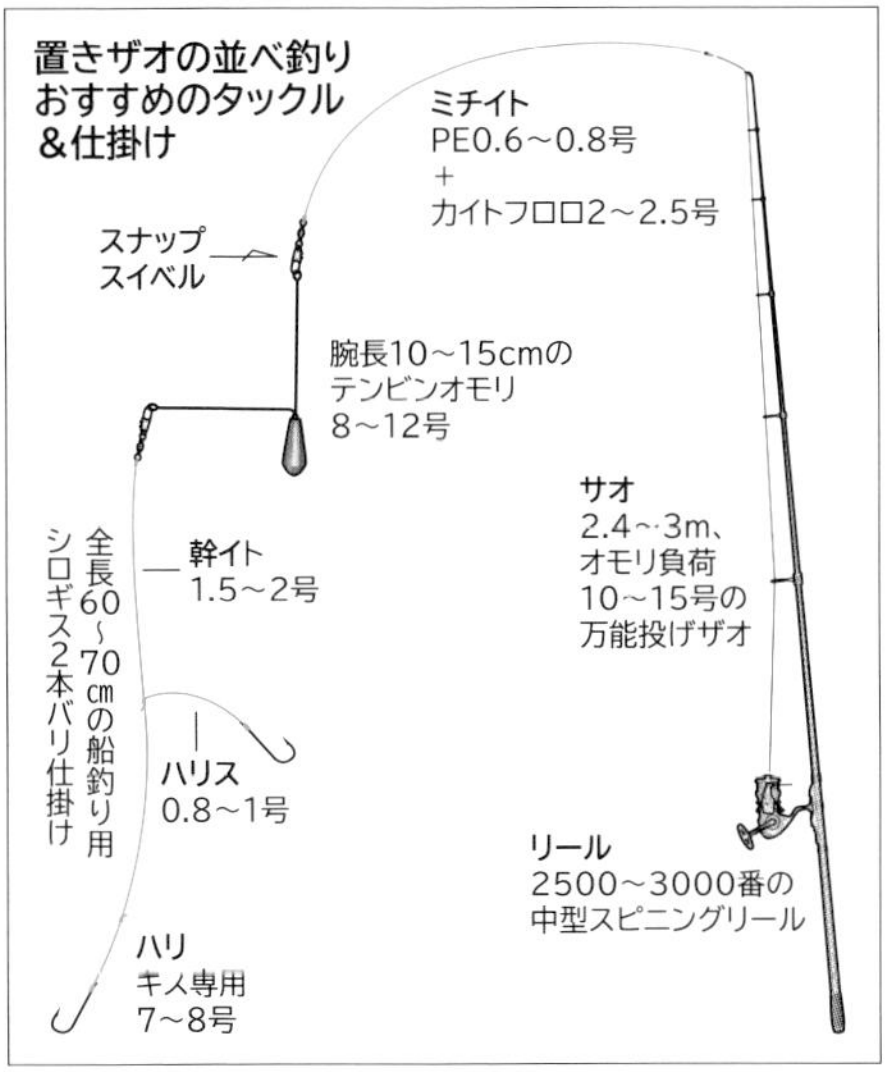

根掛かりが少ないポイントはゆっくりと底を引きずってくるズル引きも面白いが、貝殻やゴミ、水中に延びる停泊用ロープなどの根掛かりが懸念される場合には、仕掛けをトーン、トーンと数十センチずつ跳ね上げる気持ちで探ってくる誘いに切り替えることも大切。

　夏から秋にかけてのハゼのアタリは、誘った直後、手元にクッ、ククッと伝わることがほとんど。アタリと同時にサオを握り返す程度の〝グリップアワセ〟でフッキングするはず。特にPEラインは伸縮性が少ないので、サオを大きくあおってしまうビックリアワセはミスの元、気をつけたい。

　一方、数本の置きザオにする並べ釣りは、漁港や埋め立て地の岸壁、大河川の川筋といった大場所ねらいに適しており、晩秋から初冬の落ちハゼや、年内いっぱいのケタハゼねらいに好機を迎える。

　前述したような大場所でも、ねらうポイントラインは船道の最深部ではなく、そこに続くカケアガリを意識することが肝心。そして、たとえば3本の投げザオを使う場合、50m、40m、30mラインといったように投げ分け、いち早くハゼの付き場所を探し当てる。また投げっぱなしは禁物で、5～10分間隔で順番に投げザオを手に取り、ゆっくりと大きくサオをあおって仕掛けを数メートル引き戻しながらアタリを聞いてみる。感度抜群のPEミチイトとはいえ、水温が低い時期を迎えるとハゼはエサを食ってもその場を動かない居食いのケースも多く、向こうアワセのヒット率も高い。

　ハゼの投げ釣りで就餌が高い好条件の潮時は、ハゼが傾斜のあるカケアガリを岸寄りに向かって近づいてくる上げ潮時と考えてよい。ところが潮回りに限っては事情が異なる。大河川を例に挙げると、海に近い河口一帯の釣り場では潮が利く大潮～中潮時が好機。一方、大河川の川筋の場合は、潮の干満と川の流速の影響を受けにくい中潮～小潮の上げ潮時に絞らないと、流れ下る流速が強すぎて釣りにならないことを覚えておいてほしい。

▽▽▽▽▽▽▽▽▽▽ハゼ釣りのスタイルあれこれ△△△△△△△△△△

オールレンタルでも楽しめる！　入門者や家族連れにもおすすめ

【ボートハゼ釣り入門】

夏から秋にかけて江戸川放水路の風物詩といえるボートハゼ。貸しボート店には釣りに必要なモノ一式が揃っているのでほとんど手ぶらでもOK。特に夏はハゼ釣りの手始めにも最適だ。空も広く解放感も存分に味わえる。

この日がボートのハゼ釣り初挑戦だった及川秀之さん・美月ちゃん。月刊『つり人』でもおなじみ、長谷文彦さんのアドバイスで順調にヒット。美月ちゃんはお父さんの手を借りずに自分で釣ってしまう場面もたびたびあった

釣り場

河川敷に貸しボート店が点在する首都圏ボートハゼ釣りのメッカ

利根川の分流である江戸川は東京都と千葉県の境を流れ、江戸川区と市川市の間に架かる江戸川大橋下流で二手に分かれる。東京側が旧江戸川、千葉側が江戸川放水路だ。そして、江戸川放水路にある行徳可動堰は基本的に閉じており、かなり増水しない限り、江戸川の水のほとんどが旧江戸川へ流れていく。つまり放水路の水の大部分は海水であり、川の形態をもつ大きな入り江と見ることもできる。

そんな江戸川放水路の河川敷には何軒も貸しボート店があり、ボート釣りで賑わうようすは江戸川放水路の風物詩になっている。貸しボート店で、東京側の河川敷の一番下流に位置するのが伊藤遊船。本稿ではここでの夏の釣りを、初心者向けにオールレンタルでまかなうかたちで紹介したい。

現地に到着したら受付をすませ、必要なものを購入する。伊藤遊船では、エサのアオイソメから仕掛けやハリも販売しており、レンタルタックルもそろっている。つ

Guide　江戸川放水路

●問合先：伊藤遊船
☎090・3336・8808

●交通：京葉道路・京葉市川ICを降り、県道6号新行徳橋を経由して約10分。電車は東京メトロ東西線・妙典駅下車徒歩約8分

●営業時間：貸しボート料金等は同店HPにて
URL https://itoyusen.com

まり釣果を持ち帰るための小型クーラー以外、ほとんど手ぶらでも釣りが楽しめる。これは、数あるハゼ釣りの中で最も手軽なスタイルといえるかもしれない。

地下鉄東西線が渡る江戸川放水路は都会のオアシス

エサや仕掛けを購入する目安としては、夏場はビギナー2人でエサ1パック、そのほかオリジナル仕掛けに予備のハリを1つずつ。ハリの適正号数等はボート店のおすすめに従えば間違いない。

ライフジャケットは必ず着用しなければならない。コンパクトな膨張式を持参するとよいが、もちろんライフジャケットもレンタルできる。ただしレンタル品はおもに固型式で、夏場は暑いのが少し難点。また、足元は夏場はデッキシューズタイプのサンダルがいいだろう。ただし雨と暑さ対策だけは忘れずに。

受付を済ませたら桟橋からまずは送迎のボートに乗り込み、沖合に停めてある手漕ぎボートに移動する。ライフジャケットの着用を忘れないこと

サオ・エサ

ボートハゼ専用手バネザオでチャレンジ

ここではボートは桟橋からいきなり漕ぎ出すのではなく、まず送迎用のエンジン船に乗り込み、沖で手漕ぎボートに乗り換える。思い思いのポイントに着いたらアンカーを下ろして釣り開始。

釣り方はミャク釣り。暑い時期は水深が1m前後の浅いポイントで船の直下を釣るため、オカッパリで使うような長いノベザオやリールザオは不要。1～2mのハゼ用手バネザオなら仕掛けの長さを調節でき、手返しよく釣れる。

ハゼ釣りで手バネといえば本書別稿の高級な中通し式の江戸和竿が想像されるが、伊藤遊船には、その雰囲気を簡便に味わえ

柔軟で釣り味もよいレンタルの手バネザオ。手元のイト巻きから底を取るのに必要なぶんだけイトを出して使う

るグラスのボートハゼ専用手バネザオ（外通し式）のレンタルがある。ビギナーの方はぜひ使ってみることをおすすめしたい。中通しのハゼ和ザオをお持ちの方はもちろんそれで楽しまれるといい。

ちなみに、秋からシーズン終盤となる初冬にかけてはメインの釣り場が河口側に移り、ねらう水深も深くなっていく。

エサ付けは、アオイソメをしっかりつまんで口の中にハリを入れ、そのままハリ先を抜いて必ず外に出す。タラシ＝エサの余りは1～1・5㎝と短めにする。また途中でハリを交換した場合は、ハリスの長さを釣れるハゼと同じくらいにすること。長すぎるとアタリが取りにくくなるので注意。

〈仕掛けのセットとエサ付け〉

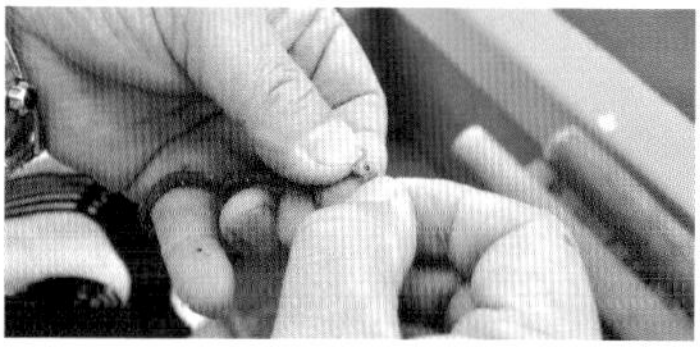

エサはチョン掛け。まずアオイソメをしっかりとつまんで口の中にハリ先を入れる

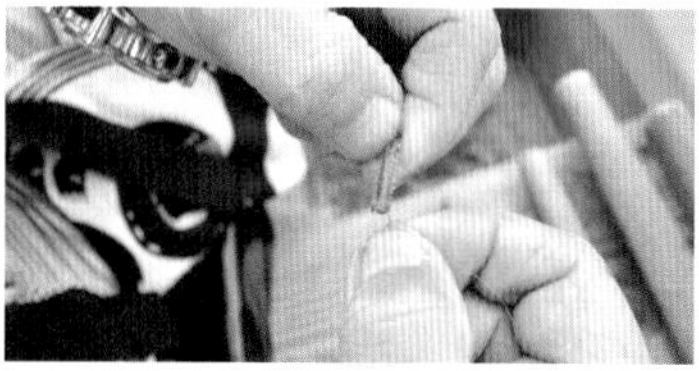

そのまま下にハリ先を抜いて外に出す。タラシ（アオイソメの余り）は1～1.5㎝と短めにする

仕掛け上部をミチイトにつないだらハリにエサを付ける。ハリスは釣れるハゼと同じくらいの長さが目安。長すぎると釣れないのでハリを交換する時は自分で調整する

釣り方

ハゼは「小突き」で誘う 釣れる水深のラインを外さない

仕掛けを下ろして着底を感じたら、イトを軽く張ってアタリを待つ。この時、オモリまで底から持ち上げてエサが浮かないように注意。ハゼは、船の下にいればすぐに「ブルル」「ゴツン」などのアタリがある。ただ、食い付いたエサに違和感を覚えるとパッと吐き出す。そのため合わせないとハリ掛かりしない。アタリだと思ったらすかさずサオを小さく跳ね上げるようにしてハリ掛かりをねらう。完全にブルルとなっている時は吐き出そうとしているので、慣れてきたら前段階のわずかな手応えの変化で合わせられるようになると釣果が伸びる。

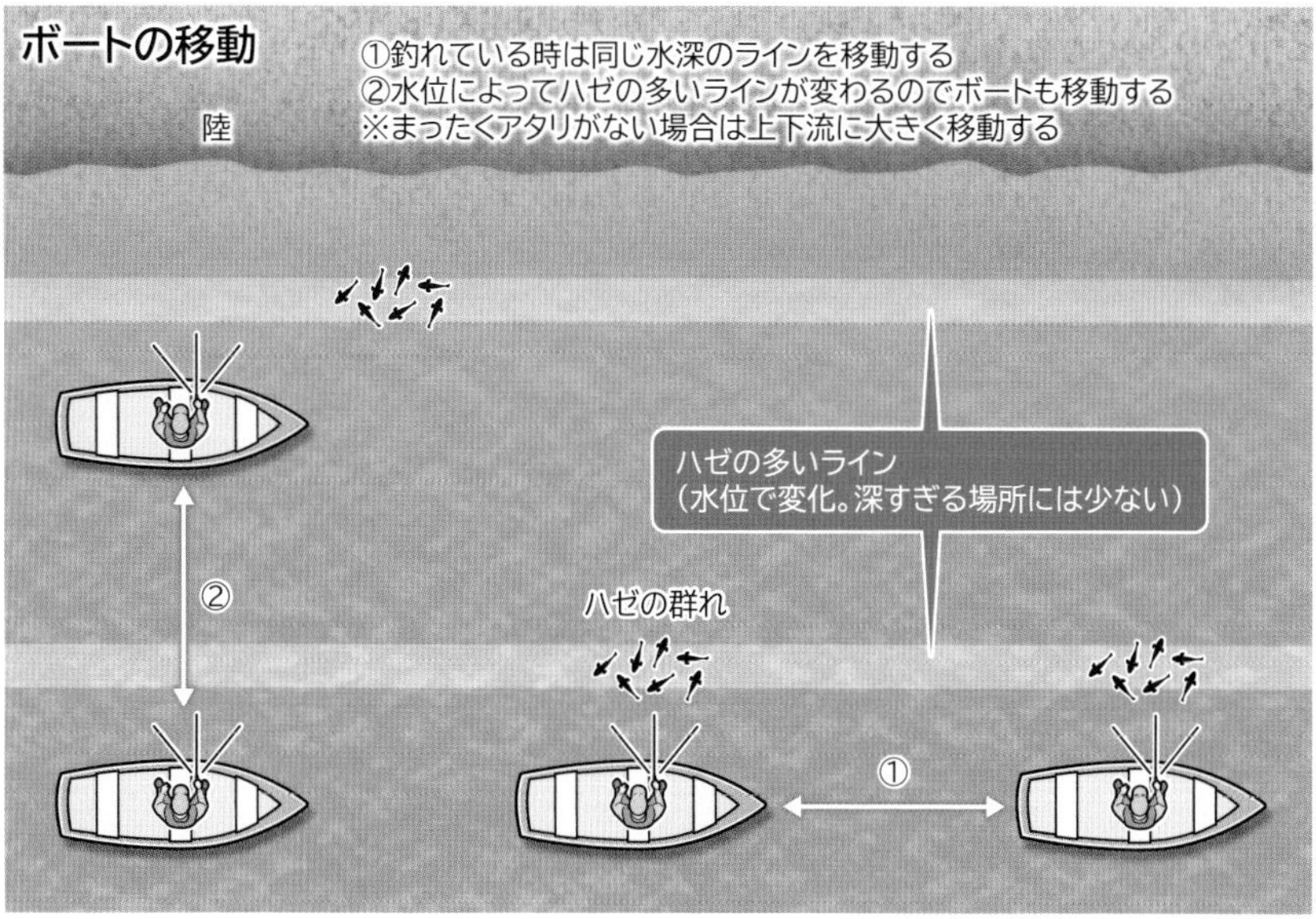
ボートの移動
①釣れている時は同じ水深のラインを移動する
②水位によってハゼの多いラインが変わるのでボートも移動する
※まったくアタリがない場合は上下流に大きく移動する
陸
ハゼの多いライン
（水位で変化。深すぎる場所には少ない）
②
ハゼの群れ
①

エサのアオイソメもボート店で購入できる

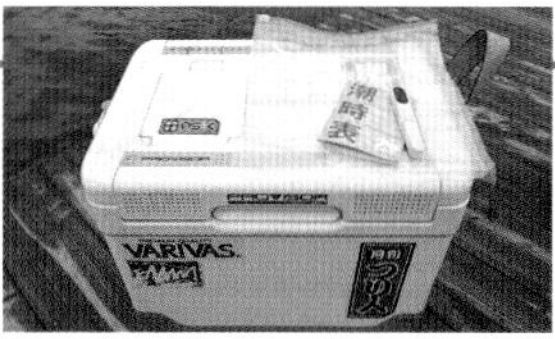
潮時表
VARIVAS

ほとんど手ぶらでOKのなか、ハゼを持ち帰る小型クーラーとハサミ（写真右、折り畳み式）だけは必需品として持参する。また潮時表やスマホのアプリで潮汐も確認できるようにしておくとよい

KAWASEMI
金袖
2 0.4
KAWASEMI
伊藤遊船特注品

イト付きのハリとオモリ付きのテンビン仕掛けはボート店で買える。自分で用意する場合はハリ2～5号、オモリ0・8～1号で用意しておくのがおすすめ

アタリが止まったらボートを移動する。アンカーの上げ下げが面倒だが、そのまま粘っても釣果は伸びない。また、それまでよく釣れていた時は岸と平行に水深を変えず場所移動するとよい。

江戸川放水路は潮汐に応じて水位が変わるので、その変化でも岸側または沖側にボートを動かす。まったくアタリがない時は、まず深すぎる場所をねらっていないか確認しよう。周囲で釣れている人がいないかも観察して参考にするとよい。よく釣っている人を見つけたら、邪魔にならないように距離をとり、下流側で同じ水深を釣ってみるのもいい。

また、ハゼ釣りではアタリを出すための

オモリで叩いている時の感触が軟らかい場所はこのような藻が生えていることがある。ハゼはその周りにある砂泥底で釣れるので少しずらして仕掛けを入れ直すとよい。水が澄んでいる時は目で見ても分かる

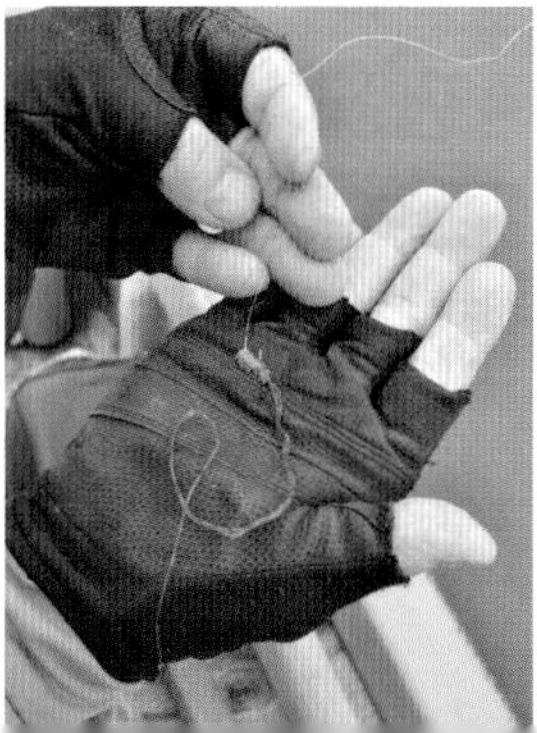

誘い(小突き)の
イメージ
①サオを軽く上下し、ボートの真下でオモリがわずかに底から離れ、また着くようすをイメージしてハゼを誘う

②遠めに振り込んでトントンと手前に寄せてくる

釣っている時はこのようにオモリでトントンと底を小突きながらエサを引きずる状態になる

工夫として、エサを少しずつ動かしてハゼに誘いをかけることが重要。具体的には、サオを小さく上下させてオモリで底を軽くトン、トンとする。サオの上下動でオモリがわずかに底から離れ、また着いて……というようすをイメージしてやってみよう。ハゼ釣りでは「小突き」といって基本となる誘い方だ。また、できるなら船の真下ではなく岸側に少し振り込んでトントンと手前に寄せてくる方法もある。

　江戸川放水路では、底にカキ殻が沈んでいるのでズルズルと仕掛けを引いてくると根掛かりする。その点でも、上下に動かしながら少しずつ横に移動させていくとあまり根掛かりせずに広く探ることができる。

　夏以降、季節が進むとハゼはどんどん大きくなっていく。小気味よい引きを楽しみに出かけてみてはいかがだろうか。

仕掛けは可能なら遠めに振り込んで小突きながら手前に少しずつ寄せてくる。小さな子どもやビギナーは船下をトントンとしているだけでもOK。理想は自分を中心に扇形に広範囲を探る。手前は月刊『つり人』でおなじみのハゼ釣り名手、長谷文彦さん。この日はアドバイス役として乗船、自らは中通しのハゼ和ザオで楽しむ

ハゼ釣りのスタイルあれこれ

パーティー気分の天ぷら船から伝統の中通し和ザオまで

【船釣り入門】

船釣りは広々とした海上風景が気持ちよく、オカッパリとはひと味違う釣趣が魅力だ。本稿では、江戸時代から始まり今も盛んな東京湾湾奥エリア、通称「江戸前」のハゼ船釣りを紹介。仲間内のハゼ釣りパーティーから数釣り志向まで、それぞれの希望にマッチしたスタイルを選べるのもよい。

定員20人以上の大型船で、東京の下町界隈から水路をたどり千葉県の木更津沖あたりに出向くことも多い乗合船。秋の彼岸ハゼから年末のケタハゼ釣りまでが本シーズンだ

岸壁に大型船舶が係留されている周辺は深場の釣り場。15㎝以上の良型ハゼが釣れる期待充分

船釣りバリエーション

ハゼの船釣りは、大きく分けるとだれでも気軽に乗船できる乗合船と、事前に予約し気の知れた仲間や家族で1艘《そう》を貸し切る仕立て船がある。

乗合船は定員20人以上の大型船が主力で、仕立て船は予約人数に応じた大小の釣り船が使われる。またハゼの場合、天ぷら船と呼ぶ江戸前独特の食事付き船もある。これは午前中ハゼ釣りを楽しんだ後、船上で揚げてくれる天ぷら御膳の昼食を味わいつつ、ひと時の酒宴を楽しめる趣向だ。仕立て料金は食事代が加算されるが、涼しげな風が頬《ほお》をなでる秋の一日を満喫できる。

また、江戸前には櫓《ろ》を操って釣らせてくれる、練り釣りと呼ぶ古典的なハゼの仕立て船もある。だが現在、櫓を扱える船長はごくわずか。将来への継続は難しそうだ。

ハゼの船釣りシーズンは、予約制の仕立て船なら梅雨明けの夏ハゼから師走のケタハゼまでオールシーズンOK。乗合船は例年9月後半の彼岸ハゼ釣りからスタートし、年内いっぱいが釣期になっている。

釣り場

水深2m以内の浅場から ケタハゼ釣りでも15mくらいまで

　江戸前と呼ばれる東京湾湾奥のハゼ釣り場は、千葉県側が木更津、神奈川県は川崎あたりを結んだ海上ラインから、東京都心に向かって湾奥に集中している。この江戸前の海域には、千葉県側から東京を隔てて神奈川県側にかけて小糸川、小櫃川、江戸川、荒川、隅田川、多摩川などの大中河川が流れ込み、ハゼが好んで生息する淡水と海水が入り交じる汽水域を形成している。

気の合った仲間たちと1艘に乗り合わせる仕立て船。街中を流れる水路運河筋では騒ぎすぎないように要注意！

　ハゼは産卵を迎える年末になっても水深20m以上の深場にはほぼ落ちず、その手前の船溜まりから沿岸域のカケアガリ付近を行き来している。船釣りでねらう水深は、梅雨明けの夏ハゼから秋の彼岸ハゼまでが水深2m以浅、晩秋から初冬の落ちハゼになると3~6m、師走のケタハゼ釣りでも深くて15mくらいまでが中心だ。

　なお、船のハゼ釣り場は東京湾湾奥の江戸前のほか、宮城県仙台の松島湾や茨城県の涸沼川が知られており、地方色豊かな釣り方が受け継がれている。

タックル

エントリーしやすいリールザオ マニアックな伝統の中通しザオ

　船のハゼ釣りは釣り場や時期、その日その時の条件でねらう水深が刻々と変わる。そこでミチイトの出し入れがスムーズなリールザオと、イト巻き付きの中通し式和ザオ（カーボンザオもあり）が使われている。

　不慣れなビギナー向けには、長さ1・5~2・1mの軟らかいスピニングタックルがよく、堤防小もの釣りやバス&トラウトのルアー用、小継ぎ振り出しザオなどからオモリ3~5号が使えるロッドを選ぶ。組み合わせるスピニングリールは、1000~2000番台の小型にナイロンかフロロカーボンミチイト1・5~2

古式ゆかしいハゼの練り釣り船。ポイントに到着すると櫓に持ち替え、できる限り皆が平等に釣れるように船を流してくれるのは名人技だ

号、もしくはPEライン0・4〜0・8号を巻いておく。

また、ハゼの船釣り用道具を持っていなくても、船宿には無料・有料のレンタルタックルが常備されているので心配ご無用。

一方、イト巻き式の中通しハゼザオは、マニアに愛されてきた江戸和竿の逸品である。6〜9尺（全長約1・8〜2・7m）ザオが使いやすく、手始めにオールラウンドなオモリ負荷3〜4号ザオを購入し、その後に深場用のオモリ負荷4〜5号ザオをそろえると万全だ。慣れてきたら両手で1本ずつ操作する2本ザオで、本格的な江戸前ハゼの船釣りを覚えてほしい。

ミチイトは、中通しハゼザオ専用の色付き市販品を迷わず選んだほうが間違いない。カラーはイエロー、オレンジ、ホワイトなどの蛍光色や、黒、赤の中から自分にとって視認性がよいものを買い求めればよい。1・5号か2号を多めに25m前後巻き込んでおくと、万一途中からミチイトが切れても残り分で釣りを再開することが可能だ。

また中通しハゼザオのミチイトには小型スイベルを介し、ナイロンかフロロカーボンの先イト1・2〜1・5号を50㎝ほど接続しておく。中通しザオでは、船べりにミチイトを当てながら手繰り上げてくるので、ミチイト末端のスイベルが船べりに当たった瞬間にカチッと小さな抵抗を感じ、手元近くまで仕掛けが上がったことが分かるという塩梅だ。

仕掛け

リールザオ、中通しザオとも シンプルな1〜2本バリ仕掛け

リールザオを手にした不慣れなビギナーには、超小型のハゼ用テンビン（Sサイズ）、またはシロギス用の片テンビンが扱いやすい。中通し和ザオ派に

仕立ての天ぷら船。たっぷりとハゼを釣った後の昼食は、これまたたっぷりと食欲の秋を満喫！

天ぷらの材料はシロギスにメゴチ、エビなど魚介のほか、レンコンやシシトウといった野菜類も豊富。ちなみにハゼの天ぷらはメニューにありません。念のため

毎日のように屋形船で天ぷらを揚げている船長だけに、その手さばきは天ぷら職人並み

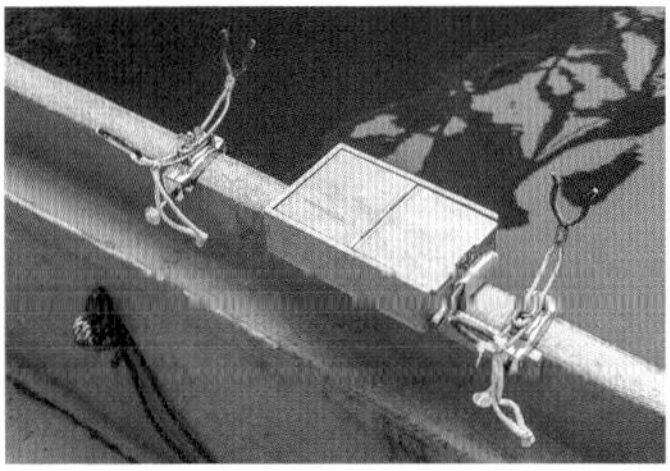

釣り座前の船べりには同じタイプの小型サオ掛け２個とエサ箱を固定しておく。使用頻度が高いハサミをエサ箱の側面に取り付けてあるのはグッドアイデア

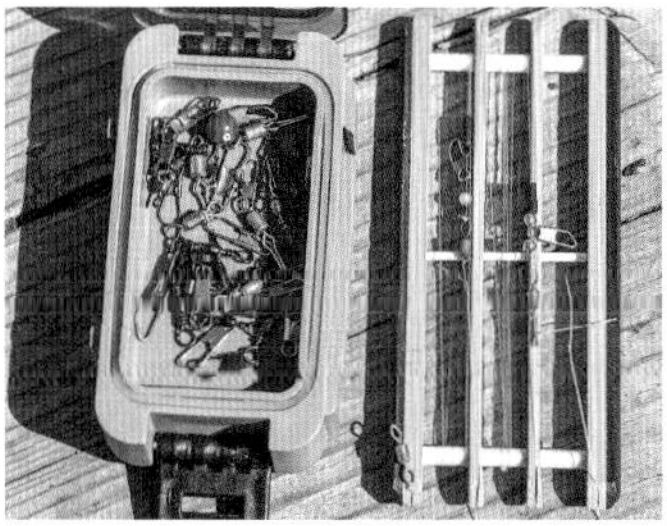

スペアの仕掛け周りと接続パーツも忘れずにあ

オモリは写真のタイコ型とナス型の２種類がよく使われ、号数は２～７号の大小を使い分ける

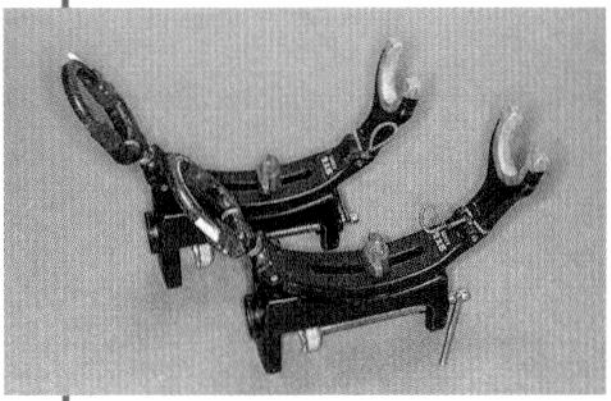

こちらの小型サオ掛けは最新型で、使いやすいように各部分に工夫が凝らしてある

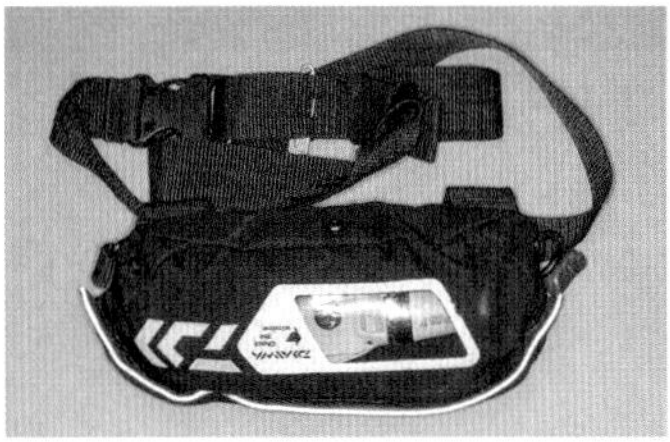

必需品の救命胴衣はコンパクトなウエスト型が使いやすい。持ってない場合は船宿で貸してくれる

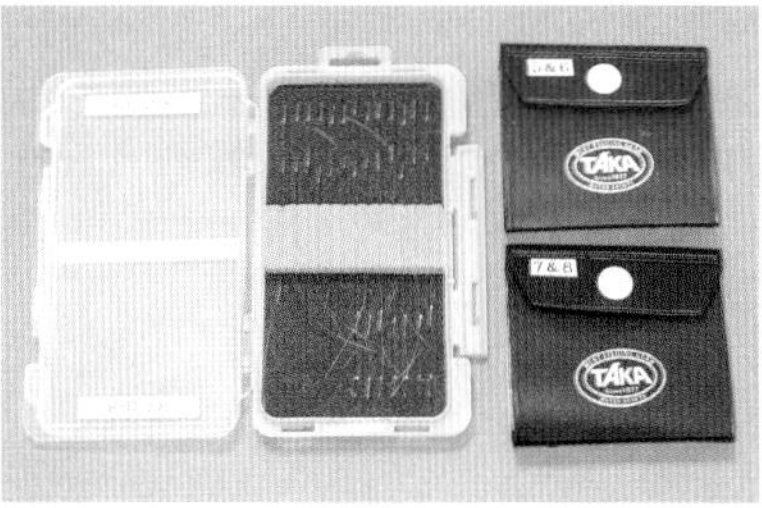

ハリケースを使って号数別のハリス付きハリを整理しておく。写真左のプラケースは競技志向が強いベテラン勢の愛用者が多い２本バリ直結式の地獄バリ

はベテランが多く、スイベルやスナップ、スナップ付きスイベル、自動ハリス止メ、丸カンといった接続パーツを各自組み合わせ、仕掛け絡みが少なくよく釣れる工夫を凝らした特製仕掛けを愛用している。

　これらの特製仕掛けは固定式と遊動式に大別でき、釣り場の水深などに応じてオモリの取り外しが可能。オモリの号数は、ねらう水深とともに船宿の指示に従って決めるのがルール。リールザオは浅場用に3～4号、深場用には5～8号を使用することが多い。中通しハゼザオの場合はもう少し細分化され、水深2m以内のごく浅場は2・5～3号、水深2～4mが3号、そして水深が5mを越えてくると4～5号を使い分ける。さらに、潮流の強さや風が強まって船が流され気味の悪条件には6～7号が必要になるので、晩秋の落ちハゼ期以降はオモリケースに忍ばせておくこと。

　船釣り用のハゼバリとして好まれるのは、袖型が断トツ人気だ。10㎝以下の小型ハゼに4号、12～15㎝の中型が5～6号、それ以上の良型には7～8号といった使い分けが一応の目安。フナバリやシロギス用

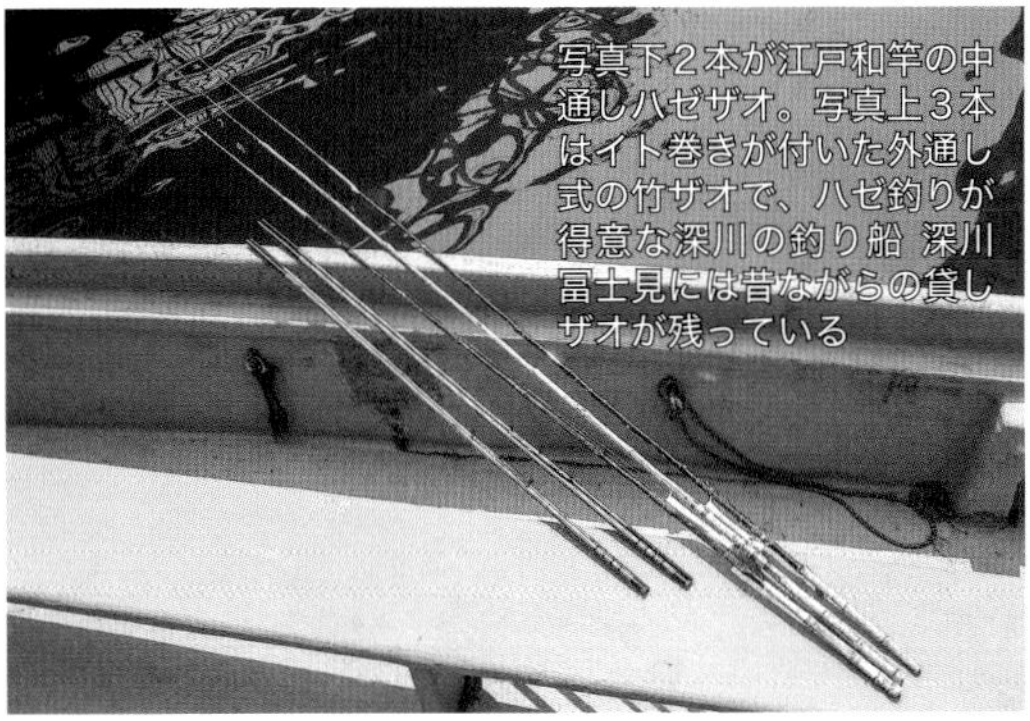
写真下２本が江戸和竿の中通しハゼザオ。写真上３本はイト巻きが付いた外通し式の竹ザオで、ハゼ釣りが得意な深川の釣り船 深川冨士見には昔ながらの貸しザオが残っている

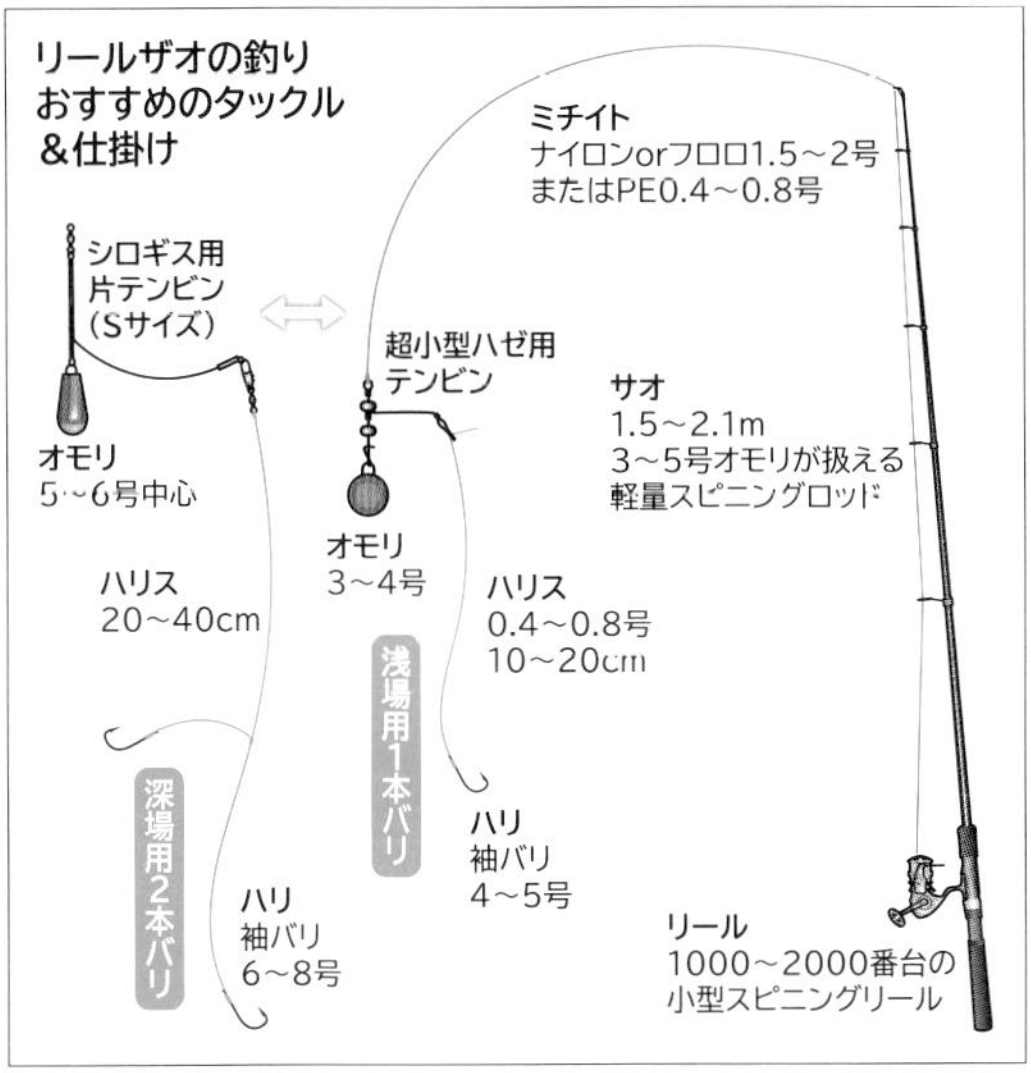

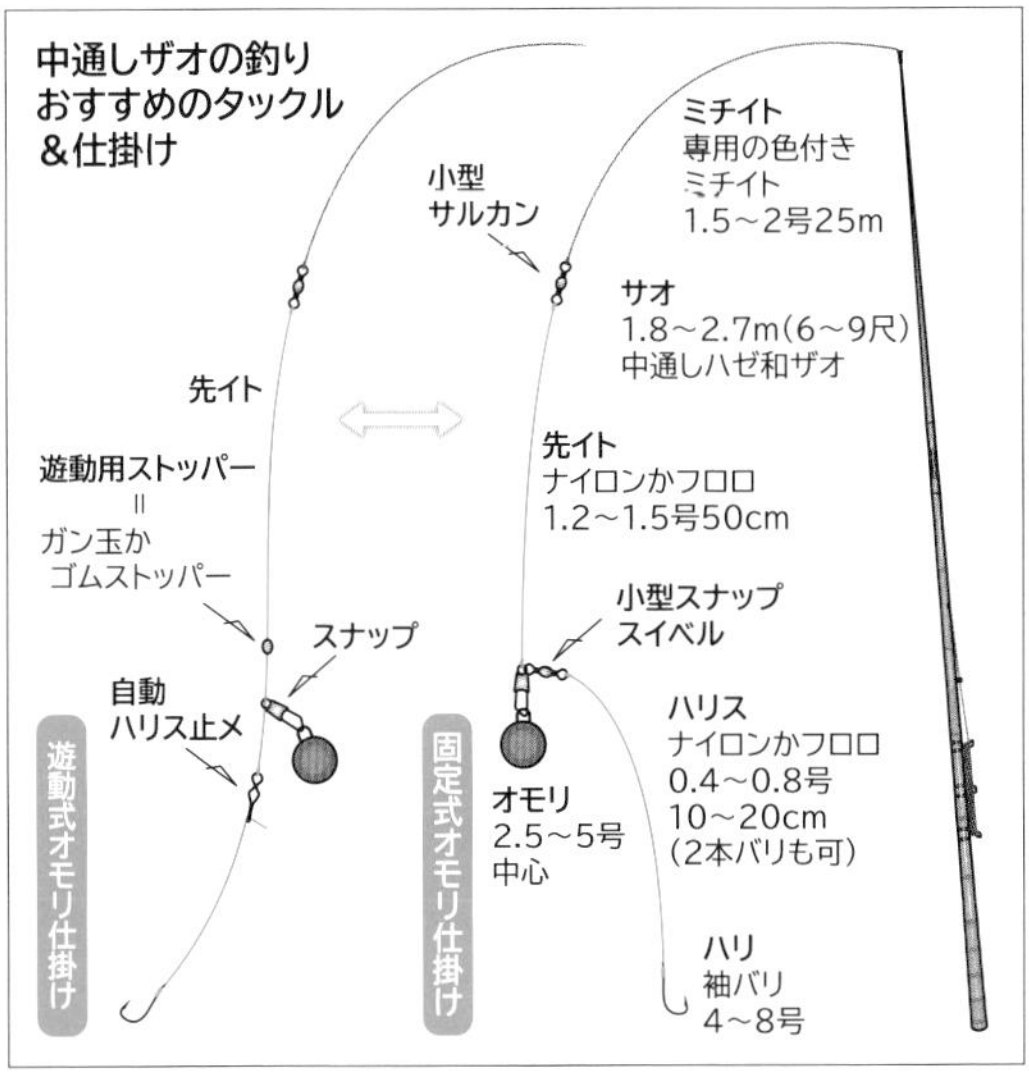

も一部のファンが使っているが、ハリ型によってハリの大小が異なるので気を付けたい。

ハリ数は、ビギナーは1本バリ仕掛けが無難。ただ、水温低下に伴い食いが渋ってくる晩秋の落ちハゼ以降の深場用には、ハゼがエサを見つけやすい集魚効果を兼ね、2本バリ仕掛けに切り替えるとより釣果アップが期待できる。地獄バリと呼ぶ直結式の2本バリを自作するベテランもいる。ハリスの太さは0・4～0・8号の範囲で、ハリス&仕掛けの長さはリールザオがシーズンに応じて10～40㎝、中通しハゼザオには短めの10～20㎝が好まれる。

なお、陸っぱりハゼ釣りと同じく根掛かりで仕掛けの破損が多いので、予備の仕掛け、ハリ、オモリは充分に用意すること。

装備
重要な小物類 救命胴衣着用はマスト

中通しハゼザオに便利な小道具で、船べりにセットして使う小型サオ掛けとエサ箱の2点は外せない。エサ箱は手作りの木製が好まれ、長年使い込むと木ならではの捨てがたい味が出る。ほかに、汚れふき用の手ぬぐい、ハサミや予備の仕掛け&オモリ、ハリケースは手の届く個所に置いておく。

中通しザオが美しい円弧を描き、気持ちよさそうに引き味を楽しむ江戸和竿師の竿富親方。和ザオ界のハゼ釣り名手の一人として有名

ハゼ釣りファンのお目当ての一つは中型以上の天ぷらサイズを釣りあげること

秋の彼岸ハゼ釣りシーズンになると10～12㎝級に育ち、首を振ってハリを外そうと試みる引き味はなかなか

リールザオ用には、サオ掛けの代わりに、船べりの穴に差し込むY字型のサオ受けも使いやすい。

　また、船釣りは救命胴衣の着用が必須。コンパクトなウエストタイプがお薦めだが、船宿にも無料のレンタル救命胴衣が用意されており、乗船前の受付時に申し出ること。

　手軽なハゼ釣りといえども上下セパレート式のレインウエアも忘れてはならない。晴天に恵まれても少しでも風が出てくると、走行中に波しぶきを浴びてしまうからだ。

　船内での注意点としては、ビク代わりのバケツが用意されているので釣り座前に置いて使う。バケツに水を溜めるため足元が濡れることが多く、防水性のスニーカーや長靴を着用したほうが無難だ。

釣り方

小突きをマスターしてハゼとの駆け引きを楽しむ

ハゼの船釣りの基本テクニックは、リールザオ、中通しザオのどちらも、船下をねらう小突き釣りと称する誘い釣りだ。まずは船の真下に仕掛けを落とし、オモリの着底を感じたらイトフケを巻き取りながらミチイトを軽く張り、サオ先が胸元下くらいにくる位置でサオを構える。

　そしてここから小突き釣りの仕掛け操作を開始。オモリの着底を確認し直したら、オモリを底から5～10㎝幅で上げ下げする手加減を保ち、この誘い操作を繰り返してエサを踊らせる。

　トントンッ、トントンッと小突くこと10～20回、小突き誘いを止めたら今度は底から10～20㎝仕掛けを離す感じで、ハゼがエサを食っているかどうか、サオ先

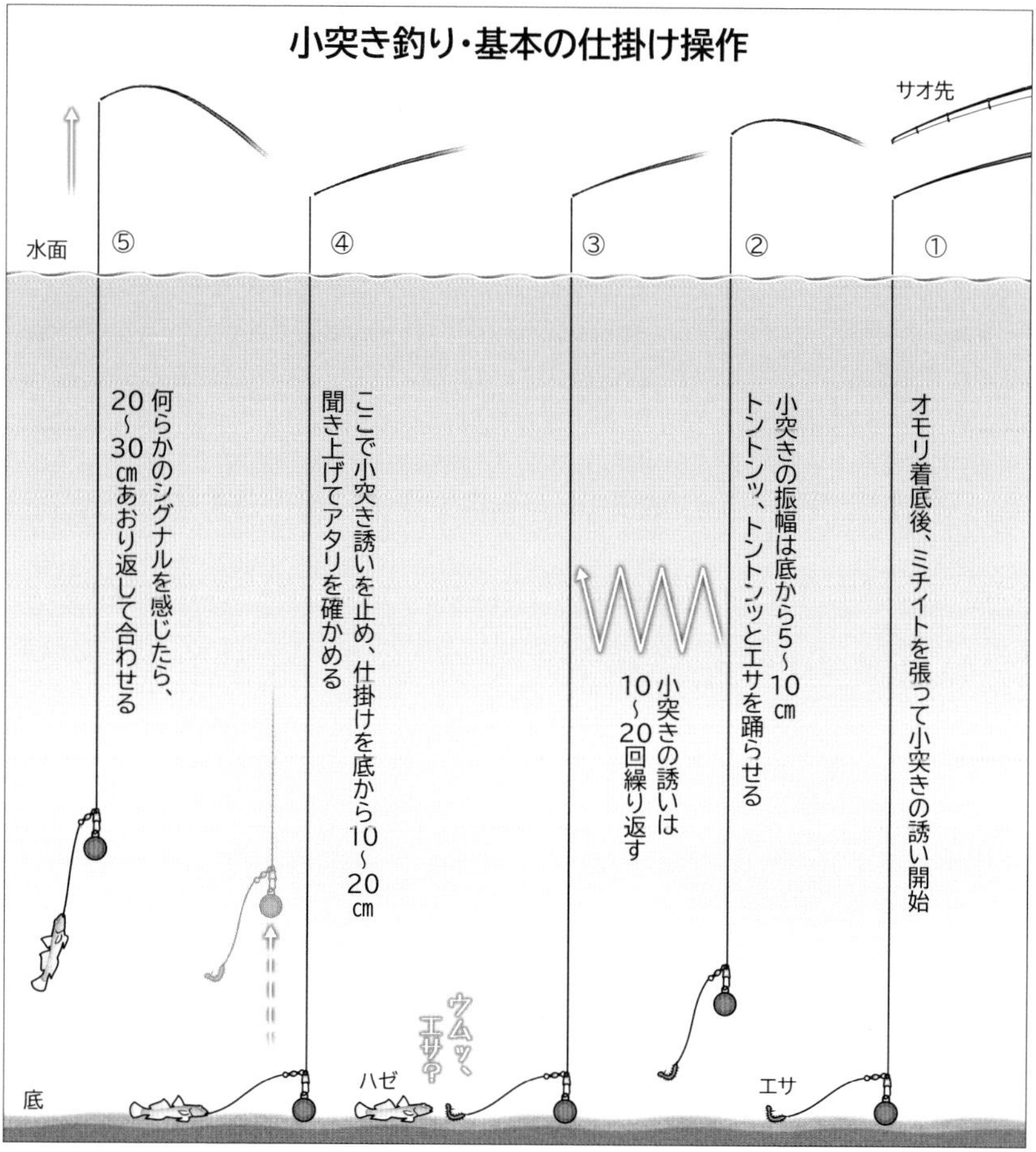
小突き釣り・基本の仕掛け操作
サオ先
水面
①
②
③
④
⑤
オモリ着底後、ミチイトを張って小突きの誘い開始
小突きの振幅は底から5～10㎝
トントンッ、トントンッとエサを踊らせる
小突きの誘いは
10～20回繰り返す
ここで小突き誘いを止め、仕掛けを底から10～20㎝
聞き上げてアタリを確かめる
何らかのシグナルを感じたら、
20～30㎝あおり返して合わせる
ウムッ、エサ？
ハゼ
エサ
底

で聞き上げてみる。このように、エサの存在をアピールする誘いと、アタリを確かめる聞き上げを繰り返すことが基本的な小突き釣りテクニックと考えてよい。そして、アタリと同時に反射的にサオを小さく20～30㎝あおり返して合わせる。

ただし、ハゼがエサを食ってくるタイミングは小突きを止めて聞き上げてきた時ばかりとは限らない。小突いている最中にサオ先を通じて手元までクッ、ククッとくる当たり方も多い。いつでも当たった瞬間に合わせられる心構えを持ち続け、バラシの元のビックリアワセは禁物だ。

乗合船は、エンジンでの流しによって新しいポイントを次々にトレースしてくれることでコンスタントに当たる確率が高い。反対に、浅場の夏ハゼ釣りや天ぷら船のような仕立て船の場合は1ヵ所にアンカーを打って船を止めたまま釣ることが多く、アタリは途絶えがち。こんな時の不調はリールザオで軽く投げて広く探ってみるのが良策だ。ただし危険防止のため、左右をよく確かめ、必ずアンダースローキャスト（下手投げ）で行なうこと。

▽▽▽▽▽▽▽▽▽▽ ハゼ釣りのスタイルあれこれ △△△△△△△△△△

釣れて不思議、釣れなくて不思議の新感覚ライトゲーム

【ハゼクラ事始め】Q&A

本書ではエサを使ったハゼ釣りがメインではあるが、ルアーでのハゼ釣りも紹介している。特におすすめしたいのがハゼクラだ。まずはこの釣りのイメージを頭に描きやすくするために、釣具の上州屋スタッフでハゼクラに精通する中村忠司さんにいろいろな質問をぶつけてみた。

ハゼクラ歴10年の中村忠司さんは上州屋に勤務する無類のハゼクラ好き。この日も活躍した『マイクロクラピーベル』の上州屋オリジナルカラーのチ～バくん！は中村さんがテストを繰り返した絶対の自信を持つカラー

Q1 天気と水色のいい条件とは？

「天気は晴れがベスト。曇りでも釣れますが今日のような雨は期待薄です（笑）。しかも数日間降り続いて川の水が濁っているのは最悪です。なお江戸川放水路では晴れて天気のいい日ほど場所によっては貝掘りの人が多くいるので、浅場が非常に濁っていることもあります（笑）」

濁りのない澄み潮で晴れの日は視界が利くので土煙を立ててボトムを這うクランクベイトの存在に気づきやすく、ルアーの後方にあるフックにも気づきやすい。当日の状況はクランクベイトの存在感が薄まるのであまりよくないとのこと。

取材当日は小雨交じりのあいにくの天気。それでも朝からヒットを重ねたが、これが快晴ならもっともっと反応がよかったはず

曇天や雨天よりも快晴で風もない穏やかな日がハゼクラ日和

Q2 潮位は関係しますか？

「潮が動いている時間帯はすべてチャンスがありますが、中でも満潮前後の上げ7分から下げ3分は特に有望です。やはり、潮位の高い時間帯には多くのハゼが岸近くに集まってきます。ブラックバスを釣るクランクベイトなら水深3m以上、中には6m以上も潜行するタイプもありますが、ことハゼに関しては水深1mより深くなると極端に反応が悪くなり、浅ければ浅いほど釣れると言い切れます」

水深1m未満の浅場、それもひざ下程度のどシャローに群れが差している潮位の高い時間帯こそ連発するチャンスである。

ハゼは同じ場所でも潮位や潮の上げ下げによって食いが著しく変化する。ここも満潮近くまでは杭の内側の浅場で反応がよかったが、潮が下げると反応が薄まった

Q3 なぜ自分の口より大きなルアーでハゼが釣れるのですか？

「ヒットする要素としては『食性』『好奇心』『威嚇《いかく》』の3つがメインと言われます。ルアーを捕食対象として認識して口を使うのが『食性』。必ずしも食べようとは思っていないが興味を持って近づくのが『好奇心』。敵あるいは仲間を排除するために体当たりをすることでフッキングしてしまうのが『威嚇《いかく》』。ちなみにハゼは雑食性で小魚も食べます。魚以外にも底付近で蠢《うごめ》くものには興味を示して口を使う魚です。そうしたハゼの習性を上手く利用した面白い釣りです」

この3要素に対する考え方は十人十色で

自分よりも大きいクランクベイトにもヒットしてくる不思議

アシストフックをしっかり食ってくる不思議

体当たりしたと考えるのが妥当の背掛かりもある不思議

まだ明確な答えが出るに至っていない。一見すると激しく追って体当たりしているようにも見えるが、ハゼはナワバリを持たないうえにシングルフックやアシストフックが口の中にしっかり刺さっていることも多いため、仲間が土煙を立てて捕食しているエサ（＝シングルフックやアシストフック）を横取りして食べようとしていると考えるのが妥当という考え方もある。魚のサイズ感でいえば小さなフックやジグヘッドにアジやメバル用の1～2inの極小ワームをセットしたほうが釣れそうに思えるが、そうはならないところがハゼクラの妙味といえよう。

Q4 なぜルアーの中でもクランクベイトを多用するのですか？

「ミノーやシャッドなどのプラグでも釣れますが、小さなボディーでも潜行角度が急で巻き始めからボトムタッチしやすく、カキ殻などの障害物も長いリップでかわしやすいクランクベイトが最適なんです」

必ずしもボトムタッチさせないと釣れないわけではなく、ボトムスレスレを泳がせるほうが釣れるという人もいるが、基本はやはりボトムに当てながら巻いてくる釣り。となるとバイブレーションでも可能ではあるが、実際にはカキ瀬などでそれをやればルアーがいくらあっても足りないくらい根掛かりしてしまう。実質、釣りになるのがクランクベイトというのが理由だろう。

Q5 フロントフックは不要？

「活性が高いとフロントフックに食ってくることもありますが、大半はリアフックへのヒットです。根掛かりの多い場所ではフロントフックを取ることをおすすめしますが、そうなると重心のバランスが崩れて泳ぎが悪くなるので、スイベルなどをセットしてウエイト調整するのがベスト。愛用する『マイクロクラピー』の泳ぎは潜行加減が絶妙で急すぎないので、ボトムに突き刺さって根掛かりすることも少ないです」

ただし、ボトムタッチしないと土煙が立たないので、フロントフックを取った際にはスイベルをセットし、潜りが足りないと

クランクベイトが多用される一番の理由は根掛かり回避能力に長けていることだ。特にこうしたカキ殻の多い釣り場では効果が絶大だ

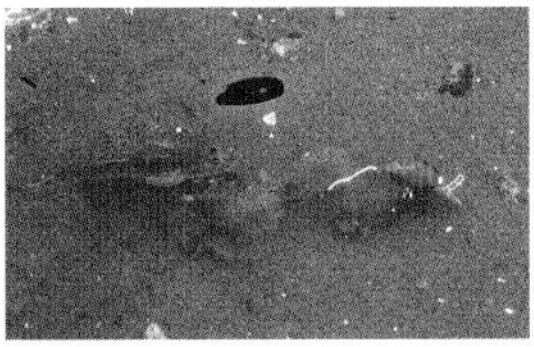

浅い泥底に土煙を立てて疾走するクランクベイトの背後をハゼが追尾する。これは１尾だが、３尾や４尾で競うように追わせることができれば競争心が生まれてヒットにつながりやすい

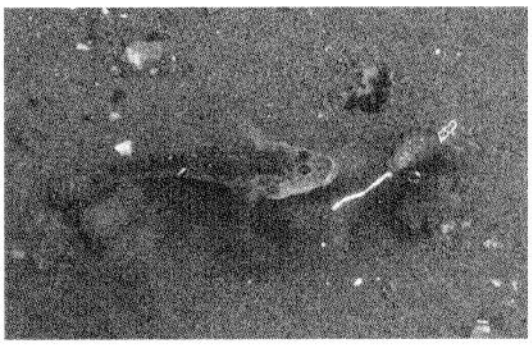

ハゼの視線はクランクベイトそのものなのか、土煙なのか、その煙幕からチラチラと見えるハリなのか。これでその日のヒットパターンを分析できる

感じた際にはシール式のチューニングシンカーをオデコ部分に貼ってます。

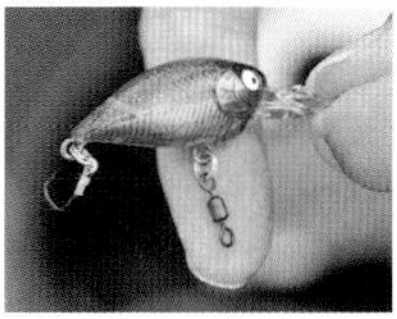

ヒットの大半はリアフックに集中するので根掛かりが頻発する場所ではフロントフックはないほうがいい。しかしバランスが崩れて泳ぎが悪くなるようならスイベルなどでウエイト調整するとよい

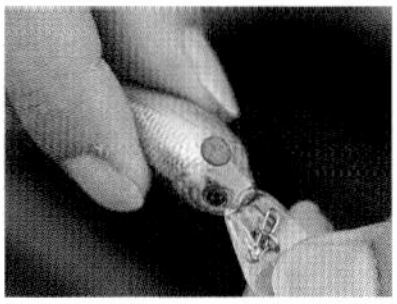

潜りが足りないと感じた際に、より深く潜行するディープタイプに交換するほかシール式のチューニングシンカーをオデコ部分に貼るのも効果的

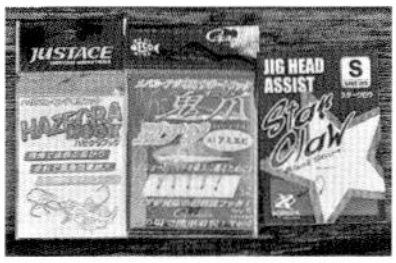

ハゼクラで重要なリアフックとアシストフック。どこかに赤をあしらったものが多い

替えバリ、スプリットリング、極小スナップ、チューニングシンカーを小物入れに収納。なんとも手軽な釣りだ

Q6 緩やかな潜行角度のクランクベイトがベスト？

「基本的にハゼクラに向く釣り場は緩やかな傾斜の遠浅のシャローですから、緩やかな潜行角度のクランクベイトがマッチします。ボトムが完全な砂や泥なら多少潜行角度が急でも根掛かりしにくいですが、それでも所々にカキ殻や流木などの沈み物があるのでボトムにソフトなタッチが行なえるルアーがいいと思います」

ただし、水深が1m以上ある釣り場や急深の釣り場では潜行角度が急で深く潜るタイプを使わないとボトムにタッチしない。しかし、そうした釣り場でハゼクラを成立させるのはイージーではない。

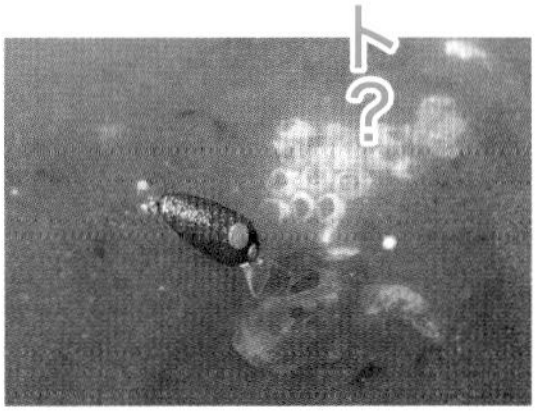

急潜行するタイプはボトムに突き刺さりやすいが、急深の釣り場では重宝する。どの釣り場でも底を舐（な）めるように引けるように数種類のルアーを用意したい

中村さんは『マイクロクラピーベル』と『ディープクラピーベル』（ファイブコア×ラッキークラフト）の2種類でボトムタッチさせやすいほう、あるいはボトムに刺さりすぎないものをチョイス

Q7 ズバリ、当たりカラーは？

「まさにいろいろなカラーのクランクに反応してくれるハゼですが、個人的には赤はテッパンと感じています。手前味噌ですが上州屋オリジナルカラーのチ～バくん！は

「赤はテッパン」と言い切る中村さん

ボディーが赤系統なだけでなくフックやアシストフックにも赤をあしらう。しかし蛍光色がいいときもあるから大いに悩むべし

赤を基調としたもので非常によく釣れます。フックも同様に赤バリタイプは非常によく効きますが、丁度いいサイズのシングルフックは種類が少ないのが難点。色そのものだけではなく捕食する際のバイトマーカーになります」

　中村さんはバーブレスのシングルフック8番を使い、フッキングしてこないようならチモトに蛍光カラーやフェザーがあしらわれたアシストフックをセットしてアピール度を高めている。

Q8 ハゼクラにマッチするタックルは？

「ロッドはハゼ専用のほか流用するならアジ用、メバル用、トラウト用、バス用などが使えます。重いルアーを遠投する釣りではないので長すぎるよりは短いほうがコントロールよくキャストできますし持ち重りもしません。6ft前後が合うと思います。ラインはナイロン、フロロカーボン、PE＋フロロリーダー、エステル＋フロロリーダーのいずれも使えますが、個人的にはボトムの起伏やハゼのバイトをしっかり感じ取りたいので、ファストテーパーで高感度モデルのロッドにスピニングリール2000番、ラインはPE0・3号＋フロロリーダー1・75号の組み合わせで楽しんでいます」

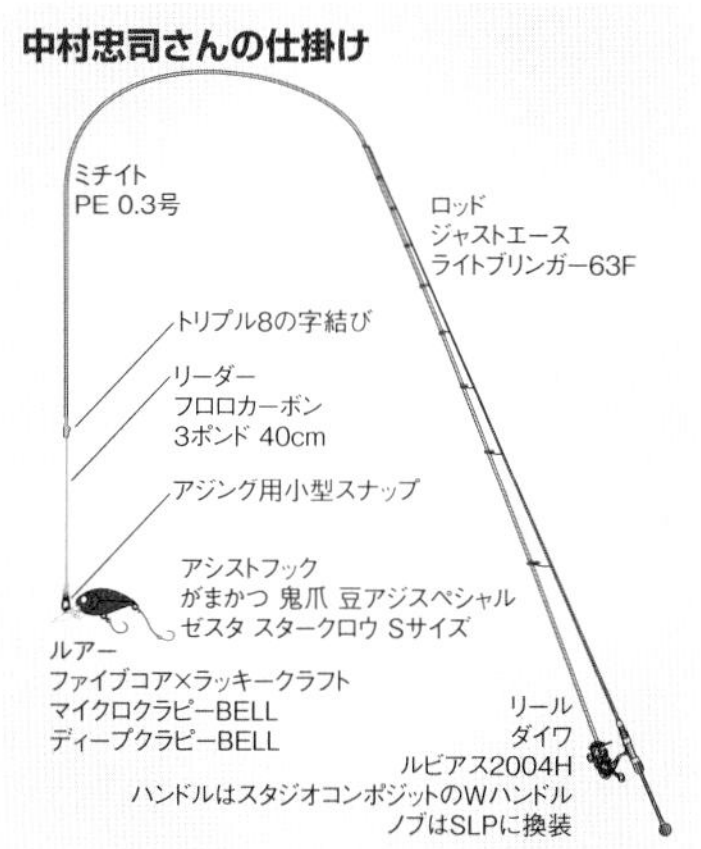

中村さんが愛用する感度重視のハゼ専用タックル

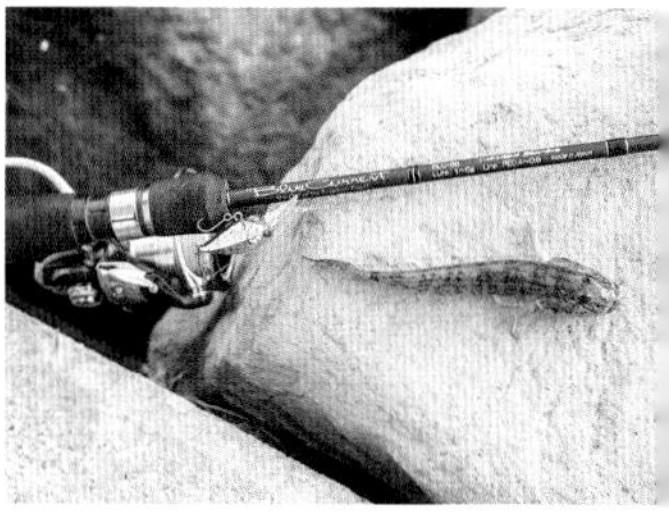
アジやメバル用のライトタックルも流用できる

　ハゼクラを始めるのにいきなりハゼクラ専用ロッドは敷居が高いだろう。中村さんの好みは感度重視の組み合わせだが、スローテーパー気味のメバル用やトラウト用のロッドに適度な伸びがあるナイロンラインの組み合わせでも、「それはそれで乗りがいいですしトラブルが少ない」と中村さん。つまり間口はかなり広いということ。

Q9 数釣りとサイズねらい、それぞれの魅力とは？

「ハゼクラはまずひとりでも楽しめますが、仲間内でワイワイと競い合うとさらに

ハゼクラのトーナメントも年々盛り上がっている。有名テスターにビギナーがあっさり勝ってしまうこともある不思議！

盛り上がります。ハゼといえば数釣りターゲットですが、数を追求するならエサ釣りでいいじゃないという考えもある。だから今は3尾の長寸で競うような大会が盛り上がっています。数ねらいはハゼ密度の高い釣り場に限定されますが、型ねらいならハゼ密度が低いところや多少根掛かりしやすいところのほうが有望だったりします。数なら江戸川や荒川などの大河川には敵いませんが、型なら内房や外房の小河川のほうが期待できます。ハゼクラの15cmはバス釣りでいうところの45cm、20cmもなると50cmを超えるランカーサイズです（笑）。もちろん数釣りもめちゃめちゃ楽しくて、数を競う大会も王道で、猛者ともなると3桁を叩き出す人もいます」

もともとハゼクラは仲間のエサを奪い合う習性を利用した釣りなので、とにかくハゼ密度の高い釣り場で食い気を立たせることが肝心。ハゼがルアーにスレたと感じたらどんどん横移動して足で釣果を稼ごう。中村さんが紹介してくれた旧中川のように、ハゼ密度が高すぎないところは良型ねらいが楽しめる。ゴロタは根掛かりのリスクもあるが、越冬地にもなりやすく大型のヒネハゼ（2年魚）の出現率も高い。

この日の最大は15cm。3尾で45cm超えなら大会でも上位入賞間違いなし。60cmに迫れば優勝間違いなし!?

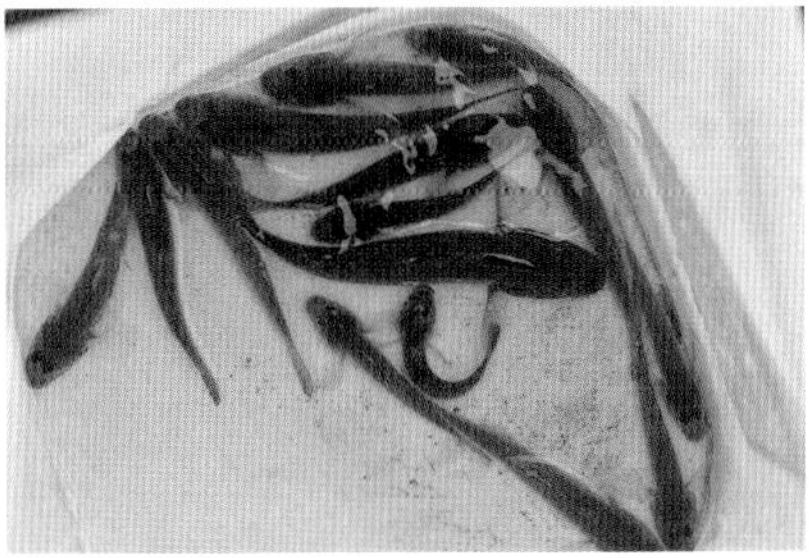

ハゼクラでの釣果。サイズは大小バラバラでハマると短時間で数も釣れる

MR（ミディアムランナー）、DR（ディープランナー）、S（シンキング）3種類のクランクベイトを使い分ける

ベイトフィネスタックルの利点多し！

サンスイ渋谷店Part1のソルトコーナーに勤務する林悠一さんはベイトフィネスタックルをハゼクラで活用。3種類のクランクベイトの使い分けもご紹介！

食性よりも興味と威嚇？

「ハゼは例年7月から10月頃まで手軽にねらうことができます。特に夏場は水深30㎝あるかないかの浅場でハゼのチェイスを見ながら、あるいはちょっと深場をブラインドでも楽しめるのがいいですね」

とはサンスイ渋谷店Part1に勤務する林悠一さんだ。ハゼがクランクベイトにヒットする理由については「個人的には威嚇や興味でルアーにアタックしてくるものが少なくないと考えている。フックが口にお入っているから捕食で、外掛かりしているから威嚇という単純なものではなく、口で嚙《か》みつくのも威嚇、あるいは食べられるかどうかの興味ではないかと思う。一方で、食べに来たと思えるヒットもあるので一概に威嚇行為ともいえないのも確か。そのあたりは今も謎のままですが、釣れるときには短時間でふた桁釣果も楽勝なので、何かがバイトトリガーになっている

支流の海老取川が出合う多摩川下流域ではフローティングタイプのクランクベイトが効果を発揮した

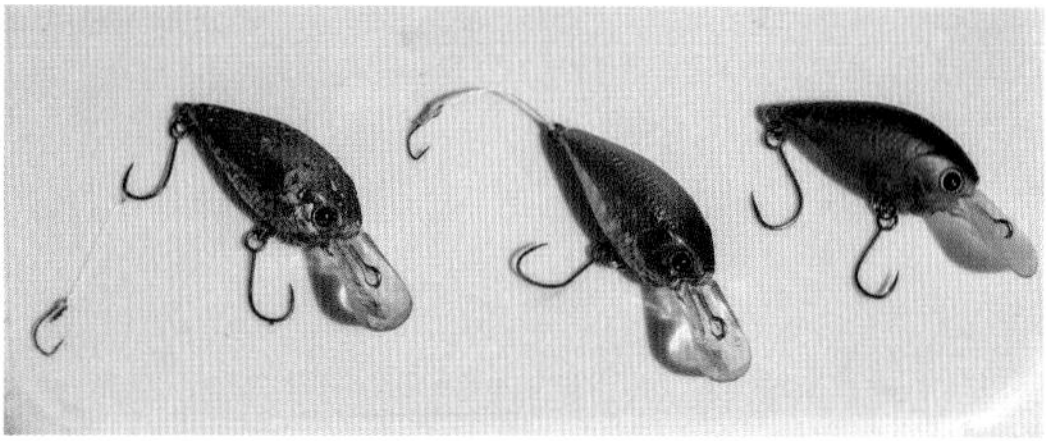

左からディープクラピーSFT（ラッキークラフト）+アシストフック、ディープクラピーBELL（ラッキークラフト×ジャストエース）、ディープクラピーSFT（ラッキークラフト）アシストフックなし。ディープクラピーBELLはハゼクラ専用で最初からハゼクラ専用アシストフックがセットされたラトルインタイプ

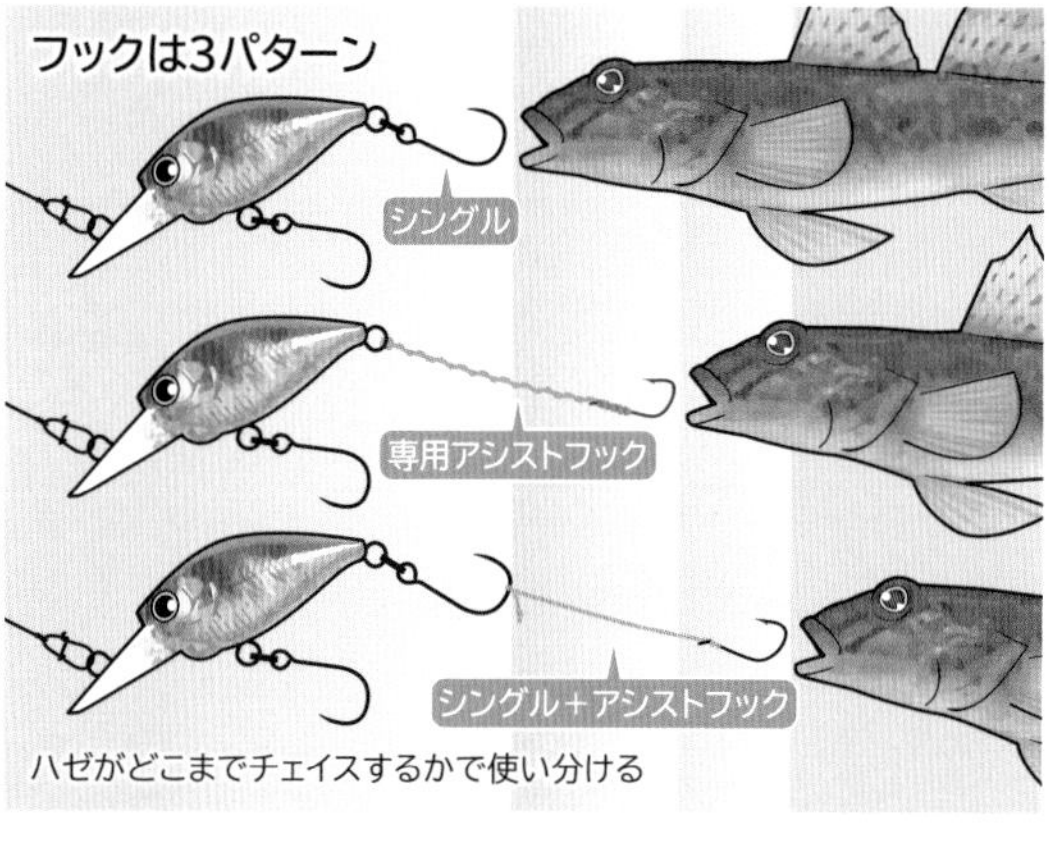

ハゼがどこまでチェイスするかで使い分ける

多摩川では潮が下がるとシンキングタイプの『ばとむうさくら』（アティック）が効いた。フッキングは外掛かりと口掛かりが半々

JUSTACE
DECOY

林さんが用意したアシストフック各種。左のハゼクラ専用はシングルフックを外してこちらを単体で使う。右のアジ・メバル用アシストフックはシングルフックのフトコロにセットして使う

フローティングタイプのクランクベイトの出番

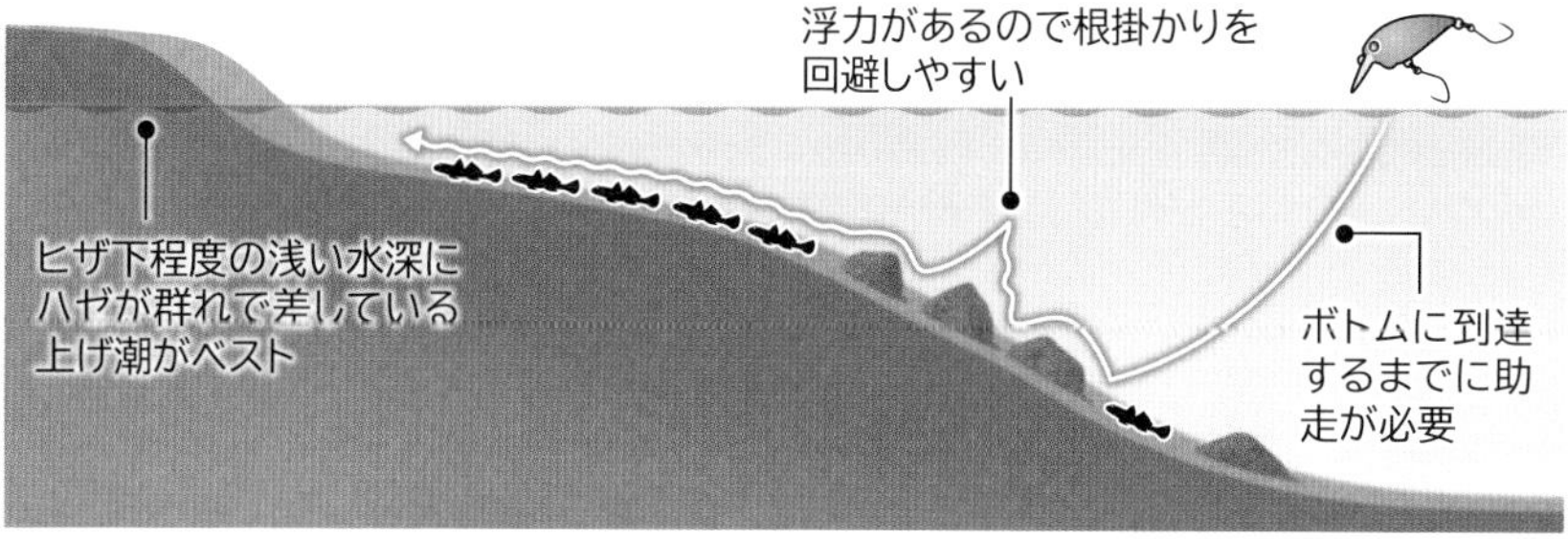

浮力があるので根掛かりを
回避しやすい
ヒザ下程度の浅い水深に
ハゼが群れで差している
上げ潮がベスト
ボトムに到達
するまでに助
走が必要

シンキングタイプのクランクベイトの出番

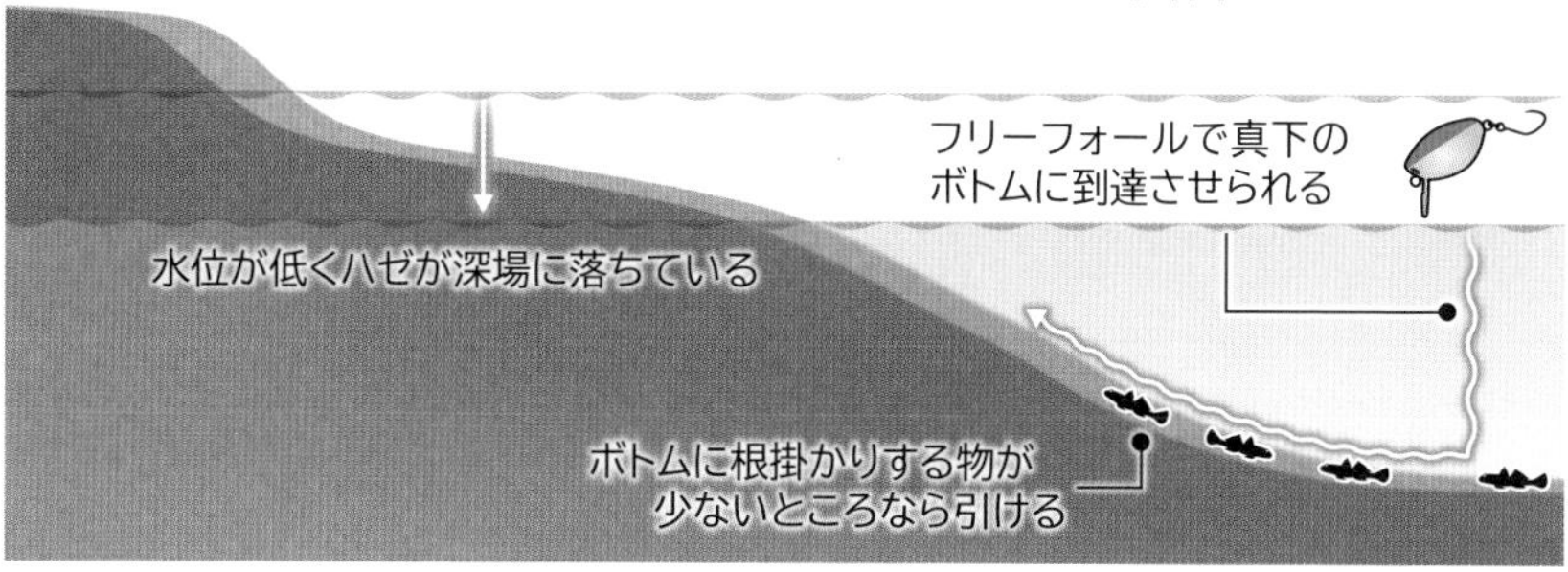

フリーフォールで真下の
ボトムに到達させられる
水位が低くハゼが深場に落ちている
ボトムに根掛かりする物が
少ないところなら引ける

のは間違いありません」と語る。林さんの使うクランクベイトのタイプは大きく分けて3タイプ。

水深1m程度まで潜るMR（ミディアムランナー）モデル、2m程度まで潜るDR（ディープランナー）モデル、根掛かりが少ないような場所でじっくり誘えるシンキングタイプ。これら3タイプを行くポイントの水深や海底の状況によって使い分けている。

クランクベイトにセットするフックは、①シングルフックのみ、②シングルフックを取りアシストフックに交換、③シングルフックは残したままアシストフックを追加の3パターン。アシストフックはハゼクラ専用の物があるほか、アジング用アシストフックでも応用できる。

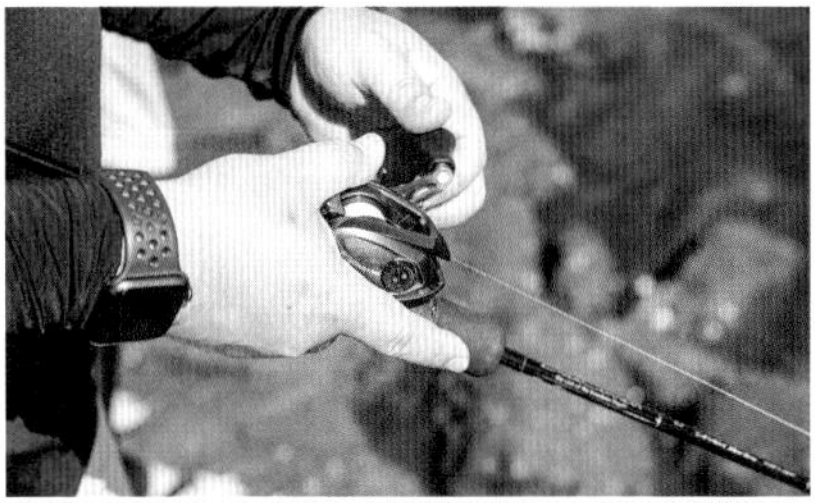

ベイトフィネスタックルはリール自体の感度が高く、クランクベイトが底を小突いている感覚や岩に当たった感覚がダイレクトに手元に伝わってくる

ロッド ● ブルーカレント 63 ベイト（ヤマガブランクス）
リール ● アルデバラン BFS XG LEFT（シマノ）
ライン ● PE0.4 号
リーダー ● フロロカーボン 6 ポンド

口掛かりもあれば身への掛かりもある。「食性なのか威嚇なのか、はたまた好奇心なのでしょうか……」と佐藤さん

ボトム感度はベイトフィネスに軍配

林さんのおすすめはベイトフィネスタックル。

「クランクベイトが2～4gのものが多いので、その重さが扱いやすいですし、スピニングタックルと比べてリール自体の感度が明らかに高く、クランクベイトが底を小突いている感覚や岩に当たった感覚がダイレクトに手元に伝わってくるので地形の変化の把握が非常にしやすい」

また、林さんの手駒として目を引くのがシンキングタイプのクランクベイトだ。

「この日最初に入った多摩川の羽田周辺では潮位が高いうちはフローティングタイプ

ショートディスタンスでピンを正確に撃つこうした釣り場では絶対にベイトフィネスが有利と語る林さん

後半は大きく場所を移動して墨田区と江戸川区の間を流れる旧中川へ。杭と杭の間にロープが張られているため、狭い範囲を横引きしていく。同じくサンスイ渋谷店に勤務する佐藤さんはスピニングタックルで丁寧に杭付近にピッチングでアプローチ

でも釣れましたが、潮位が下がるとハゼも一段下の深場に落ちてしまってフローティングのクランクベイトのスピードでは追いきれないようす。ここは砂泥底で根掛かりの心配が少ない場所だったのでシンキングのクランクで海底をゆっくりズル引きしてくるとパターンにハマりポツポツと釣れ続きました」

そして、2ヵ所目は旧中川。ここは岸から2mほど先に杭が並び、杭と杭の間にロープが張られ、ロープから手前は水深40cm程度のゴロタと砂地が混ざった緩やかなカケアガリになっている地形で、オープンな砂泥底だった羽田界隈《かいわい》とは大きく異なるロケーション。

ロープ内側の狭い範囲にキャストを決めるのはかなり難しいものの、ルアーを振り子の要領で正確に送り込めるピッチングというキャスト方法でロープに絡ませることなく精度よくテンポよくキャストを決めていく。そしてカケアガリ沿いを障害物回避能力の高いフローティングのクランクベイトで横切らせてくると羽田よりもひと回り以上大きな良型ハゼがヒット！

「多摩川と比べると閉鎖水域の旧中川は干満差がさほどないので、多摩川の水位が下がるタイミングならこちらをねらうのもありかもしれません」と林さん。佐藤さんも良型を連発してご機嫌だ

「釣れ方はアシストフックをしっかり口の中に入れた掛かりが半分、威嚇と思しきボディーへの掛かりが半分といったところ」

砂泥底、カキ瀬、ゴロタの障害物周りと多彩なロケーションで楽しめるハゼクラ。当然、マッチするタックルもひとつではないのである。

▽▽▽▽ハゼは入れ食い&シロギスは良型ばかり！△△△△

新提案！

【メタルバイブ＋エサの融合】

いま新しい風が吹こうとしている。
それはルアー釣りとチョイ投げの融合スタイル。
小もの釣りの趣きも損なわない魅力的なニューメソッドの誕生だ。

メタルバイブのテールからハリスを出し、自動ハリス止の先にエサバリという独特なレイアウトだが、これが実によく釣れる

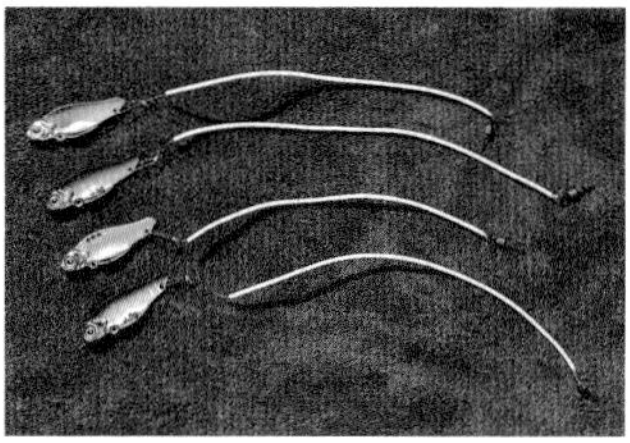

ルアーとエサ釣りを融合した『フルメタフュージョン』。自動ハリス止メにイト付きハリをセットするだけなので煩（わずら）わしさもなく、ビギナーでも取り扱いは簡単

好奇心旺盛なハゼは メタルバイブに興味津々

ルアーメーカーであるフラッシュユニオンのSWブランド『シーレボ』からライトゲームとチョイ投げを融合させた『フルメタフュージョン』が登場。これはメタルバイブ「フルメタルソニック」のボディーを使ったチョイ投げリグで、まずルアーフックを取っ払い、テールフックアイにハリスを介してエサバリを結んだもの。ハリには小さくカットしたイソメや、パワーイソメをセットして使うと面白いようにハゼが釣れるという。

使い方は実に簡単。軽くキャストして底まで沈めたら、小さく刻むようなリフト&フォールで手前に誘うのみ。軽くリフトするだけでバイブレーションする波動とメタルのフラッシングが好奇心旺盛なハゼをグイグイ引き寄せるという。

フルメタフュージョンを考案した山口一真さんが、7月中旬に向かったのは愛知県の三河湾。まずは一色漁港に流れ込む一色排水路にエントリー。ウルトラライトパワーのバスタックルにフルメタフュージョ

ハゼならノベザオでも充分楽しめる。しかも波動とフラッシングで通常のミャク釣りよりもハゼの興味を強く引く

一色漁港の周辺は水路や小規模河川が入り組んでおりハゼが多い

ンをセット。エサバリに小さくカットした
イソメを付けて軽くキャストすると、着底後にロッドを起こしたところですぐにハゼがヒット。そのまま入れ食いモードに突入。
　ハリに付いているエサが小さくても関係ない。かえって小さいからフッキング率が非常に高いのだ。

リフト&フォールにシロギスも好反応

　ものの1時間で30尾ほどのハゼをキャッチした山口さんは「ハゼ相手ならリールザオじゃなくてもいいんですよ」と渓流ザオに持ち替えた。ミチイトの先にフルメタフュージョンを結んで、軽く下から振り込んだ。そして、底取りしたところでサオ先で横に探ると、すぐにハゼが食ってきて、またまた入れ食いに。

　自動ハリス止メからハリまでの長さは20cmを基本とし、アタリの出方に応じて調整していく。食い気のある日は短く、活性の低いときは長めにする。

　また、メタル本体の背中にラインをセットする穴が3つ開いており、後ろの穴にセットすると本体が立ち気味になって泳ぎがスローになり、同時にアクションは大きくなる。前方の穴では本体の角度が浅くなるので引き抵抗が軽くなってアクションが小さくなる。中間のセンターを基本として海中をイメージしながら使い分けること。ちなみに水深が深いところは後方の穴にセットすると底取りが容易になるので釣りやすいそうだ。

　早々にバッカンがハゼで埋まったのでシロギス釣りに転進。寺部漁港に移動して南防波堤先端の沖向きに釣り座を構えた。先ほどまでのロケーションと異なり今度は水深があるので、本体の後ろの穴にスナップを付け替えてからキャストした。

　リフト&フォールで誘いを入れながら手前に誘ってくると、すぐに激しく穂先が震えた。シロギス特有のアタリである。水面を割ったのは20cmほどの良型だ。しかも周りの投げ釣りファンが沈黙しているなかで連発する。フルメタフュージョンはキスにも効果てきめんなのだ。

　ハゼやシロギスのほかにもカワハギやセイゴなどターゲットは実に豊富で、この日もセイゴやチャリコ、ベラなどが釣れて五目釣りとなった。また、太仕掛けにしてクロダイをねらうのもよし。アイデアしだいで遊び方は多彩である。

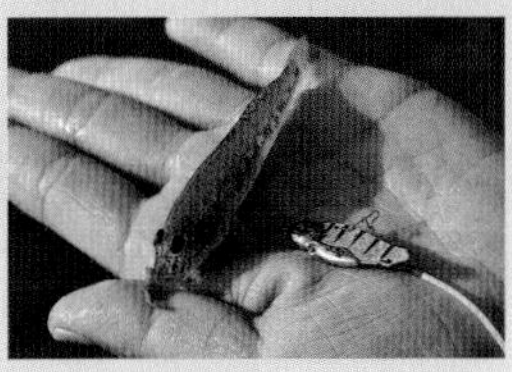
パワーミニイソメを小さくカットしてエサバリにセット。メタルバイブのバイブレーション効果なのかイソメと遜色(そんしょく)なく釣れた。背中に開いている穴は3つ。スローに釣りたいときや水深のある堤防では後ろにスナップをかけるとよい

ライトタックルでシロギスをねらうと、その引きの強さに驚くはず。ウルトラライトとはいえバスロッドすらキレイに曲げる

ただ釣れるのではなく、明らかに通常の投げ釣りとは異なる釣れっぷり!

メタルバイブの波動とフラッシングに惑わされたのか、チョイ投げを開始して早々に20cmクラスが飛び出し、広く探れば良型が連発!

▽▽▽凄まじい瞬発力と古代魚ルックス
都市河川の新たなターゲット△△△

【ルアーでねらうウロハゼ】

東京都／旧江戸川河口

ハゼ釣りをしていると時おり混じるウロハゼは歯が立派なフィッシュイーター。古代魚のような風貌がルアーフリークの興味を惹いているようだ。

25cmの良型ウロハゼ。ルアーに襲い掛かる瞬発力の強さが特徴

ウロハゼを主役に

江戸前のハゼ釣りは基本的にマハゼをねらうものである。姿は似ていてもウロハゼはお呼びではないゲスト。釣れてしまうと舌打ちする人もいる。そんなウロハゼの扱いに待ったをかける人が旧江戸川河口エリアをホームに60cmオーバーのクロダイや90cmオーバーのシーバスを追い求めている加藤光一さんだ。

加藤さんがウロハゼをねらうきっかけになったのはシーバスやクロダイねらいの時に掛かった20cmのウロハゼ。クロダイやシーバスよりも珍しいというレア感が嬉《うれ》しく、同時に子どもの頃からドンコなどの口が大きいハゼ類やオヤニラミなどフィッシュイーターの風貌《ふうぼう》に惹《ひ》かれていたのだ。それらの特徴はウロハゼにも当てはまる。

「ハゼ類のかわいいイメージとは違う古代魚のような見た目がいいですね！」

確かにマハゼと比べて筋肉質でごつい体つき、立派な顎《あご》と歯は確かにアマゾンあたりで釣れそうな古代魚のようにも見える。

見た目以外にもマハゼとの違いはあるのだろうか。加藤さんは実際にマハゼ、ウロハゼ、チチブを飼っていて、エサ（生きたメダカ）を入れた時の反応が3種とも異なるという。チチブは胸ビレを使い浮いてきてメダカにストーキング、2～3cmまで近づいて飛びつく。マハゼは20cmほど離れたところからビュビュッと一気に泳いできて捕食するという。ウロハゼはというと、エサが射程圏内に入るまで動き回るようなこ

左がウロハゼ、右がマハゼ。ウロハゼのほうが筋肉質で受け口になっている

加藤さんが飼っているウロハゼ。背ビレが広がると一層古代魚のよう

とはしない。アンコウや根魚のように静かにじわじわとポジションを調整し、一瞬で飛びつくのだそう。水面付近にいるエサに飛びつくこともあるが、音がした瞬間にはすでに底に戻っているらしく、ものすごい瞬発力を持っているということがわかる。

実際に、クロダイやシーバスをルアーでねらう釣り人からアタリがあったと思ったら根掛かりしていたという不可思議な話が聞こえてくる。それはすごい瞬発力で巣穴に戻ったウロハゼの仕業なのではないだろうか。

ホログラム系カラーが効果的

ではウロハゼをねらうならどんなタックルがよいのだろう。フィールドにはクロダイやシーバスなど大型の魚も多い。使うルアーが小さくなったことでそれらがヒットする可能性も高いのであまりに弱いタックルではなすすべなく切られてしまうだろう。

ルアーはメバル用のミノーやシンキングペンシルのほか小型のバイブレーションやブレードジグなども使う。ウロハゼにはフラッシングが強いホログラム系のカラーが効果的という。

ねらいどころはやはり岩場。旧江戸川河口であれば足もとの敷石の隙間がおもなポイントとなるのでひたすら釣り歩いていくことになる。基本的にウロハゼは敷石の隙間に隠れていることが多い。その隙間から見上げた状態で通りがかるエサを待ち構えていると考えられる。

ルアーをトレースするレンジはボトムギリギリである必要はなく、ボトムから50㎝ほど離れていてもバイトしてくる。

取材当日もバイト即根掛かりという事態になったが、小型ながら2尾のウロハゼを釣りあげた。ルアーはいずれもブレードジグで最初の1尾は7gで2尾目は5gに落としてややスローに巻いた。

他の魚と同様に潮の動き始めに反応が集中しやすいようだ。ウロハゼゲームはクロダイ、シーバス、マゴチ、ニゴイなどなどゲストも豊富。新たな河口ルアーゲームのひと味違う楽しみ方をぜひ試してほしい。

小型のバイブレーションにクロダイがヒット。同行した編集部員はテキサスリグでマゴチをキャッチ。ライトゲームでは大小問わずいろいろな魚が釣れる

ブレードジグ。左のマキッパでウロハゼがヒットした。使い方はただ巻き

ウロハゼは敷石の隙間に潜んでいて通りがかるエサを待っている。イナッコなどのベイトの接岸は他のフィッシュイーター同様にチャンスとなる

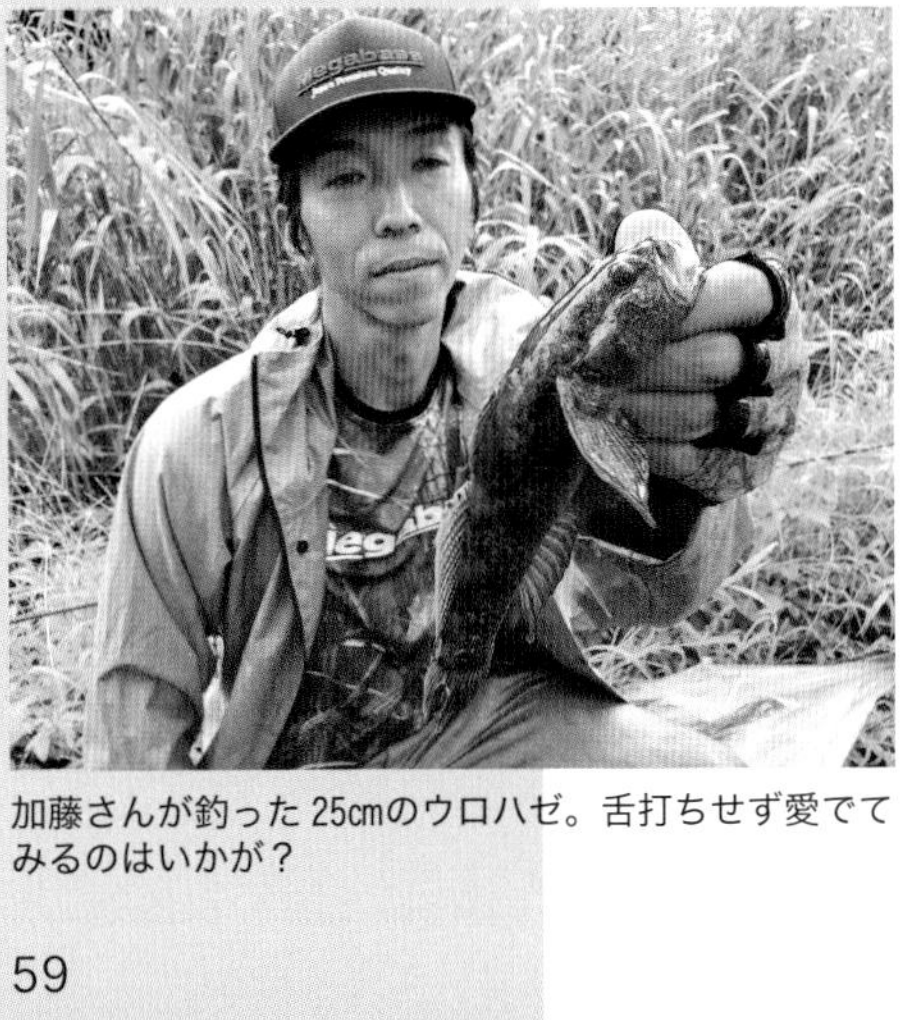

加藤さんが釣った25㎝のウロハゼ。舌打ちせず愛でてみるのはいかが？

数釣り競技などハゼの船釣りでは２本ザオを操る釣り方を覚えたい

▽▽▽▽▽▽▽▽▽▽▽▽国が認めた伝統的工芸品△△△△△△△△△△△△

【江戸和竿の世界】

主に船の沖釣りで好まれてきた江戸和竿のハゼザオは、くり貫いた竹材の中をミチイトが通ることから、中通しザオと呼ばれている。江戸和竿伝統の高度な技法を駆使した中通しハゼザオの特徴や竹材の部位、メンテナンスなどを説明しよう。

基本の知識とメンテナンスについて

中通しハゼザオの基本的な作りは、手元近くにあるイト巻きからミチイトを繰り出し、イト巻き前方に付けられた突起の〝つまみ〞を通って鳩目《はと》穴から竹材の内部を通る。そして、穂先の先端部に取り付けられた補強金具の口金（または先金）からミチイトが出入りする仕組みだ。

外通しガイドがないおかげで、船べりからオモリ付きの仕掛けを操る際、竹肌を滑らすように上げ下げできるので、ミチイトのイト絡みの心配がない点が中通しザオ最大の特徴といえる。

中通しハゼザオに使われる竹材は、布袋竹の穂先が第一条件。穂持ち以下手元まで

古くはハゼ専用に作られた岡持ち式桶ビクがあった。気温が下がる師走のケタハゼ釣りによく使われ、水で濡らした桶の中で自宅に帰宅するまでハゼが生きているので、より美味しい刺し身や天ぷらが食べられる

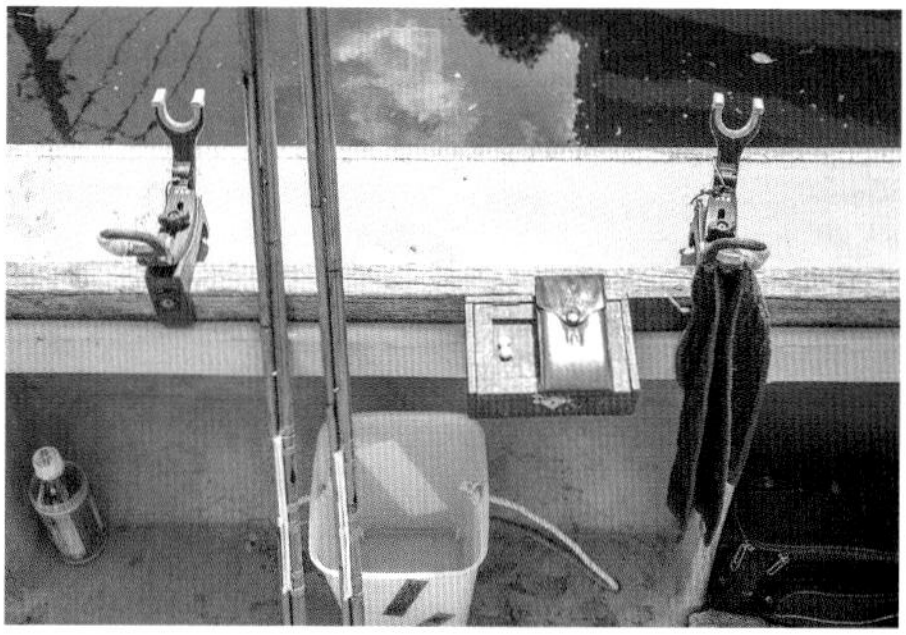

釣り座の船べりには肩幅を目安にサオ掛けを取り付け、サオ掛けのネジを利用してエサ箱を固定。足元にはビクを置く。その日その時の釣りを想定し、好適なハゼザオを選び、手元近くにはハサミや替えバリ、号数違いのオモリなどを準備しておくこと

〈中通しハゼザオのバリエーション〉

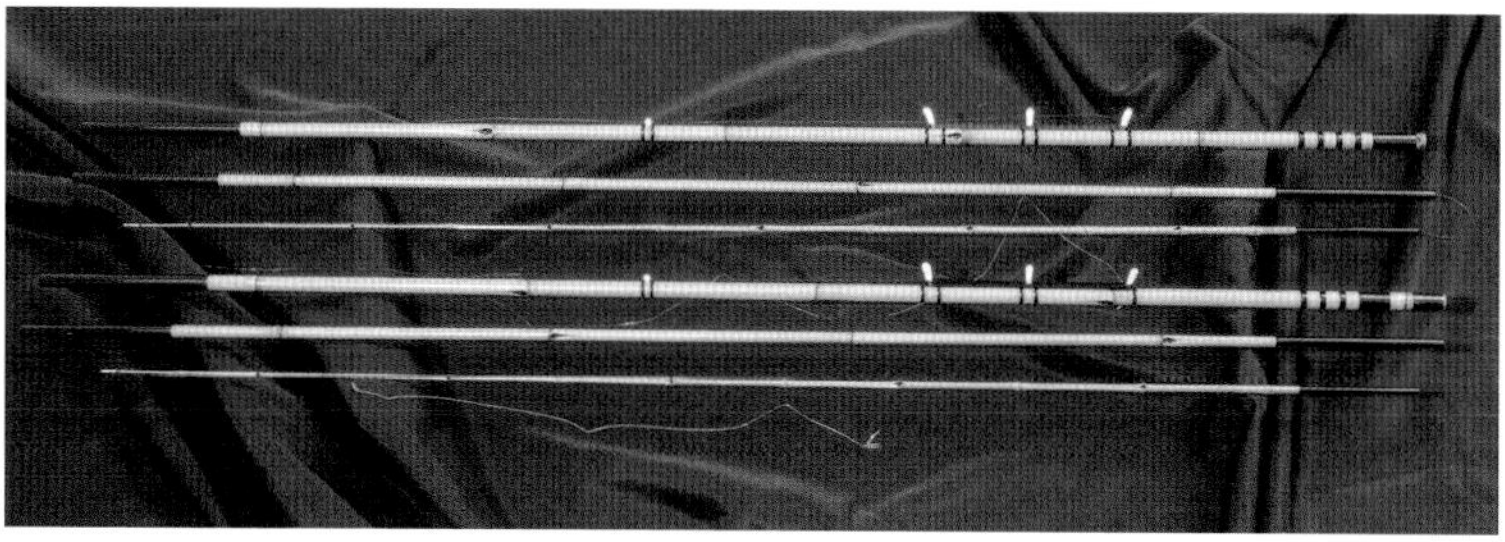

矢竹の中通しハゼザオは穂先を布袋竹とし、穂持ち以下には矢竹を組み合わせ、どちらかというと先調子に仕上がる。全長と調子をそろえた中通しハゼザオは対（つい）ザオと呼ばれ、ハゼ釣りのベテランが好む高価な注文ザオである

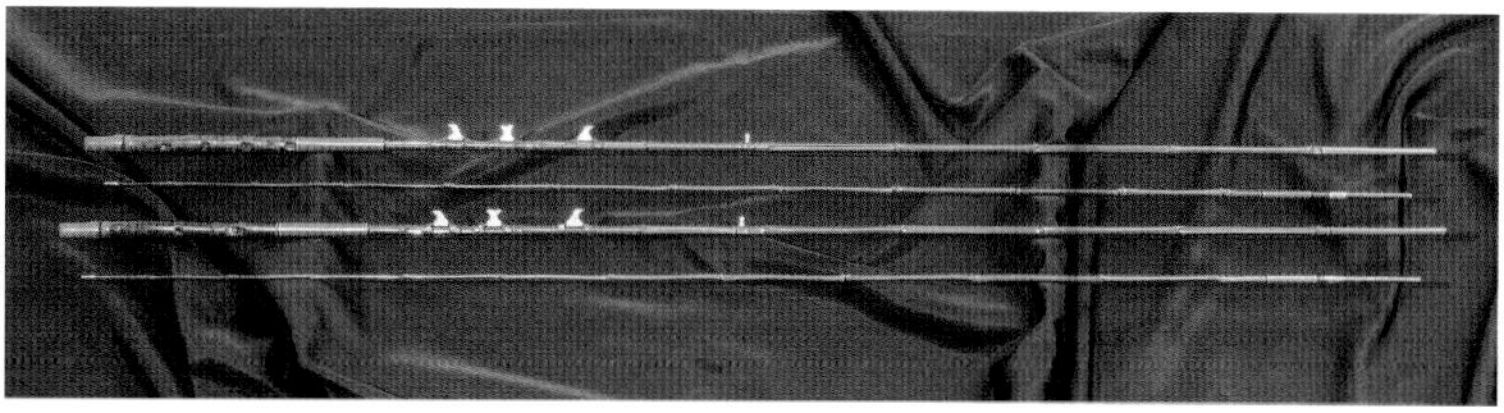

布袋竹の中通しザオは穂先から手元まで布袋竹が継がれ、別名・総布袋竹ザオと呼ばれる。矢竹ザオに比べて自重が重くなるが、胴調子の釣り味がよい。また、サオ尻部分の握りに淡竹が継ぎ足された中通しザオもある

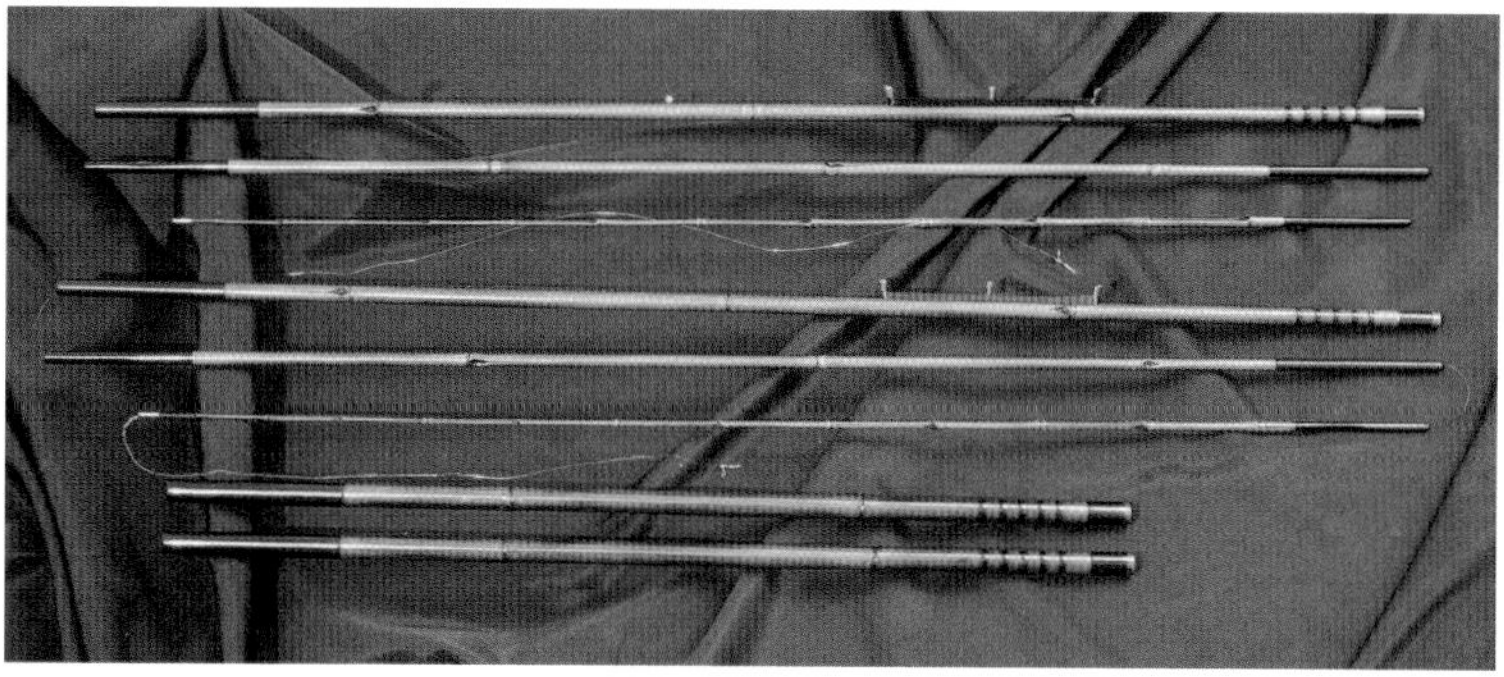

これは矢竹の対ザオであるが、写真下２本は追い継ぎザオと呼び、写真上のサオ尻に差し込んでサオの全長を伸ばすことが出来るオプションだ

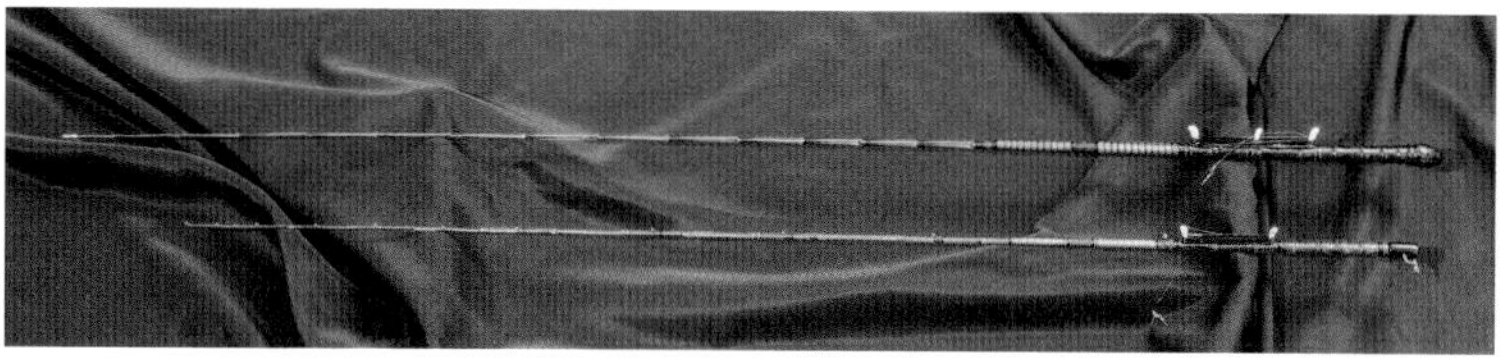

中通しハゼザオの最短ザオである水雷ザオは全長１～1.2ｍ以内が前提。中通し式のほか外ガイド式などもある

〈中通しハゼザオの部位〉

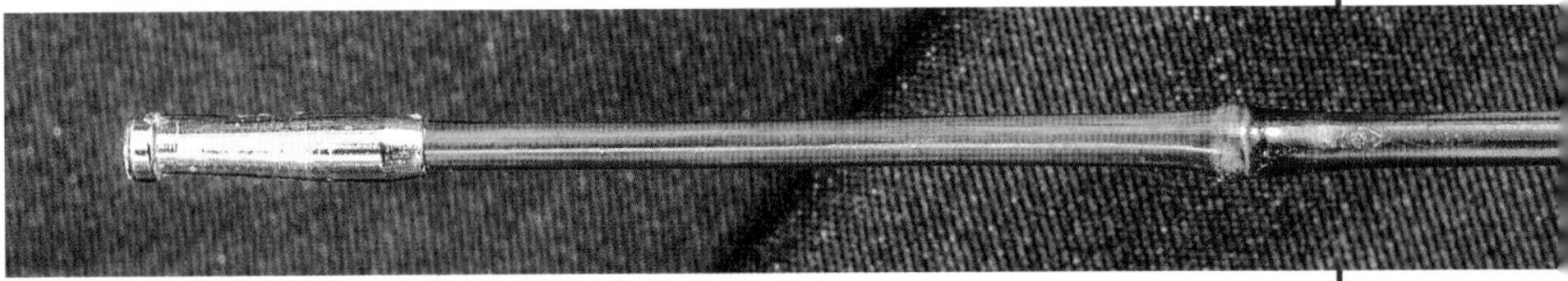

穂先の先端部には必ず口金（または先金）が取り付けられ、ミチイトの出し入れがスムーズになると同時に竹材の破損を防いでくれる

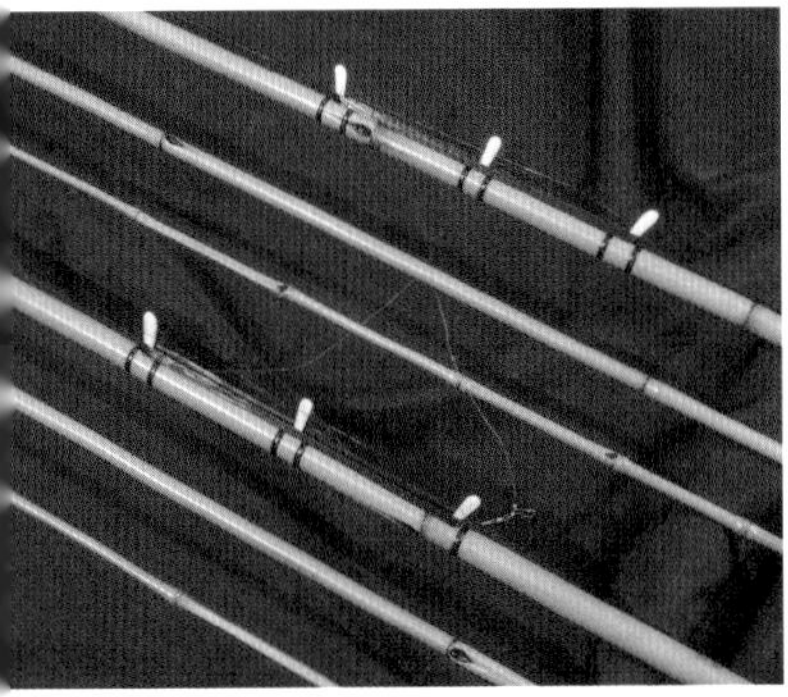

イト巻きは象牙や金属、黒檀（こくたん）などの銘木が使われ、2本式と3本式がある

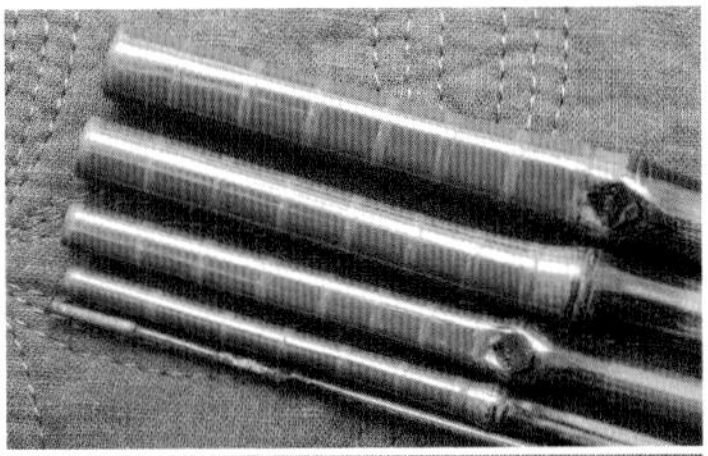

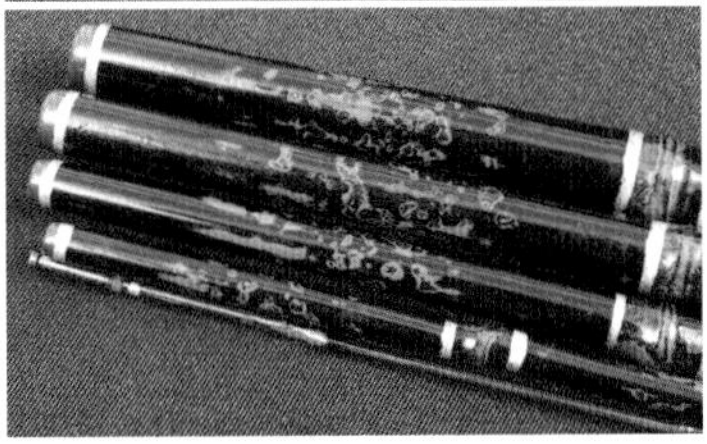

中通しハゼザオの全体は漆塗りを施すことで塩分や汚れによる腐食などを防いでくれる。すげ口のほか、要所には化粧塗りが施されている。すげ口の蝋色（ろいろ）の黒が基本だが、和竿師それぞれの多種多彩で個性的な化粧塗りが、釣り人を魅了する

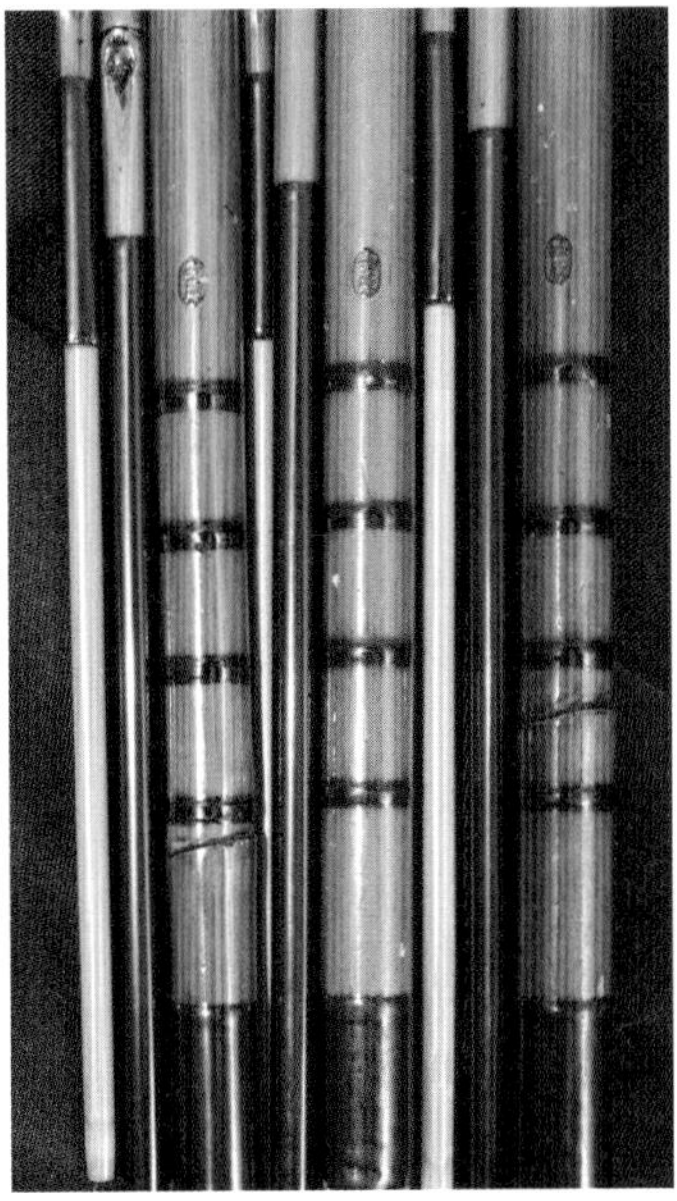

サオ尻の手元にも筋巻きなどの飾り巻きが施される。このような隠れた部分にも江戸和竿師の個性とセンスが光る

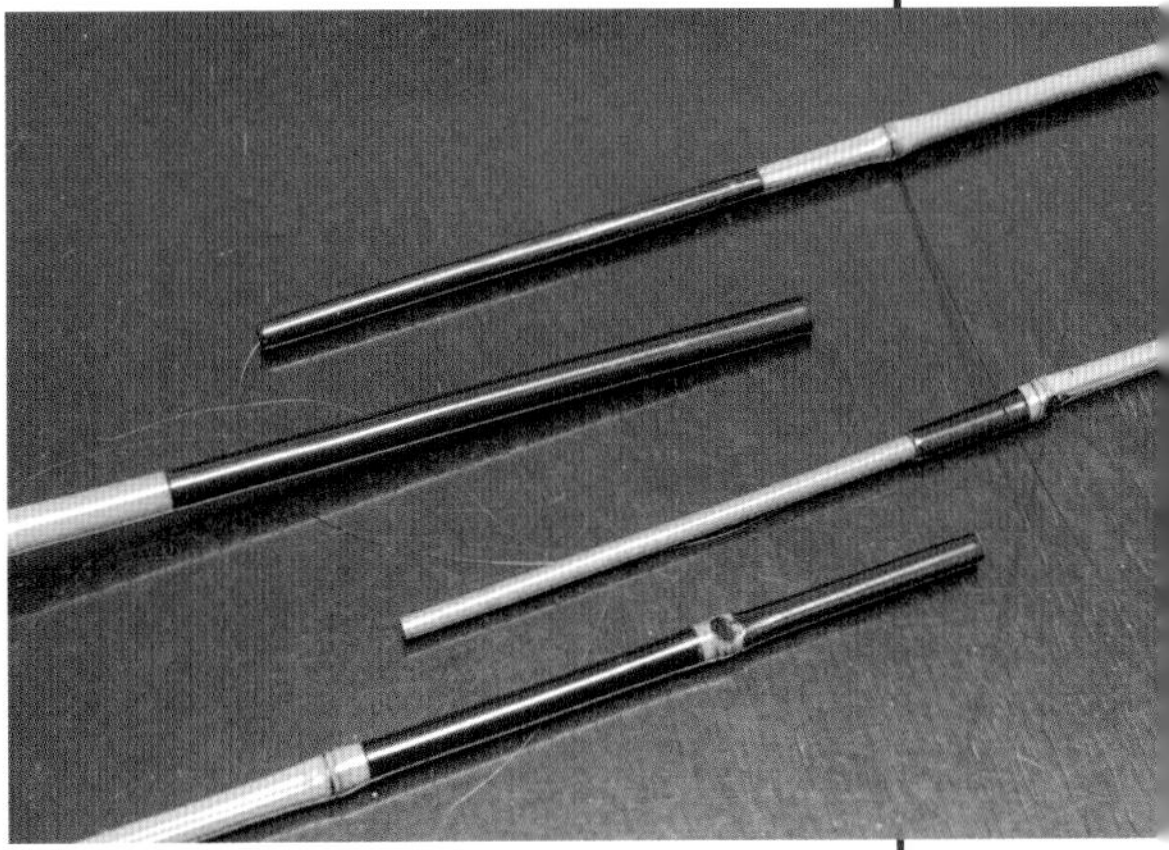

すげ口と、すげ込みの継ぎ方には、並み継ぎ（上）と印籠継ぎ（下）がある。矢竹ザオは並み継ぎが多く、一方の布袋竹ザオは印籠継ぎで作られる

印籠継ぎ中通しザオの各部名称

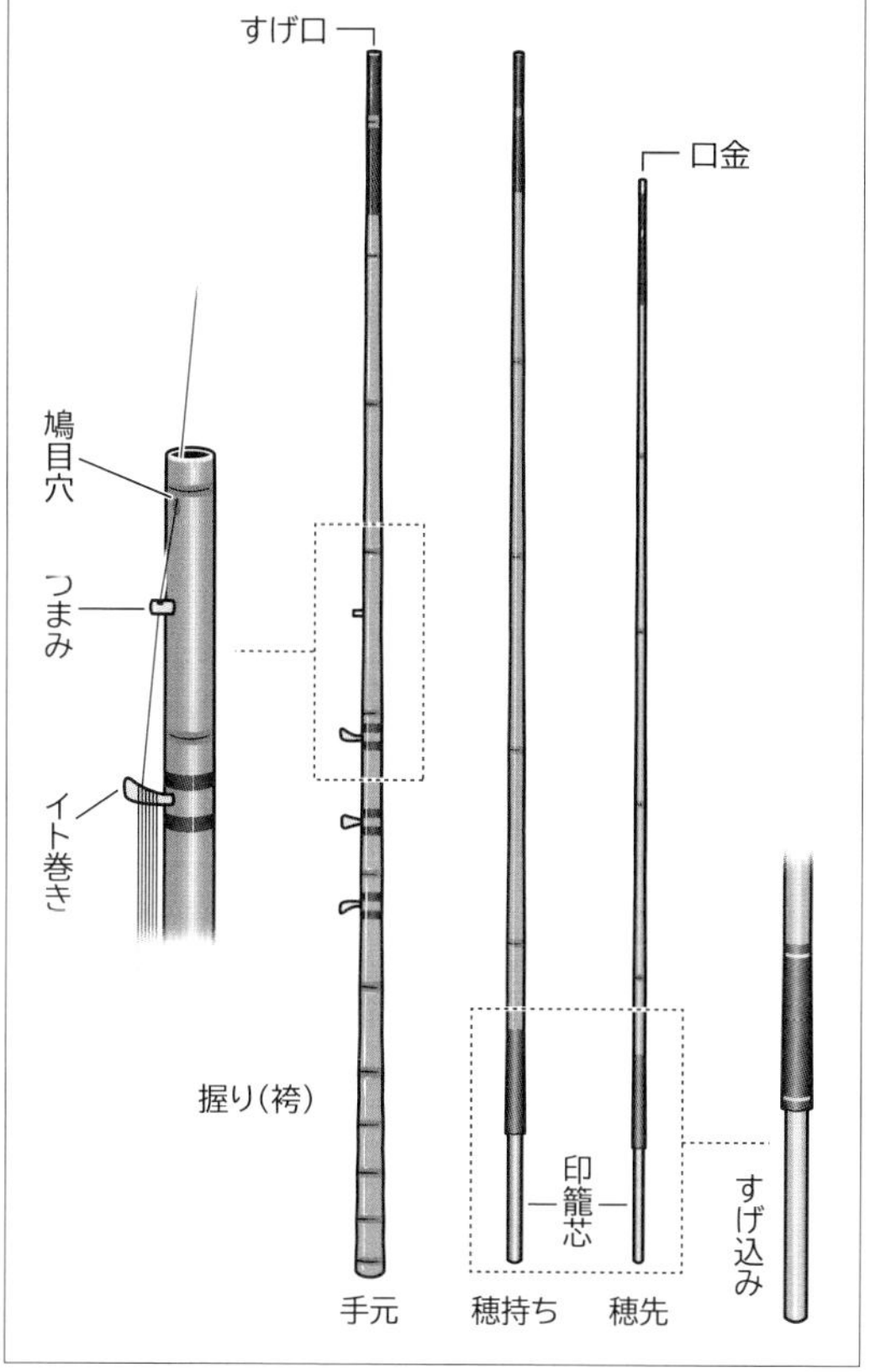

は矢竹または布袋竹を継ぎ、淡竹などの握り手元を継ぎ足すことも多い。継ぎ方を大別すると、並み継ぎ中心の矢竹ザオが先調子、印籠継ぎの布袋竹ザオは胴調子に仕上がる。

中通しハゼザオの基本的な全長は、継ぎザオ1本を3尺（約90㎝）刻みとして、2本継ぎの6尺ザオ（約1・8ｍ）、3本継ぎ9尺ザオ（約2・7ｍ）、4本継ぎの12尺＝2間ザオ（約3・6ｍ）が大雑把な決め事と考えてよい。このほか、全長1～1・2ｍ以内の超短ザオの通称・水雷ザオは、少ないながら外通しガイド付きも作られている。

江戸和竿師が併営する釣具店や和の製品

サオ尻近くには保証印というべき江戸和竿師の竿銘の焼き印が打たれる

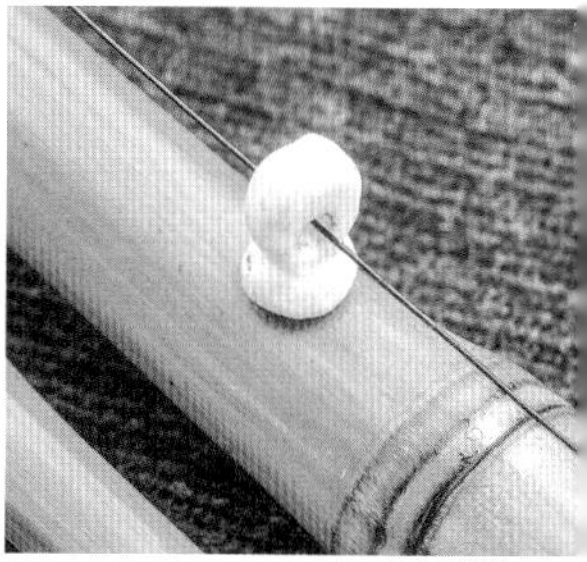

イト巻きの前方にはミチイトを取りやすくする〝つまみ〟があり、象牙や銘木で作れられている。そして、つまみの先には竹材の内部にミチイトが入る鳩目穴が開いている

節に接する芽には保護のために通常、蝋色の黒で塗りが施されている。布袋竹（上）が丸っぽい形、一方の矢竹（下）は涙形をしているのが顕著な特徴だ

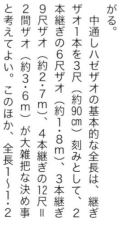

が得意な釣具店には、既製品の中通しハゼザオが陳列され、お店物《たなもの》と呼ぶ1本1本バラ売りのサオが購入できる。ただ現在は、竹材とともに調子、オモリ負荷を選び、個人の好みに合った中通しハゼザオを直接作ってもらう注文ザオが需要の主流といえるだろう。

また、移り変わるハゼ釣り暦とともに、ねらう水深の変化に合わせて使うオモリの号数が変わる。水深がまだ浅い秋の彼岸ハゼ釣りまでは2~3号、晩秋10~11月の落ちハゼ釣りには3~4号、最も水深が深い師走のケタハゼ釣りになるとオモリ4~5号といったところ。

これから中通しハゼザオの釣りを試してみたいという方は、まずオモリ負荷3~4号を目安にして全長6~9尺ザオ（約1・8~2・7m）を選んでみるのが無難。また、ハゼの船釣りのベテランは皆、2本ザオを駆使して楽しんでいるが、ビギナーは無理をせず1本ザオから挑戦してみることをお勧めしたい。

〈中通しハゼザオ正しいメンテナンス〉

その前に……中通しのハゼザオを購入したい時は、江戸和竿師を訪ねて自分の希望をしっかりと伝えることが一番

●釣行後の手入れ法

ミチイトは船上で何回となく出し入れを繰り返したおかげで硬く張っているので、そのまま放置すると竹材にくせが付いてしまう心配がある。まず、イト巻きから使った分プラス数メートルのミチイトを解き、水で濡らして絞ったボロ切れで塩分などの汚れをふき取る。この時、ミチイトが細かなほこりを拾わないようにレジャーシートなどを敷いて行なうこと

ミチイトはすぐに乾くので、イト巻きの中央部を親指と人差し指ではさんで閉じたら 爪を圧迫するくらいきつめに戻すと、緩めに巻き直すことができる

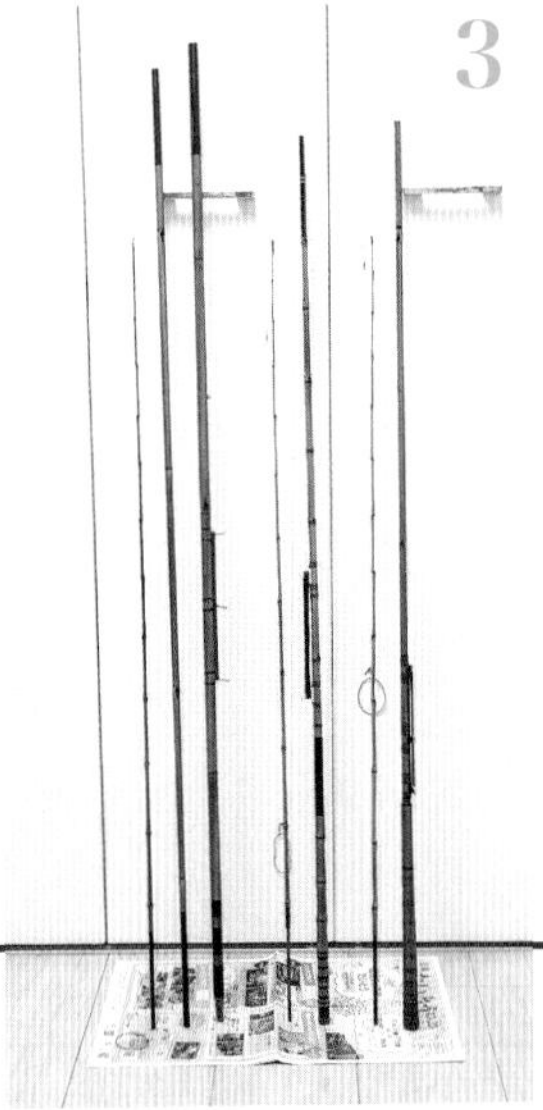

中通しザオ本体の竹材も同じく、水で濡らして絞ったボロ切れで塩分などの汚れをふき取ったら、風通しのよい場所に古新聞紙などを敷いて立て掛け、1～2日間自然乾燥させてから収納すれば完璧だ

●継ぎの修復法

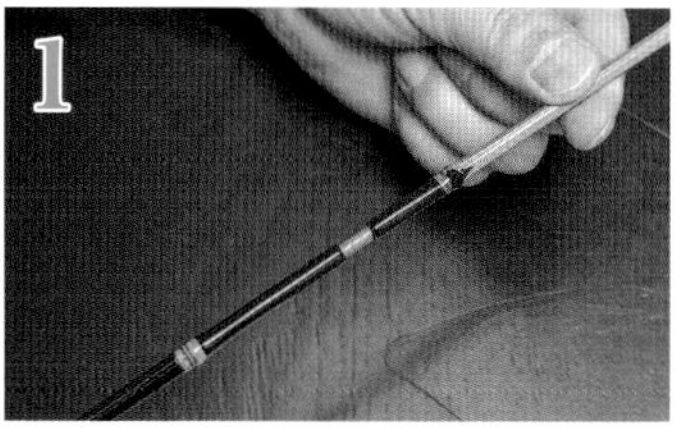

すげ口とすげ込みの継ぎは、雨の日などに使うと水を含んで膨張し、隙間が空いて途中までしか入らなくなってしまうことがままある

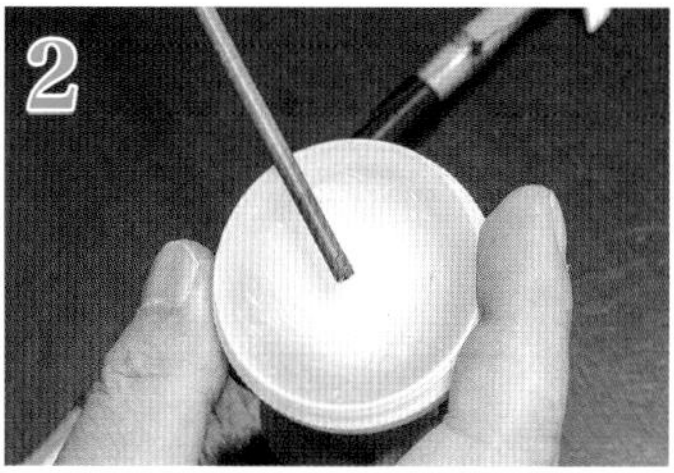

わずか1㎝程度の隙間ならすげ込みの尻の部分にごく少量の竿の油を取り……

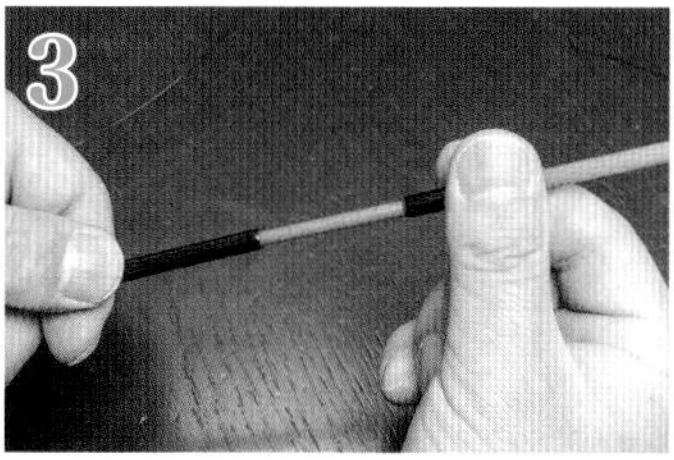

すげ口からゆっくりと回しながら差し込んでいき、継ぎの内部に竿の油を馴染ませる

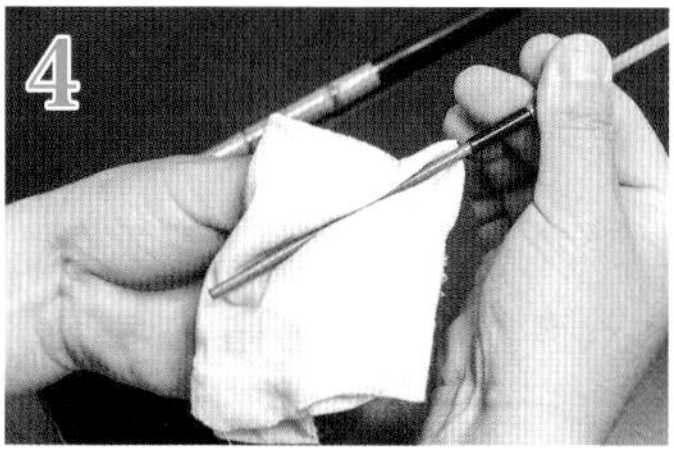

残ったべとつく油はよくふき取る。この修復作業ができない場合は和竿師に任せたほうが無難。膨張とは反対に竹が痩（や）せて継ぎにガタが出た故障も本職まで持ち込むこと

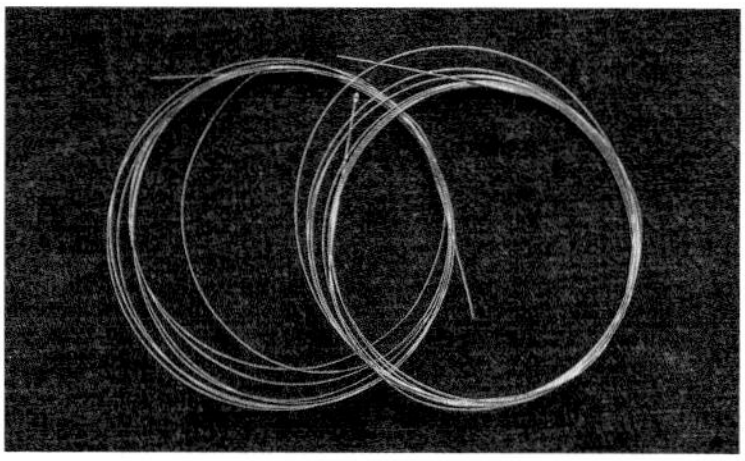

これはミチイト通し専用のステンレス線。使い方が難しく、ミチイトが途中で切れたり古くなって交換する場合には、ひいきの和竿師に持ち込めばミチイトを通し直してくれる。自分で行なう時は和竿師に習ってから試すほうが賢明

●中通しハゼザオの油拭き

和ザオの保護などに使用する専用の「竿の油」は和竿に長けた釣具店で購入可能

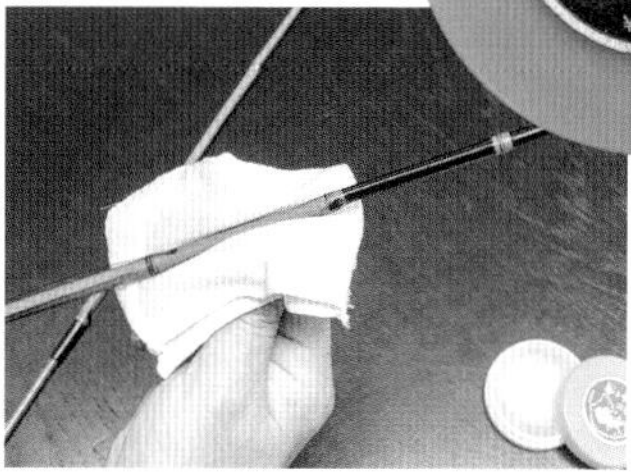

日常の油拭きは小さなボロ切れにごく少量の竿の油を塗り、竹材全体に薄く薄く延ばしてツヤが出ればＯＫ。このボロ切れは捨てずに長く使い回すと竿の油を足さなくてもよくなってくる

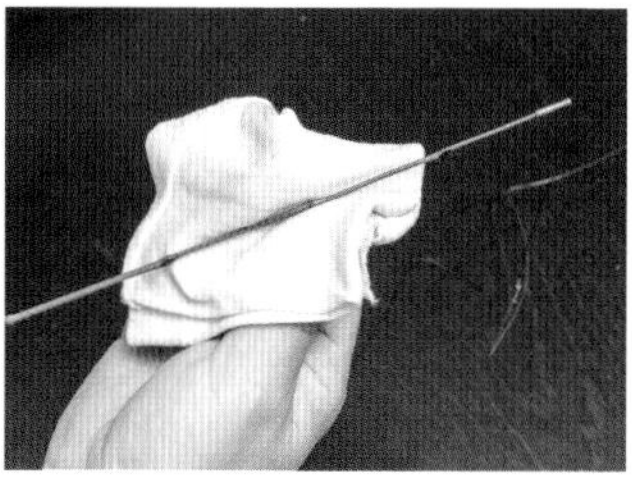

細い布袋竹の穂先は前後にボロ切れを動かすと破損してしまうおそれがある。必ず穂先の尻から先端部に向かって一方通行で油拭きを行なうこと

▽▽▽▽▽▽ 江戸和竿をスマートに使いこなしたい △△△△△△

対の中通し和ザオ実釣講座【所作を指南！】

和ザオのハゼ船釣りといえば、2本のサオを操る〝対ザオ〟スタイル。道具立てや仕掛けそのものはシンプルでも、いざやってみるとどうにも勝手が分からない。そこで準備から一連の各動作を解説しよう。

ハゼ中通し和ザオの対ザオスタイル。写真は右手のサオにハゼが掛かっている。和ザオの経験が浅い人は、まず1本ザオから始めて慣れてきたら対ザオにするのもいい

実技・解説：鈴木康友／（株）つり人社会長。アユ、ヘラなどさまざまな釣りに精通し、なかでもハゼとの付き合いは、東京の下町に生まれ育った環境から半世紀以上になる。東京はぜ釣り研究会会長も務める

数釣りが大きな魅力のハゼの船釣りでは、櫓《ろ》を漕《こ》ぐ和舟の時代から2本の対ザオを自在に操り釣果を伸ばすスタイルが好まれてきた。現在でも130頁の東京はぜ釣り研究会のように、昔ながらの中通し和ザオの対ザオで楽しまれている熱心な愛好者の方たちがいらっしゃる。

ただ一方で、東京湾では現在ハゼの乗合船を出している船宿自体が深川「冨士見」、浦安「吉野家」などわずかとなり、対ザオの釣り姿を目にする機会がほとんどなくなってしまった。そのため、和の釣り道具に興味を持ち、釣具店やネットで新品または中古ザオを購入しても、釣り場での勝手が分からないという事態に陥りかねない。特にハゼザオは中通しの継ぎザオという少し特殊な構造のため、なおさらだ。

同行してくれる経験者がいれば何の問題もないのだが、独学で何とかしたいという方のために、ここでは先の東京はぜ釣り研究会・鈴木康友会長に手ほどきをしていた

深川冨士見
江東区古石場2丁目18−5
☎03・3641・0507
ハゼ乗合船を出している貴重な船宿。そのほか季節の釣りものの乗合・仕立船、天ぷら船や屋形船なども

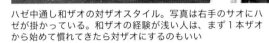

準備❶

1 最初にサオ掛けをセットする。ハゼ乗合船は、船べりにサオ掛け用の木が打ち付けられているのでそれを利用する。2本ザオを同時に操る対ザオの場合、サオ掛けの左右幅は30数センチほど。エサ箱や手拭いも一緒にセットするとよい（サオ受け部のゴムヒモは、移動時に軽い和ザオが飛ばされないように固定するためのもの）

2 和ザオを出す。写真のように中身が分かる札を収納袋に付けておくと一目瞭然だ

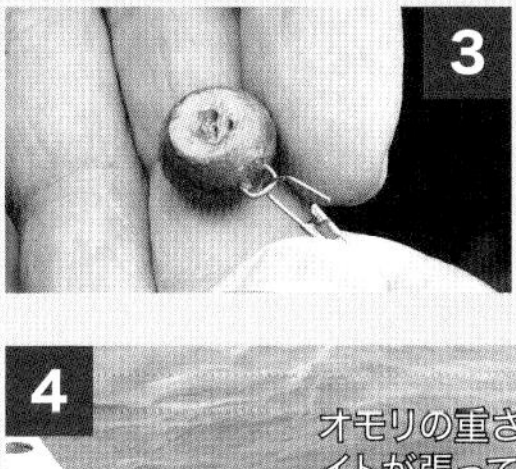

3 サオを継ぐ前にオモリをセット。小突きと呼ばれる誘いを行ないやすい太鼓オモリを使用する（写真は3号）

4 オモリを海に落として穂先側からサオを継ぐ。こうするとオモリの重さでイトが張るので継ぐ時にイトが噛（か）んだりするのを防止できる

だいた。

ハゼ中通し和ザオの釣りの所作を理解し、慣れてくれれば、今なおこのスタイルの釣りを愛好する方たちの気持ちも分かるはず。そして和ザオの釣りの魅力も。20㎝にも満たないハゼの引きにドキドキさせられ、いかにアタリを出し、アタリを取るかというハゼとのやり取りに時を忘れて没頭すること間違いなしである。

準備 ❷

サオは芽のある面をずらして継ぐこと。写真では手元ザオの芽がこちら側を向いているので、穂持ちは芽が向こう側になるようにする

イト巻きからイトを出して底を取る

穂先が水面近くになる角度で底が取れたらOK

サオ掛けにサオを掛け、内側のイト止にイトを固定したらもう１本も同様に準備する

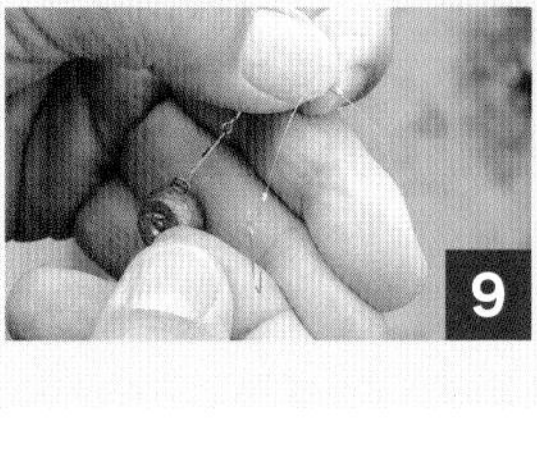

２本の準備が出来たらハリス止にハリをセット。あとはエサを付けて釣り開始！

姿勢・サオの握り・オモリは底キープ

1

対ザオの釣り姿勢。水平にサオをだす名手もいるが、基本的にはサオに角度をつけて水面から穂先までの距離をなるべく短くすることで、風の影響が軽減され、誘いやすく、アタリも取りやすくなる。またハゼ釣りの場合は船べりに立たず座って釣る。ここでは小型クーラーに座り高さ（サオの角度）を出している。そして、この状態から左右のサオ先を動かして（小突き）ハゼを誘う。オモリの片辺がわずかに持ち上がる程度から、底をトントン叩くくらいまで、小突きの操作はさまざまだ

2

一般的な持ち方。握手をするように上から握り、人差し指を自然に少し離す

3

下からサオを持つこの方法はアワセが早いという。ただし長時間では疲れやすい

4

ハゼは底にいるので仕掛けが底を切っては意味がない。かといってフケるとアタリが取れない。水深の変化に合わせてイトを細かく出し入れして、常にオモリが底にありイトが張っている状態をキープすることが釣果を伸ばす大切な要素だ

はね込みの取り込み

（穂先から出たイトがサオとほぼ同じ長さの場合）

1

右手のサオにアタリが来てアワセが決まった

2

左手のサオをサオ掛けに置き、右手のサオを立ててハゼを抜き上げ、空いた左手で仕掛けをつかむ

たぐりの取り込み

（水深のある場所などで、仕掛けのバカがたくさん出ていて直接取り込めない場合）

1

左手のサオでアワセが決まった。右手のサオはサオ掛けに置く

2

サオを立ててイトを取る

3

イトを右手でつかんだままサオをサオ掛けに置き……

4

両手で交互にイトを手繰っていく

5

ミチイトと先イトをつなぐ極小丸カンなどの接続具が船べりに当たる感触を得たら、大きく手繰ってハゼを船内に取り込む

6

元気なハゼに思わず笑顔

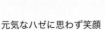

仕舞い方

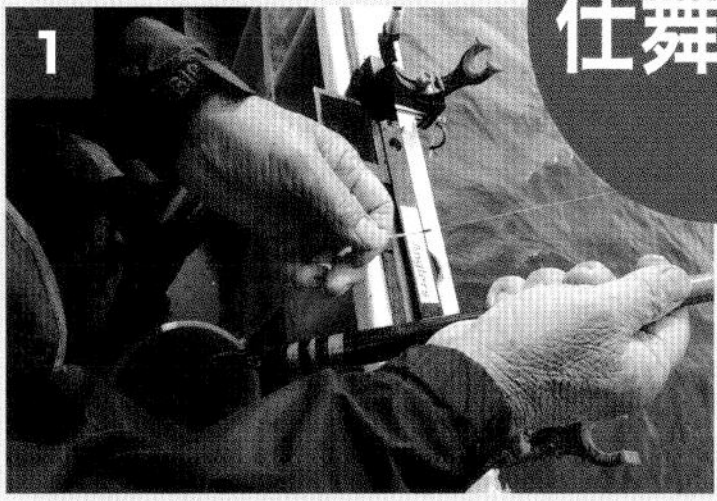

まずオモリとハリを外し、イトをサオと同寸くらい出ている状態にする

手元側からサオを抜いていく。イトが通っているので抜いたサオは折り返す

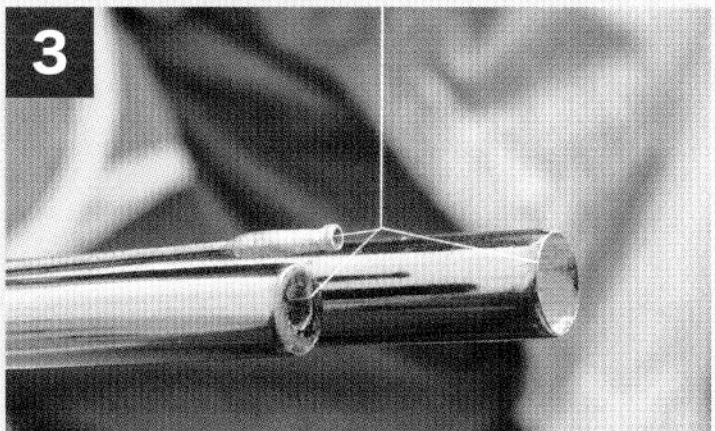

先のほうをそろえて、穂先から出ているイトを写真のように手元〜穂持ちの間のイトに掛けて折り返す

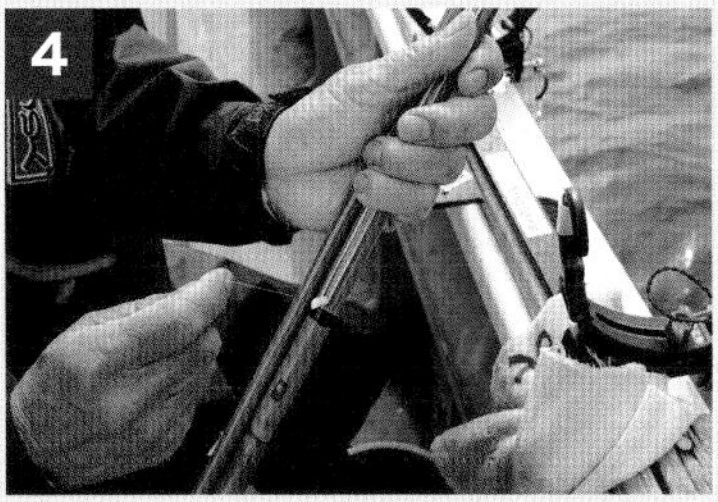

折り返したイトを手元側のイト巻きにサオごと巻きつける

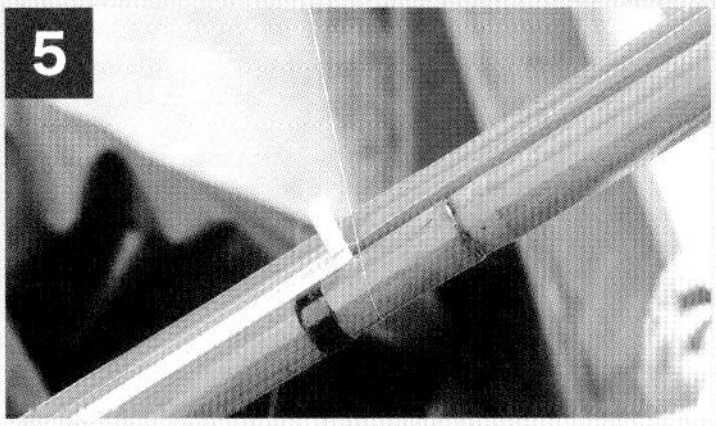

続けて穂先側のイト巻きにも同様にサオごと巻きつける

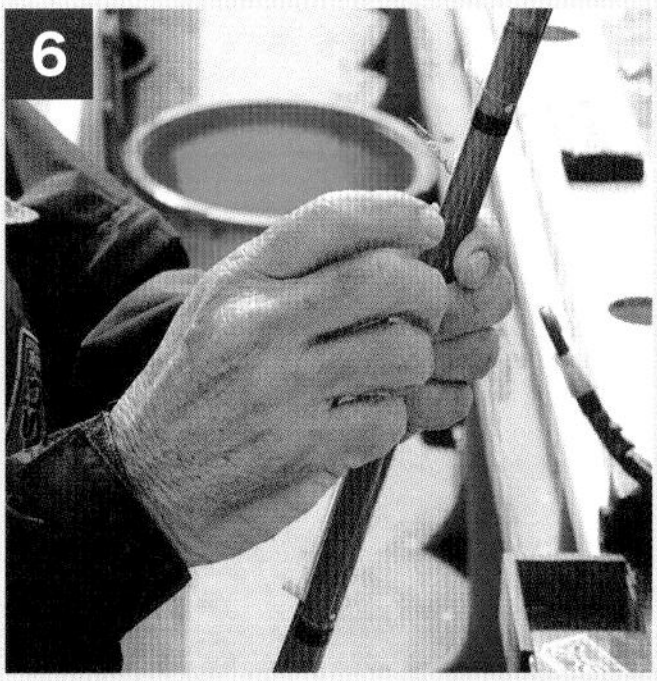

仕掛けをほとんど巻きつけたら…

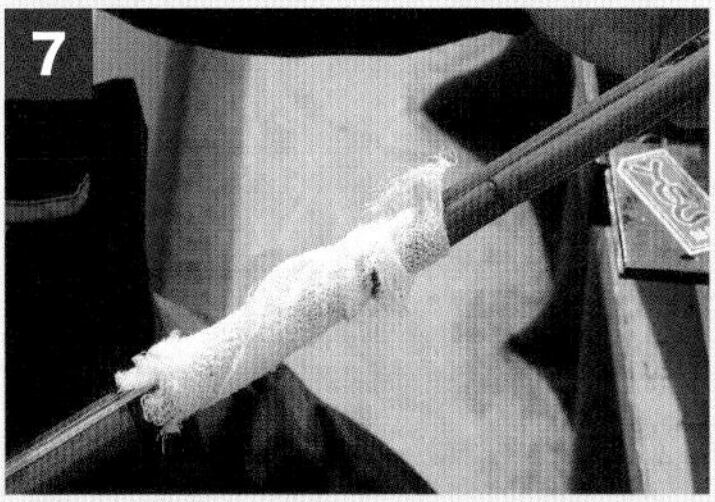

保護布を巻きつける。写真のように伸縮性のあるガーゼ生地を利用すると便利だ。あとはこのまま収納袋へ。自宅に帰ったらお風呂に入り、ぬるま湯でサオの汚れを取って乾かしてから仕舞おう

▽▽▽ハゼ釣りとハゼザオに興味を持ったら通ってみては？△△△

【和ザオが身近になるサオ作り教室】

ハゼ釣りに興味を持つようになると、自然と和ザオにも興味を持つようになり、自分で作ってみたいと思うようになる人も少なくない。

大川清一さんは、埼玉県の戸田市で「和竿教室・大川」を主宰している。

和ザオは職人に誂《あつら》えてもらうプロの世界がある一方で、元々はアマチュアによる手作りも広く行なわれてきた。

こんな教室をきっかけに、趣味の世界を広げるのも楽しいだろう。

JAPAN
7月上旬、あと一息で完成というハゼザオを手に。江戸川放水路での取材ではこのサオでアタリを楽しんだ

作って釣る楽しみをお手伝い

和竿教室・大川があるのは、埼玉県戸田市のマンションの一室。参加は予約制だが、現在は毎週火曜日～土曜日の午前10時から午後5時半までの間、好きな時間に教室に足を運んで、サオ作りができるようになっている（日、月はお休み）。

自分たちのハゼザオを作った千歳和芳さん・芳生くん親子も、この空間で大川さんのアドバイスを受けながら作業を進めた。

完成までの大きな流れは、まず作りたいサオの種類ごとに材料費を払って自分の竹材を購入する。材料費はタナゴザオ、テナガエビザオ、ハゼザオなど希望のサオで変わるが、だいたい5000円～1万円程度だ。その後は教室の利用料にあたる、3時

Fishing Magazine TSURIBITO
つり人
since 1946
特集
スニーカー&サンダル履き
第2特集
ヤマメ・カジカ・オイカワ
暑さ吹き飛ぶ清流の釣
第3特集
シーズン最後の入れ掛かりを求
9月の天然アユパラ
江戸川放水路のボート釣りで良型ハゼを手に月刊『つり人』２０２０年10月号の表紙を飾った千歳芳生くんと大川みずぎさん。芳生くんは父・和芳さんとともに、みずきさんの祖父である大川清一さんが主宰する和ザオ教室に通っている

間2000円、5時間3000円の講習費をそのつど払うというシステムになる。

　たとえば毎週1回通える人なら、2ヵ月程度で1本のサオを完成させられるということで、その場合は材料費が1万円として、講習費が2万4000円（毎週5時間×8回）。合計3万4000円くらいの予算で趣味の和ザオ作りにチャレンジできる。

　大川さんが和ザオ作りに目覚めたのは20年ほど前。実用的でありながら美しいところに魅了され、江戸和竿職人の中でも当時からアマチュア向けに教室を開いていた寿作の教室に2年ほど通った。その後、弟子は取らないといっていたという、同じく江戸和竿職人で名門東作の27衆の一人であり、当時は生まれ故郷の埼玉の川口に工房を構えていた東光からも指導を受けられるようになり、5年ほど和ザオ作りのノウハ

要望に合った竹材は大川さんが用意してくれる

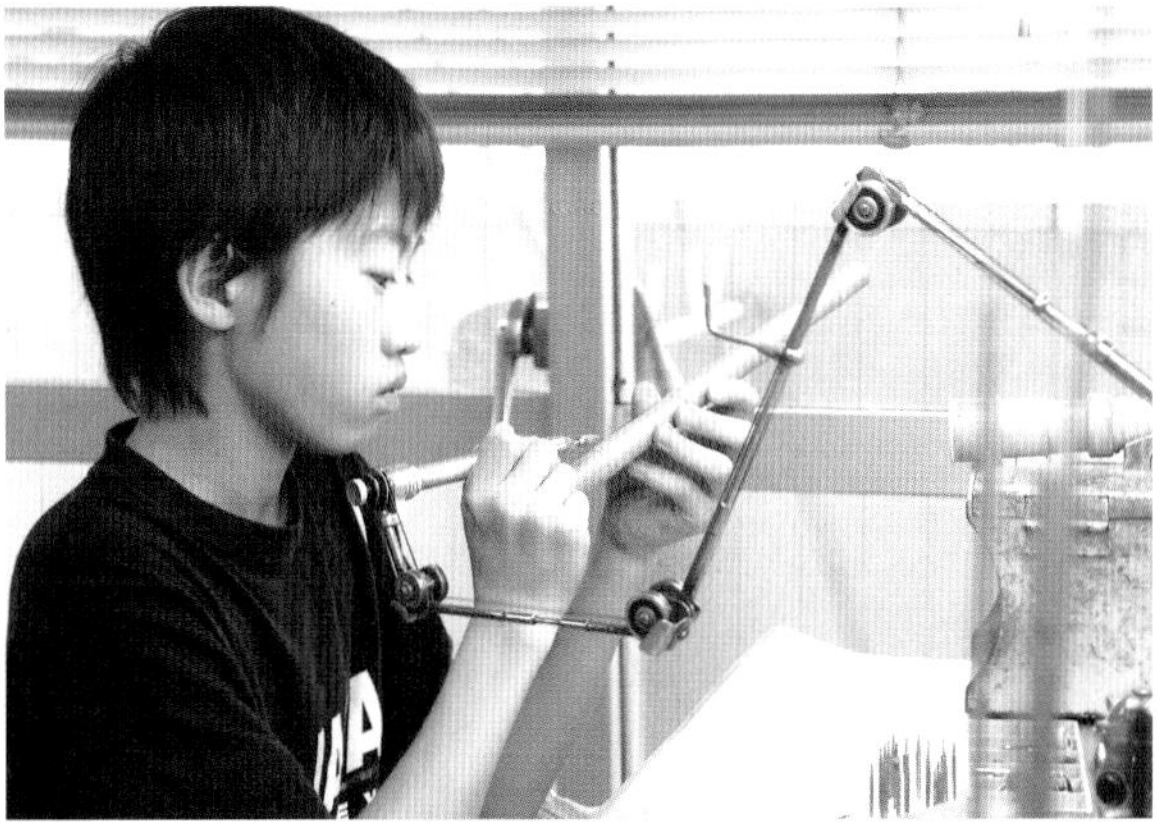
自在に向きを変えられる歯科技工用のルーターは、竹に小さな穴を空けたりハカマを掃除したり幅広い作業に活躍

同じく低速のドリルは節抜きが楽にできる

ウを教えてもらうことができた。

　ちなみに大川さんの本職は歯科技工士。東光親方の入れ歯の調子が悪いのを整えてあげたのが縁だったそうだ。

　やがて本業をセミリタイアした大川さんは、2016年からそれまで歯科技工の作業スペースに使っていたマンションの一室を和ザオ教室に一新。「多くの人に自分の和ザオで釣る楽しみを経験してほしい」と、夏休みの親子釣りザオ作り教室なども開催しながら、アマチュアの和ザオ作りをサポートしている。

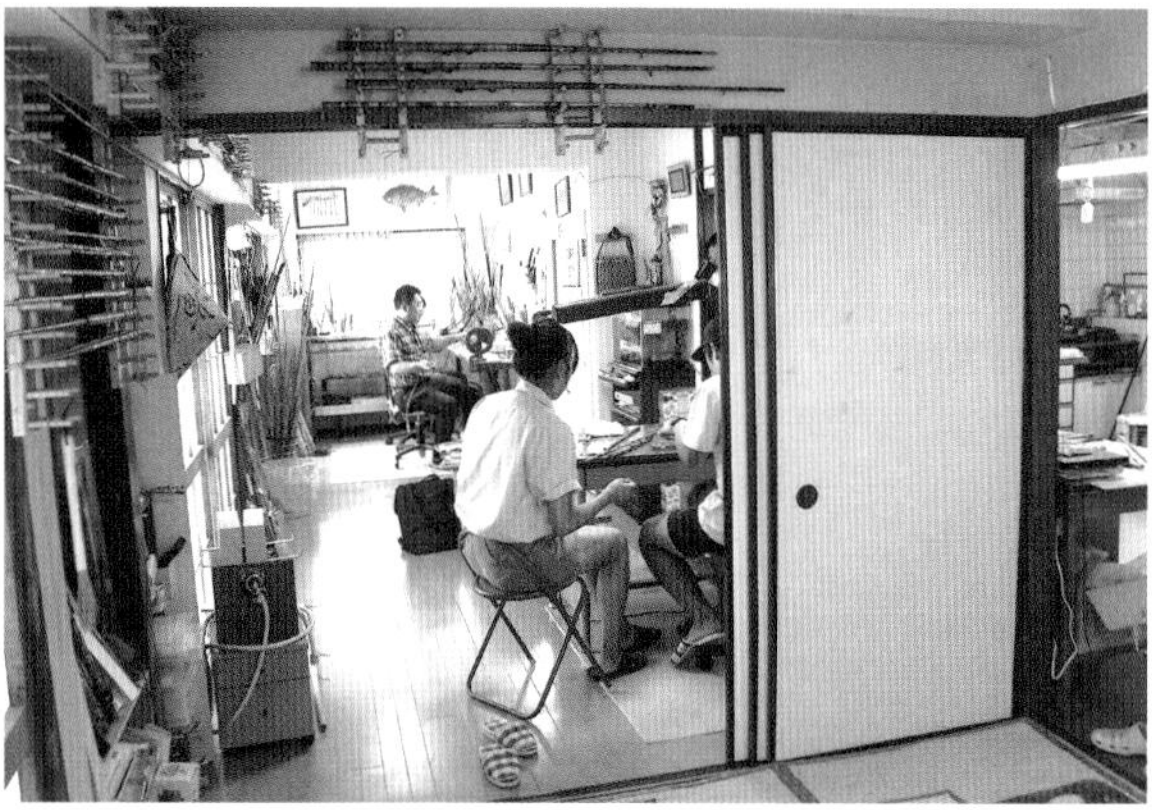
マンションの一室そのままの教室はアットホーム。手前の和室は漆塗り、右奥の台所は火入れができる

漆を乾かす室（むろ）ももちろん完備

便利な工具類もサオ作りをサポート

　記者も少し体験させていただいたが、大川さんの教室はとてもリラックスした雰囲気。あくまで趣味のサオ作りなので、進め

仲よく2人で和ザオ作りをしていたのは竹内大さんと大岩緒理温さん。それぞれクロダイ用とシロギス用を製作中

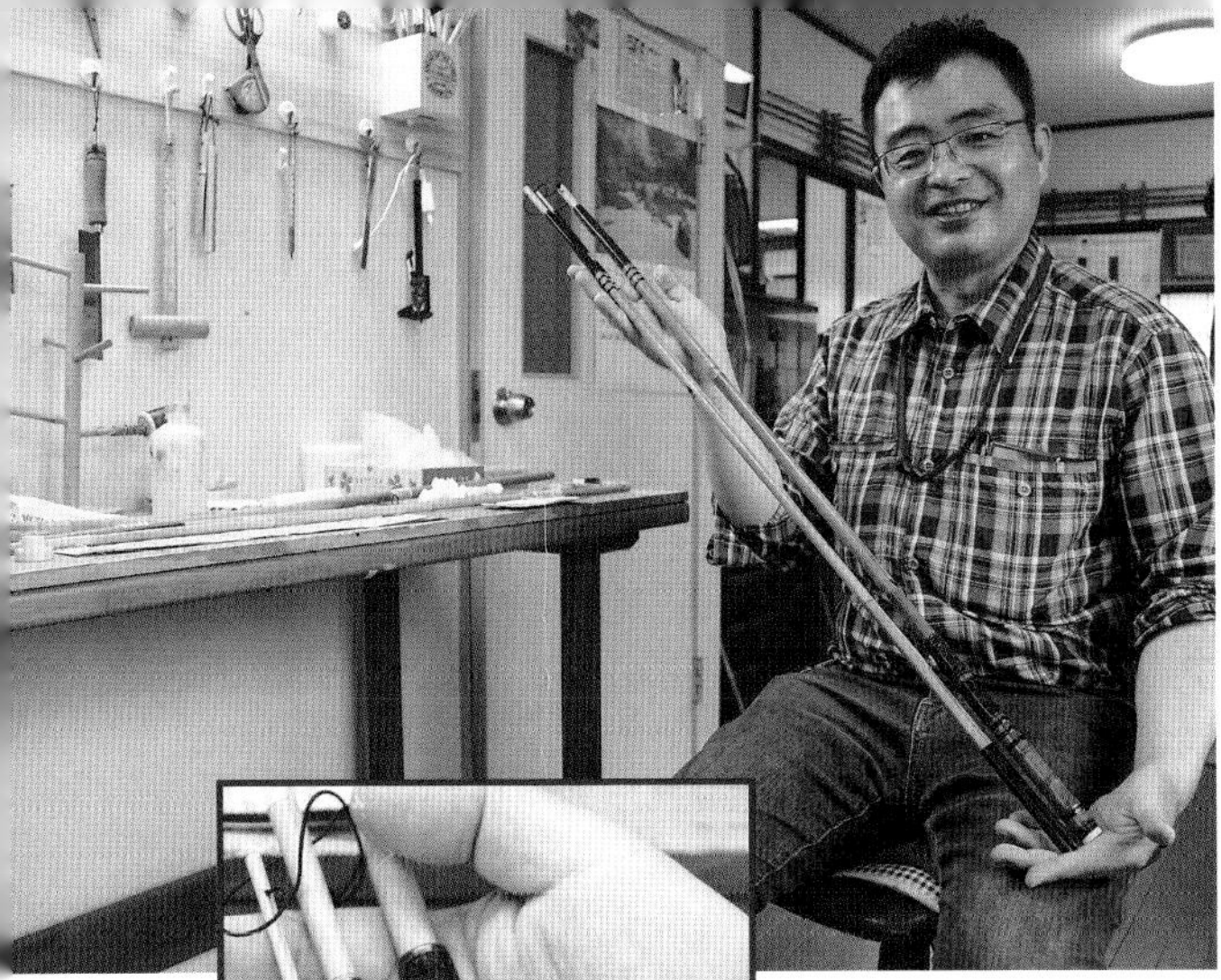

方や工具の使い方は大川さんがそのつどアドバイスしてくれるが、参加者は好きな時間にそれぞれ教室にやって来て、思い思いのペースで自分の1本と向き合っている。
　そして、アマチュアのサオ作りに大きく貢献しているのが、ここならではの便利な工具の数々だ。低速でトルクもある歯科技工用のドリルは、たとえば中通しのハゼザオを作るうえで欠かせない、細くて硬い布袋竹の穂先の節抜きなども非常に安定してやりやすい。その際、ドリルのチャックにセットする節抜きのための工具は、竹ザオ作り専用のものが必要になるわけだが、大川さんの元にはそうしたプロの道具もしっかり準備されている。伝統の工具と現在の進んだ工具の両方がそろっていて、柔軟に誰にでもやりやすい方法をすすめてくれるのだ。
　実際に教室で作業している皆さんも、働き盛りの方から彼と彼女で仲良くサオ作りに挑戦している方まで、年齢も好みもさまざま。高価な一級品の和ザオはちょっと敷居が高い（そんなことはけっしてないけれど）という人も、こんな空間で和ザオの楽しさに触れてみるときっと面白いはずだ。

大学院で和ザオの論文を書いているという手塚一佳さんは見事な研ぎ出し

学校の先生という樋口晋一郎さん（左）は、これまでにカワハギザオ、キスザオ、テンカラザオなどを製作。髙橋貞夫さん（右）もテナガエビザオと複数のハゼ中通しザオを作った

自作したタナゴザオ用に専用のケースも作りたいと大川さんに相談し、太めの竹を選んでもらって得意の飾り巻きをする芳生くん

「和竿教室・大川」

☎：048・444・3694（HP あり）
住所：埼玉県戸田市下前 1 丁目 14 番地 26-201
※事前予約制。興味のある方は電話にて問い合わせ
※ JR 埼京線・戸田公園駅から徒歩 10 分。近隣にコインパーキングもある

▽▽▽▽▽▽▽▽ デキから落ちまで対応 △△△△△△△

とことん滋味を堪能できる【美味しいハゼ料理9品】

シーズン初期の夏ハゼから落ちハゼの保存料理まで、おつまみにもおかずにもなるおすすめのハゼ料理を9品ご紹介！

「かき揚げ」

◆**材料**　ハゼ、タマネギ、ニンジン、青ネギの野菜類、市販の天ぷら粉、小麦粉、揚げ油、天つゆ（市販のそばつゆ）、ダイコンおろし、おろしショウガ

作り方

①下処理済みのハゼは大名おろし。頭の切り口から包丁を差し入れたら……

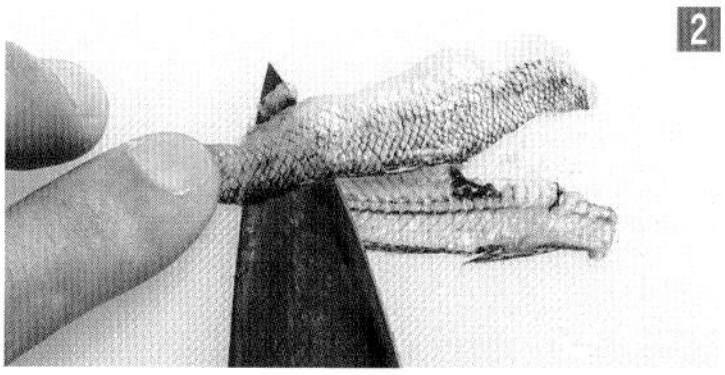

②中骨に沿って尾の付け根までおろし、半身を切り落とす

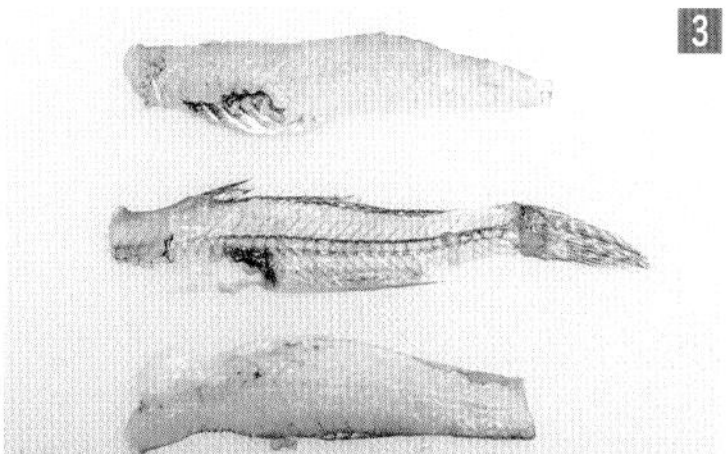

③ハゼを裏返して①～②と同じ要領で残った半身を切り取ると、二枚の半身と中骨に切り分けた大名おろし。揚げ物にする場合は腹骨や血合骨をすき取らなくてよい

④野菜類はタマネギを幅７～８㎜のざく切り、ニンジンは薄めの短冊切り、青ネギは長さ3～4cmの小口切り。１人分10～15尾のハゼの身とともに小麦粉の打ち粉を薄くまぶす

⑤天ぷら衣は市販の天ぷら粉と水を指定分量で溶き、ハゼと野菜類の具材を絡める

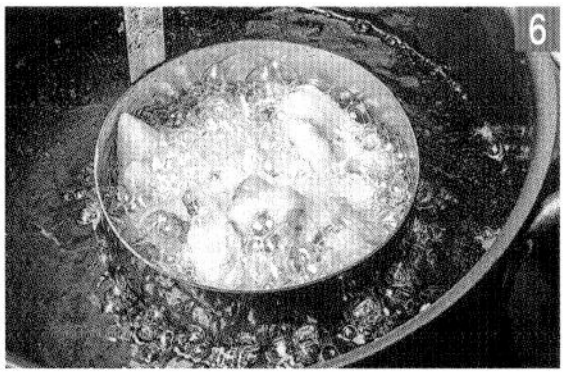

⑥揚げ油は175℃前後に熱し、かき揚げ用リングの中に容量の3分の1を目安に具材を入れる

⑦かき揚げ用リングに投入したら、すぐに具材を菜箸で数回突っついて油を回す。ある程度揚がった時点で、打ち粉付きのハゼの身と少量の天ぷら衣を追加すると、仕上がりが豪華になる

⑧数分間でほぼ揚がったら、菜箸でかき揚げを押さえながらかき揚げ用リングを持ち上げて外す。仕上げにかき揚げを裏返して表面をさっと揚げた後、元に戻して余分な油を充分に切る。天つゆは市販のそばつゆを指定水量で割って温め、ダイコンおろしとおろしショウガの薬味を添える

「ピカタ」

◆**材料**　良型ハゼ、小麦粉、ピカタ衣（鶏卵1個、粉チーズ大さじ2)、市販のチリソース、サラダ油またはオリーブオイル、塩、コショウ、ショウガ

作り方

①ハゼは天ぷらと同じ背開きに作る。下処理後、頭を切り落としたハゼは頭の切り口から尾の付け根まで背身を切り開いたら……

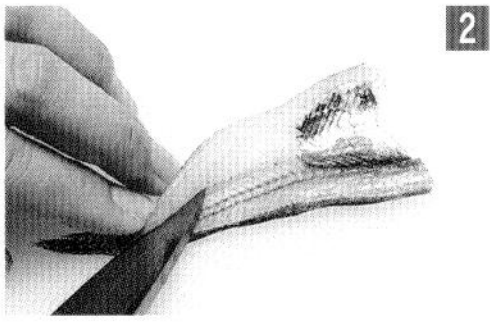

②刃先をスライドさせて腹身を切り開く

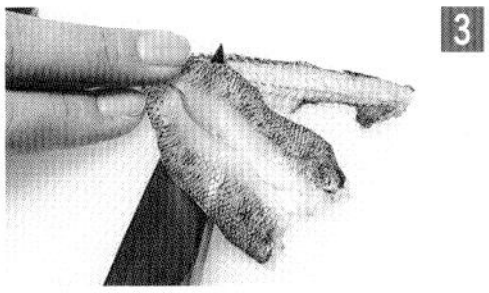

③次に身を裏返して中骨に沿って尾に向かって切り離し、尾の付け根で中骨をカット

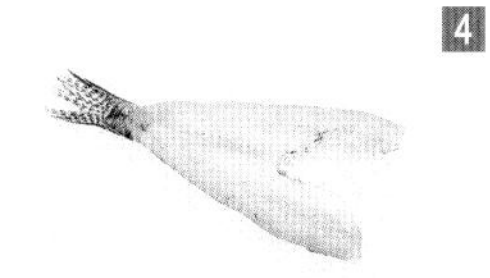

④背開きの出来上がり。油で揚げるので腹骨は当たらないが気になるならそぎ取り、また、黒い腹膜はペーパータオルでふき取るとよい

⑤下味として軽く塩コショウを振り、小麦粉をまぶす

⑥揚げる直前に、鶏卵と粉チーズをよく混ぜ合わせたピカタ衣をしっかりと絡める

⑦フライパンにサラダ油大さじ1程度を熱したら、中弱火で両面に薄く焼き色が付くくらいにソテーすれば出来上がり。仕上げにバター1片を落として絡めると風味が増し、今回はチリソースでいただく

空揚げと応用レシピ5品

「空揚げ」

レシピ1

◆材料　小型ハゼ、片栗粉、塩、揚げ油、レモンなど柑橘類

作り方

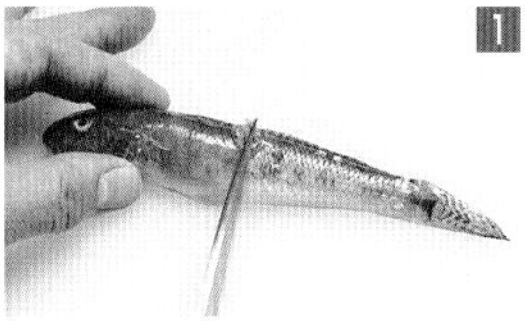

①空揚げ用には8〜10cmくらいの小型ハゼが好適。まずはウロコを引き落とす

②続いて尾ビレに泥が残りやすいので両面を刃先でさっと引いておく

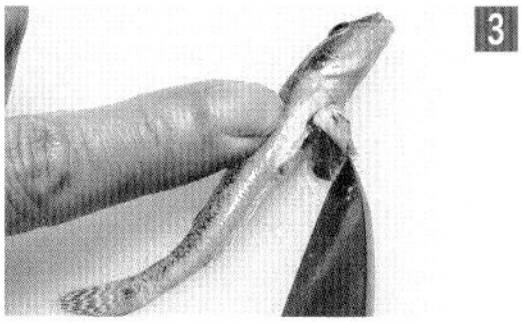

③頭付きで丸のまま揚げる場合は腹を小さく割って、刃先で内臓をかき出す

④頭なしの胴体だけにさばく時は胸ビレと腹ビレに沿って頭を切り落とした後……

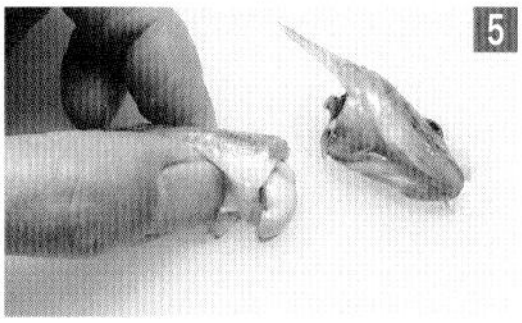

⑤指先で腹を押して内臓を取り出して処理。最後に水洗いを数回行ない、水気をよく拭き取る

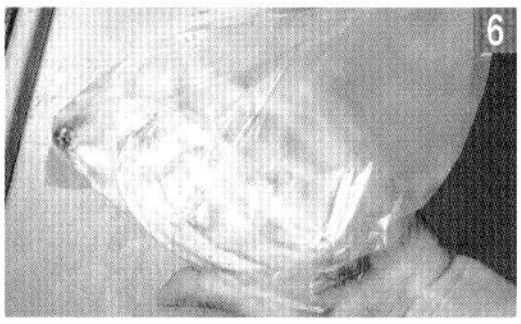

⑥揚げる直前、片栗粉をまぶして余分な粉をはたき落とす。この際、ビニール袋の中で一緒に振ると簡単にできる

⑦揚げ油は175℃前後に熱し、揚げ始める。最初は大きな泡がたくさん立つ

⑧そのうち泡が小さくなると同時に消えていく。キツネ色になるくらいカラリと揚げる

⑨揚げバットに上げて余分な油を切り、塩をまぶす。コショウを振っても美味しい

◆材料　ハゼ、シシトウ、塩コショウ、片栗粉、市販の溶けるチーズ、乾燥 or 生パセリ、揚げ油

作り方

①下処理済みのハゼは松葉おろしに作る。頭の切り口から包丁を差し入れ、尾の付け根で包丁を止める

②ハゼを裏返し、もう一方の片身も尾の付け根で包丁を止め、中骨だけ付け根をカットする

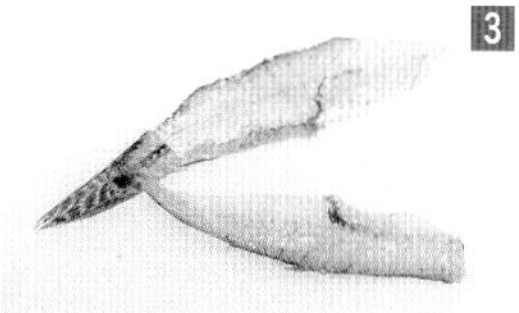

③中骨がなく、片身が二股の形をした松葉おろしの出来上がり

④松葉おろしの身に塩コショウを振り、片栗粉をまぶして余分な粉をはたき落とす

⑤揚げ油は175℃前後に熱し、揚げ始める。シシトウは油の中で跳ねないように皮目に数ヵ所小さな穴を空けて素揚げに

⑥ハゼの身が小さいので火が通りやすいが、淡いキツネ色になるくらいカラリと揚げる。揚げバットに上げて余分な油を切っておく

⑦器にハゼとシシトウを体裁よく盛り込んだら……

⑧溶けるチーズを好みの量だけ散らす

⑨ 500 ～ 600 Wの電子レンジで、まずは1分間温める。チーズが溶け切れない時は 20 ～ 30 秒ずつ1～3回繰り返すのがコツ。最後にパセリを散らす

作り方

①香味ポン酢だれは全部の材料を合わせるだけ

②揚げ立て熱々のハゼを手早くざっくりとポン酢だれに絡め、香味野菜を残して余分なたれは捨てる。ポン酢だれに漬けておくと味が濃すぎてしまうので要注意

レシピ3 「揚げジュー」

◆**材料**　ハゼの空揚げ、香味ポン酢だれ（市販のポン酢50ccに対して、ニンニクとショウガのみじん切り各大さじ1、万能ネギの小口切り大さじ2）、揚げ油

レシピ4 「マリネ」

◆**材料**　ハゼの空揚げ、ミニトマト・グリーンアスパラガス（下ゆで済み）・セロリ・タマネギ・スイートバジルなど野菜&ハーブ、マリネ液（オリーブオイル１００cc、瓶詰めのシークワーサー絞り汁50～70cc＝レモンなど柑橘類も可、塩コショウ適宜、砂糖ひとつまみ

作り方

①バジルは千切り、他の野菜はひと口に切っておく

②大きめの密封容器の中で揚げ立てのハゼと①の野菜を合わせ、マリネ液を回しかける

③食べごろは数時間後から３～４日間。冷蔵庫で1日寝かせ、シークワーサーを少量追加するとフレッシュな香りがおいしさを増す

「甘辛空揚げの江戸前丼」

レシピ 5

作り方

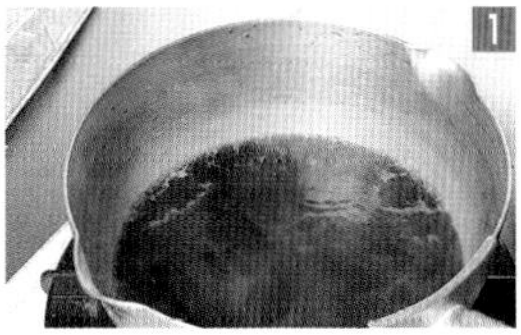

①甘辛だれは一度沸騰させてアルコールを飛ばしておく

◆材料　ハゼの空揚げ、片栗粉or小麦粉、甘辛だれ（しょう油50cc、ミリン25cc、砂糖大さじ1、日本酒と水各50cc）、長ネギの白髪ネギとショウガの細切り適宜、白ゴマ、炊き立てのご飯

②長ネギは長さ7〜8㎝の筒切りにして縦に割って芯を抜き、外周の白い部分を細く刻んだ後、氷水にさらして白髪ネギを作る、ショウガも細切りにし、水にさらして水気を切る

③揚げたての空揚げは手網に取って余分な油を落としてから……

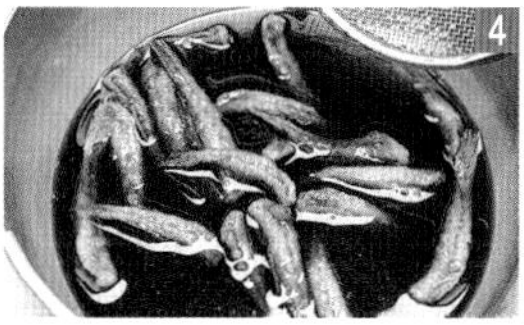

④甘辛だれの中に10〜20秒ほど浸すようにくぐらせ、白髪ネギにざっくりと合わせてご飯に乗せ、白ゴマを振ってショウガを散らす

「夏野菜のカレー風味ヨーグルトサラダ」

作り方

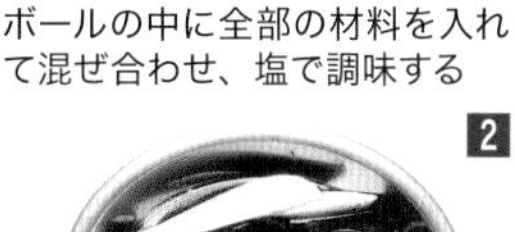

①ヨーグルトドレッシングはボールの中に全部の材料を入れて混ぜ合わせ、塩で調味する

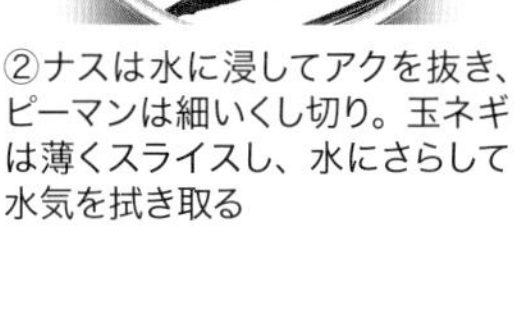

②ナスは水に浸してアクを抜き、ピーマンは細いくし切り。玉ネギは薄くスライスし、水にさらして水気を拭き取る

◆材料　小型ハゼ30〜40尾に対し、カレー風味の空揚げ衣（小麦粉大さじ3、カレー粉小さじ2）、ナス2本、ピーマン2〜3個、タマネギ2分の1個、ヨーグルトドレッシング（無糖ヨーグルト大さじ4、レモン汁大さじ1〜1.5、オリーブオイル大さじ3、粒マスタード大さじ1〜1.5、砂糖小さじ0.5、おろしニンニク小さじ0.5、塩適宜）

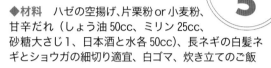

③続いてナスとピーマンはラップフィルムで別々に包み、電子レンジでナスが2分、ピーマンは1分を目安にチン。そのまま5分間蒸らす

④下処理済みのハゼはカレー風味の空揚げ衣を付け、空揚げと同じように揚げる

⑤揚げたてのハゼを蒸しナスやピーマン、スライスオニオンとともにヨーグルトドレッシングに絡める。すぐに食べられるが、冷蔵庫で半日ほど漬け置きしても美味

「魚醤と昆布だしの開き干し」

◆**材料**　良型ハゼ、約8％の塩水（水500㎖に対し粗塩40g、日本酒50㎖、だし昆布10cm角1枚）、魚醤の浸し汁（いしるなど魚醤100㎖、水100～120㎖、日本酒50㎖）

作り方

①開き干しは腹開きでさばく。ウロコを引き落としたハゼは腹を割って内臓を取り出し、腹の中に残る汚れを洗って水気を拭き取る

②右頭に向け、まずは肛門から尾の付け根に向かって腹身を切り開く

③続いて逆さ包丁で腹の切り口から切っ先を差し入れ、腹骨と中骨の接合部を切り離したら……

④エラ蓋下から尾の付け根に向かって背身を切り開く

⑤さらに中骨主骨を避け、頭を割ると腹開きの開きになる

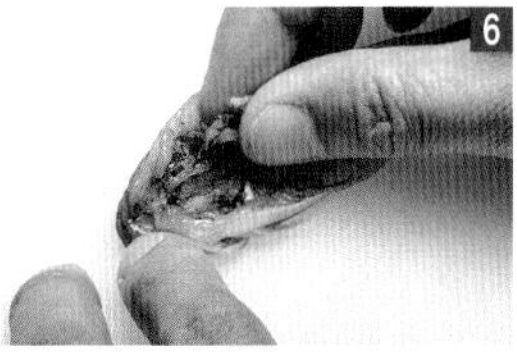

⑥最後に左右のエラを引きちぎった後……

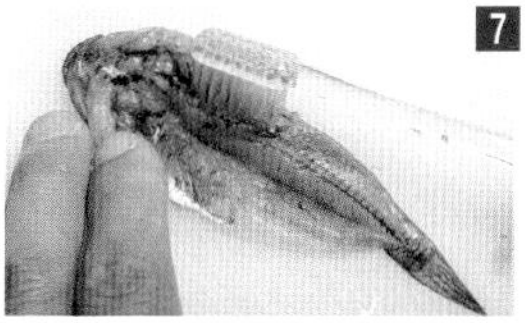

⑦歯ブラシで血ワタなどの汚れを掃除して水洗い後、水気を拭き取る

⑧約８％の塩水（右）と魚醤の浸し汁（左）を作り、腹開きにしたハゼを浸す

⑨ハゼは淡泊な小魚なので塩の回りが早く、浸す時間は 30 分くらい。ペーパータオルで軽く水気を拭き取る

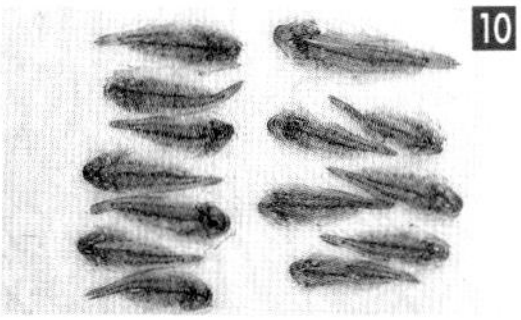

⑩夏の暑さが残る秋は冷蔵庫の脱水シート干しが安全。身の表面にウエット感が残る生干しは８〜10 時間、水分がほぼ抜けた硬干しは 24 時間が一応の目安

⑪気温が下がり始める晩秋から師走になるとナイロン網製の干物器を使った風干しでＯＫ。好みで白ゴマを振ってもよい

⑫皮目から焼き始め、うっすらと焦げ目が付くくらいがちょうどよい。網焼きのほかオーブントースターを利用したり、油で素揚げにする手もある

基本的なハゼ下処理

1

①砂泥底に棲んでいるハゼは体表を覆うヌメリやヒレに泥を含んでいる場合が多い。まずはたっぷりと粗塩を振り……

2

②軽くかき回して塩もみをし、ヌメリや汚れを取り除く

3

③水洗いは濁りがなくなって透明になるまで数回繰り返す

4

④ザルに上げて水をよく切ったら……

5

⑤ペーパータオルで水分を拭き取る

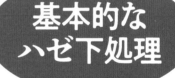

こちらが人気のハゼ御膳。湯豆腐か柳川鍋のどちらを選べ、ここに刺身を加えた五品で提供している

▽▽▽▽▽▽おかめ鮨五代目直伝！△△△△△△

【江戸前ハゼ御膳をご賞味あれ】

安政2年（1855年）より5代に渡り160年以上続く本格的な江戸前寿司店。おかめ鮨の季節限定の人気メニューである「ハゼ御膳」をひと足早く夏ハゼで再現していただいた。

Profile 長谷文彦（ながたに・ふみひこ）

港区田町で160年以上続く本格的な江戸前寿司店「おかめ鮨」を営む五代目。週末はほとんど釣り三昧。釣りも江戸前スタイルを好み、和ザオを使ったマブナ、ハゼ、シロギスは特に大好き。

早朝釣りのススメ

「いろんな釣りをするけど、やっぱりハゼは特別だね。何尾釣っても飽きないし食べて美味しい。まさに江戸前の宝だよ」

そうハゼ愛を語るのはおかめ鮨の大将、長谷文彦さんだ。同店ではハゼが刺身や天ぷらに適したサイズに育つ10、11、12月に自身が釣った江戸前マハゼのフルコースともいえるハゼ御膳を提供し、売り切れ必至の人気メニューになる（1人前5000円＋税）。1人前で25尾のハゼを使い、すべて活かして持ち帰っているのは「市場で仕入れたら完全に採算が合わないから」という。

「都内は駐車場代がべらぼうに高いけど、朝4時くらいから3～4時間釣って帰る分には安いし、空いているし、涼しいし、魚も傷みにくい。あと、朝マヅメはよく釣れるからいいことづくめだよ！」

秋になれば表面が乾かない程度に現地の水に浸けて持ち帰れば元気に生きているほど強い魚だが、真夏の高水温期はそれでは死んでしまう。ブクと呼ばれるエアーポンプで酸素を循環させ、こまめに水を替え、凍らせたペットボトルなどを入れて水温の上昇を抑えるなど、持ち帰り方に気を遣いたい。

麦わら帽子、甚平、下駄という夏の江戸っ子スタイルで早朝ハゼ釣りを楽しんだ

早朝の北十間川。スカイツリーよりやや下流の江東区亀戸4丁目に架かる福神橋周辺が今回の釣り場。太陽がまだ高く昇る前は日陰も多く釣りやすい

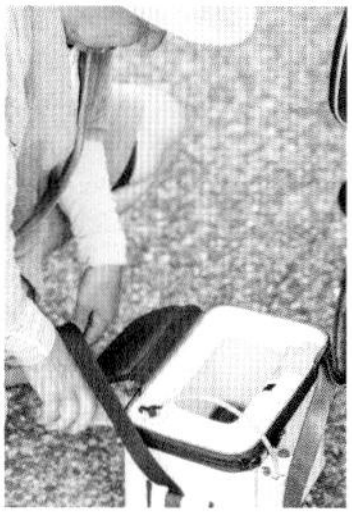

暑くなる前の、そして駐車料金が上がる前の朝7時半には釣り終了。「25尾が必要なハゼ御膳の2人前分は釣れました」と笑顔でエアポンプを回す

7月頭まではこのサイズばかりが揃ったという北十間川だが、7月下旬になるとサイズが一度リセットされて夏ハゼが主体になる

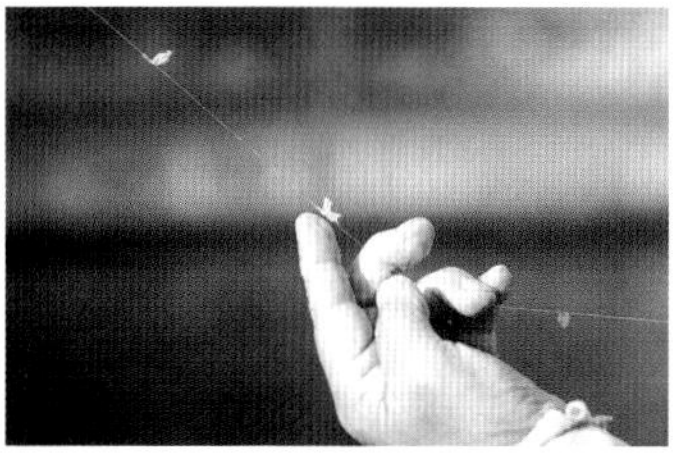

北十間川のような垂直護岸の釣り場ではウキ釣りよりもミャク釣りがしやすい。そのためウキは使わないが、目印はセットしている

おかめ鮨

- ●所在地：東京都港区芝 4-9-4
- ●電　話：03･3451･6430
- ●営業時間：11時30分～13時と17～22時
- ●定休日：土日祝日
- ●アクセス：JR 田町駅より徒歩8分。都営三田駅より徒歩8分

天ぷら

手順

❶ハゼは概ね 15㎝を基準に大きめを選び、頭を落として内臓を抜く（おろし方の①～④参照）
❷塩水でよく洗いザルに上げて水を切る
❸背開きにして尻尾を残したまま中骨を断つ。中骨も骨せんべいにするので捨てない。腹膜は刃先できれいに取り除く
❹天ぷら衣を作る。氷を入れた冷水 200cc（炭酸水もよい）に卵黄1個を入れてよく溶き、薄力粉または片栗粉 130 gを2回に分けて泡立てないように混ぜる
❺天ぷら油を作る。サラダ油と太白ごま油を鍋に同量入れ、180℃まで加熱しておく
❻天ぷら衣をまとわせたハゼと中骨を油できつね色になるまで揚げる
❼天だしはカツオ出汁 200cc、醤油 40cc、味醂 20cc を鍋で加熱する

天ぷら衣にも氷を入れてネタを冷やすとカラッと揚がる

180℃に熱した天ぷら油できつね色になるまで揚げる

ハゼのおろし方

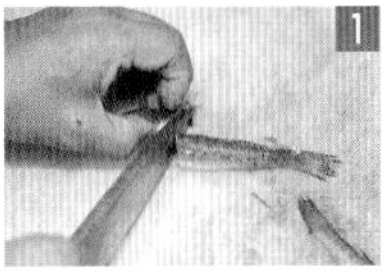

頭を押さえたら尻尾からエラに向けて包丁を４～５回動かしてウロコとヌメリを取る

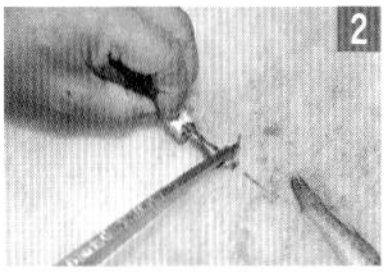

頭を落とす際に内臓も引き抜く

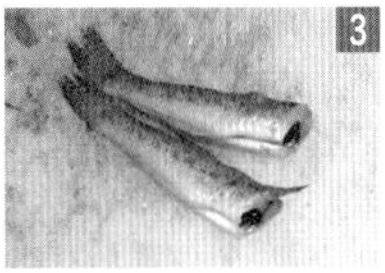

5㎝以下の小型なら骨も取らず皮も引かないままで空揚げやかき揚げにしてもいい

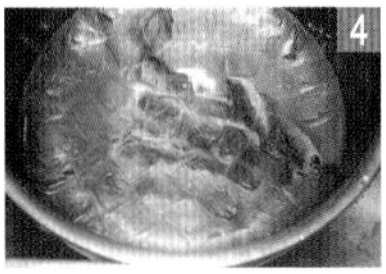

氷を入れて温度を下げた3％の食塩水（水１ℓに塩 30ｇ）でハゼをよく洗い、ザルで水気を切る

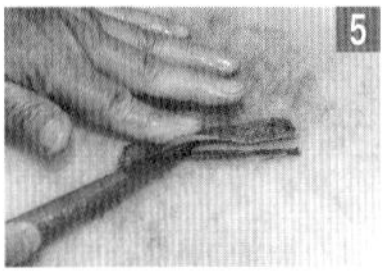

背側から包丁を入れ、腹側一枚を残して開いていく

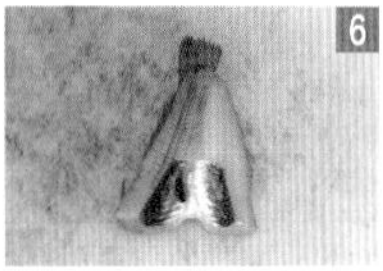

背開きにした状態

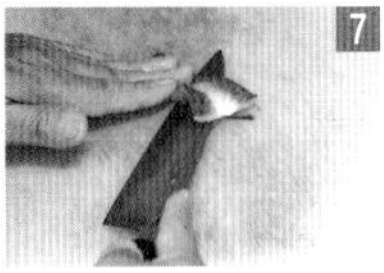

皮がある面を上にして背骨に沿って包丁の刃先で尻尾方向へ走らせる

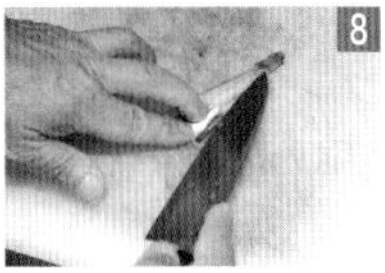

中骨を断ち、残った腹膜と腹骨を刃先で薄くすくうように取る

背開きにした身は天ぷら、柳川に。中骨も天ぷらにすると旨いので捨てない

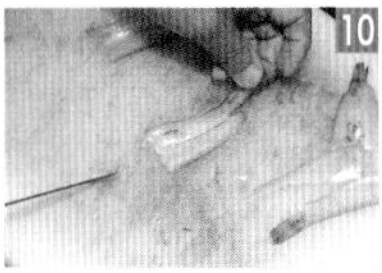

開いた状態から上身、中骨、下身と切り分ければ三枚おろしの完成

刺身

手順

❶ハゼは 15㎝を基準に大きめを選び、三枚下ろしにする（おろし方の①～⑩参照）
❷刃先で皮を引く。皮を取り除いたあとはウロコやヌメリに触れさせないことが重要

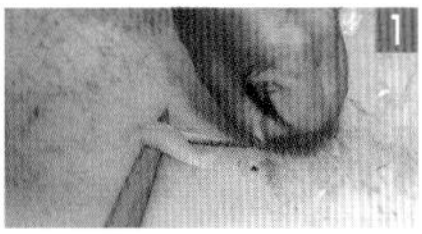

三枚下ろしから皮をまな板に密着させ、包丁の刃先で尻尾から頭へ上下に小刻みに移動させ皮を引く

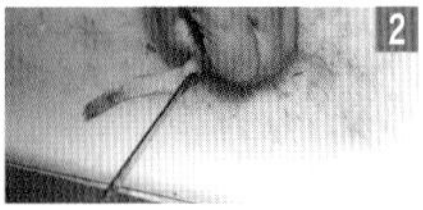

反対側の身も同様に皮を引く

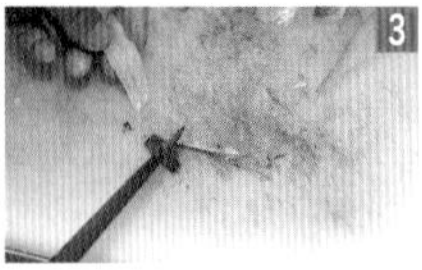

皮を引いたあとはきれいな皿に取り、ツマや大葉などを敷いた上に盛り付ける

湯豆腐

手順

❶ハゼは 15㎝を基準に大きめを選んで刺身にする
❷長ネギ、ハクサイ、キノコ類、春菊、５㎝角に切った木綿豆腐をザルに用意
❸土鍋に昆布の 15㎝片も入れて加熱し、出汁が出たら豆腐から順に鍋へ入れて火を通す
❹ポン酢に醤油、カツオ節、小ネギの小口切りを混ぜていただく

にぎり寿司

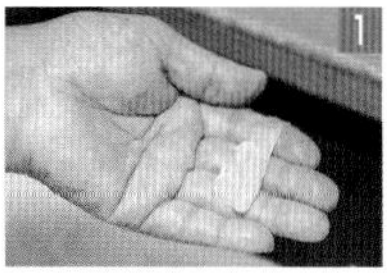

ご飯が手につかないように手を湿らせたら、左手の上に刺身を乗せ、好みの量のわさびを乗せる

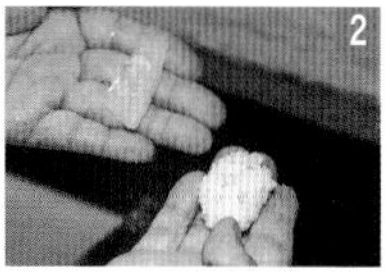

右手で適量のすし飯を摘まみ、食べやすい形に整える

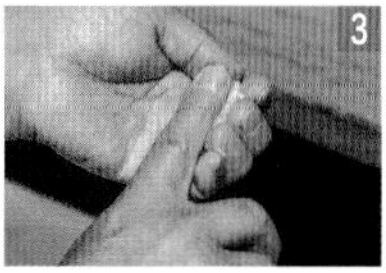

左手の刺身の上に右手のすし飯を乗せ、右手の人差し指を添えて形を整える

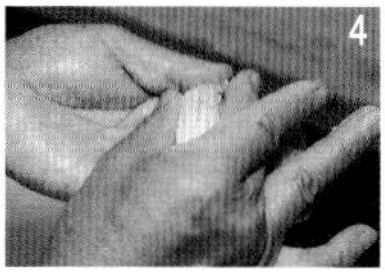

左手にある寿司を刺身が上に来るようにひっくり返したら右手の親指と中指を使って向きを変え、形を整えながら軽く握り直す。これを数回繰り返して形が整ったら完成

手順

❶すし飯を作る。米 1: 水 0.8 に昆布 10cm片を入れて炊く。鍋なら蒸らし 20 分
❷すし酢を作る。米 2 合なら、塩 20 g、酢 100cc、お好みで砂糖も少々加えて充分に溶かしておく
❸炊きあがりのアツアツのシャリに②を手早く混ぜ合わせ、うちわなどで風を当てて湯気を飛ばす（最大 5 分間）

柳川鍋

手順

❶ゴボウはささがきに切り、湯通しして完全に火入れする
❷天ぷらと同様にハゼを 10 尾ほど背開きにする（天ぷらの①～③を参照）。ただしサイズは小さめでも構わない
❸だし汁を作る。つゆの素 100cc、水 100cc、だし昆布少々、ザラメ 30 g、粉末カツオだし少々を混ぜる
❹ハゼの開いた側を下にして土鍋に並べ、だし汁をヒタヒタに入れて火にかける
❺煮立ってきたら湯通ししておいたゴボウを入れ、卵 3 個を割った溶き卵を回し入れ、ひと煮立ちしたら火を止めて、蓋をして余熱で 3 分ほど蒸らす
❻最後に三つ葉やネギを散らして完成

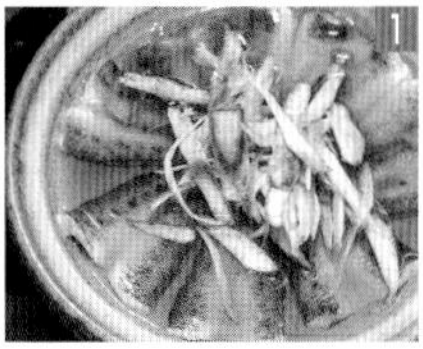

開いたハゼを土鍋に並べて火をかけ、煮立ったら湯通ししておいたゴボウを入れる

溶き卵を回し、ひと煮立ちしたら火を止めて蓋をする。最後に散らすのは三つ葉がおすすめ

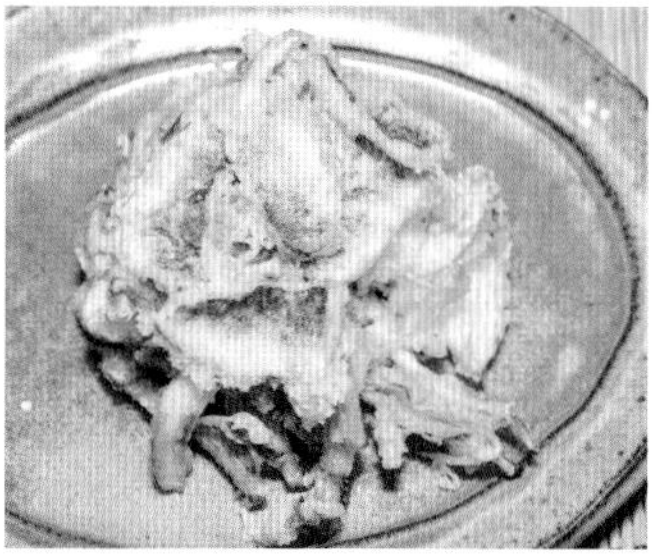

かき揚げ

手順

❶ハゼは概ね 7cmまでのものを用意して三枚におろす
❷ニンジン、タマネギ、ピーマン、三つ葉などを適量食べやすい大きさにカット
❸天ぷら衣を作る。氷を入れた冷水 200cc（炭酸水もよい）に卵黄 1 個を入れてよく溶き、薄力粉または片栗粉 130 g を 2 回に分けて泡立てないように混ぜる
❹天ぷら油を作る。サラダ油と太白ごま油を鍋に同量入れ、180℃まで加熱しておく
❺ハゼと野菜を天ぷら衣に和える
❻適量をおたまで掬って熱した油で揚げる。パチパチという音が静かになったら完成
❼天だしはカツオ出汁 200cc、醤油 40cc、味醂 20cc を鍋で加熱する

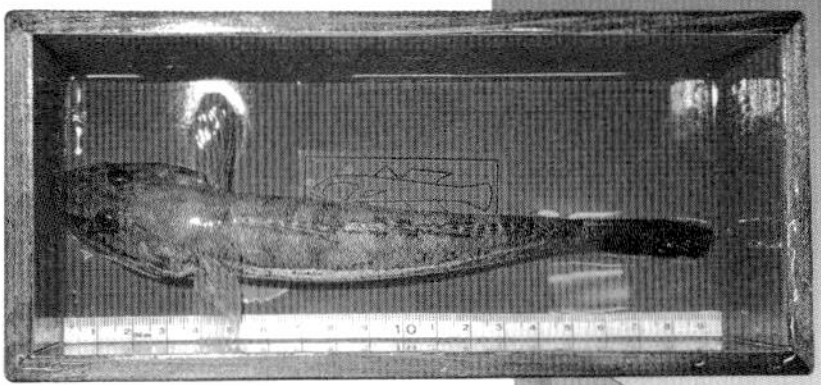

マハゼの魅力へようこそ

私が普段から釣り歩く街、江東・墨田・中央・江戸川。街中に運河や水路がある「豊かな水辺の街」である。

数ある水路でも、小名木川・北十間川・横十間川・旧中川は特別で、この4つの川は、墨田川、荒川の本流よりも大幅に水位が低く、内水域の水位上昇を防ぐため水門、排水機場によってコントロールされている。この閉じ込められた水路にマハゼの生態系が完成していると考える。

パナマ運河と同じロック式が運用されており、「扇橋閘門《こうもん》」と「荒川ロックゲート」では年間を通じて大量の水を流し込んでいる。本流に比べ、外敵も少なく、干満の差を受けにくいのも特徴で、我々は「奇跡の水路」と呼んでいる。

「奇跡の水路」では驚くほど手軽にハゼ釣りを楽しむことができる。この「驚くほど手軽に」といった部分も東京ハゼ釣りの特徴だ。

この地域は江戸時代から続く水路を中心に街が栄えた「水の都」の名残を感じることができる。現代に至っても水上バスや貨物船など、水上交通も活発に運行されてい

398が語る「奇跡の水路」

る。

　時々、小型ボートでもハゼ釣りに行くが、実際に水路を進むと異次元空間が広がる。街の歴史をダイレクトに感じさせてくれ、個人的には世界遺産の中に浸っているような感覚になり、静かにゆっくり船を進めると、いつも鳥肌が立つ。

　運河沿いの多くは遊歩道が整備され、胸の高さの柵が設置されているために安心して釣りができる。また、海や渓流と違い、お手洗いやコンビニ探しに悩まされることも皆無である。

　それどころか「今日は何を食べようか。そばにしようか。ハンバーグを食べようか」と、食べたいものが決まれば道具を仕舞い、サッと食べに行くことができる。逆に「あそこのカツ丼が食べたいからあっちのほうで釣りをしよう」なんて食べたいものから釣り場を決める楽しみ方もできるのが東京のハゼ釣りだ。

　食といえば、江戸前のマハゼは食べても美味しく、18㎝を超えた良型は天ぷらにすると絶品である。

　通りがかりの人が釣ったハゼを見て「こ

れ食べられるの？」と怪訝《げん》そうな顔をすることもあるが、ぜひとも一度自分で釣って食べてみてほしい。

ハゼは美味しいだけじゃなくて美しい。特に尾ビレの美しさはうっとり見惚れてしまうほどで、その日の疲れも一瞬でブッ飛んでしまう。

ハゼ釣りの魅力は、老若男女を問わず夏秋冬と長い期間楽しめ、美味しく食べられることだ。

一般的には彼岸を過ぎてから晩秋までがハゼ釣りシーズンと考えられているが、私は12〜2月のハゼ釣りが最も好みである。

よく釣れる期間は6月中旬からで、多くの釣り人が夢中になってサオをだす。季節によってアタリの出方が異なり、極小のアタリや居食いのアタリをとれた時は本当に嬉しい。

ハゼは手軽に誰でも釣れる一方、人より多く釣るにはどうすればよいかとこだわっていくと無限とも思えるほど奥深い。ここにハゼ釣りの真髄を感じている。

ご縁があって、「東京はぜ釣り研究会」にも所属させていただいているが、つり人

社の鈴木康友会長をはじめ、諸先輩方のハゼ愛、釣りに対する理念には大変感銘を受け、和ザオの世界も日々勉強中である。なかなか勝てない日々が続いているが、ここで得た経験は大変貴重である。

ハゼ釣りに魅了され、探求心に火がつき、どうにもとまらない私は「納得がいかないならば納得がいく自分好みの道具をつくればいい」と、櫻井釣漁具さんにお願いして、感度、軽さ、バランスと、まさに自分が追い求めたハゼザオを完成させた。

また、ハゼ釣りのエサといえばアオイソメが定番だが、保存状態や扱いに気を使うことから、マルキユーさんからお声がけいただき、今までにない、常温保存ができ、虫エサが苦手な人も積極的に使える「ハゼほたて」を完成させた。これがまた面白いくらいによく釣れるのだから、喜びもひとしおである。

東京の下町の水路に、水の都の風情を感じながらハゼに会いに行く。

毎日ワクワクがとまらない。

この素晴らしい環境、愛すべき釣り場を多くの人に感じてほしい。

▽▽▽▽トーキョーマハゼ釣りの新風△△△△

【PEラインを使った点の釣りとは】

マハゼ釣りの中心地である都内の運河では、古くから親しんできたハゼ釣り暦に変化が起き、釣り具や釣り方にも新風が吹いている。そのひとつが398さんのPEラインを使った縦の釣りである。

閉鎖水域のひとつ、仙台堀川で夏ハゼ釣りを楽しむ398さん。24時間営業の上州屋東陽町店からも至近のお気に入りの釣り場だという

PEライン＋超ショートハリスによる縦の釣りで上アゴに瞬時にハリ掛かりさせる

新しい釣り方が生まれた新しい釣り場の条件とは

これまで一般的にマハゼの産卵の最盛期は3月中旬から下旬とされ、東京都周辺であれば羽田沖（多摩川河口）や三枚洲（荒川・旧江戸川河口）、三番瀬などで多くの産卵孔が見られた。卵から1ヵ月ほどで孵化し、1～2㎝に育った稚魚は河川や運河の海水と淡水が混じりあう汽水域に遡上。プランクトンを食べて成長するにしたがい、ゴカイなどの底生動物を食するようになり、やがて秋から冬に成熟すると産卵のために深場に落ちる――とされた。そしてそれは、まさに釣り人の肌感覚とも一致していたが、現在の釣り人の肌感覚では「ん？」となる部分があるのも事実。

「まさにそのとおり。ちゃんと汽水があって海とつながって沖合には産卵孔を掘れる底質が残っているところはそうでしょうけど、都内の人気ハゼ釣り場は閘門などで閉ざされた閉鎖水域が多く、ちょっと条件が当てはまらない気がします」

そう語るのはトーキョーマハゼ主宰でハゼ釣りメインの動画チャンネル「398ワールド」の管理人である398さん。

江東区在住の398さんにとって、身近なハゼ釣り場は小名木川、旧中川、横十間川、北十間川とその支川の大横川や仙台堀川など。

「正直、この4つの川筋でハゼ釣りは完結できてしまうんですよ。それはここで釣れ

仙台堀川公園はトイレや水飲み場、ベンチや芝生が整備された気持ちのよい釣り場。横十間川、小名木川、新中川、大横川ともつながっているので混雑具合や状況に応じて自転車で移動するのが398スタイル

るハゼは海に落ちないし、海と川を行き来しないで1年という一生、あるいはヒネハゼとして2年という生涯をこの閉ざされた水域で終えると思えるからです」

大川端と呼ばれる川幅の広い隅田川とはつながっているものの、閘門で遮断されており、水位の高さの違いもあって魚が自力で行き来できないというのが398さんの肌感覚。

「じゃあ、海から稚魚が補給されない分、魚が薄いのかといえば逆なんです。青潮で大量死することもないですし、ゲリラ豪雨も本流ほど壊滅的な被害を受けないから、例年シーズンインの初夏から安定して釣れますし、冬も落ちずに同じ水域にいますから、1月や2月の夜に数が釣れるという現象も起きています」

同じ下町の運河でも月島や潮見など東京湾と遮断されずにつながっているところなら、冬になれば今でもハゼは深場に落ちるし、年内中には釣期はほぼ終わる。つまり、

「今日は取材ということで桶なんかも用意しましたが、普段は自転車にセットする小物入れに入る分だけと実に手軽です」と398さん

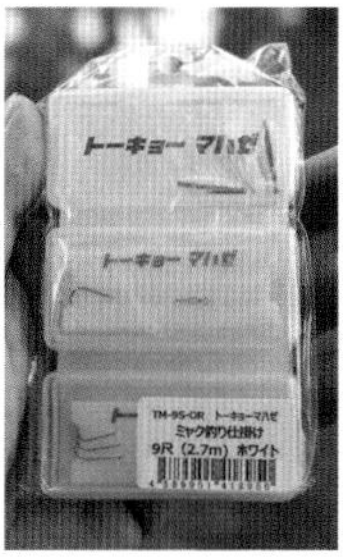

視認性の高い高比重PEラインに自動ハリス止、替えバリ、オモリ、オモリを止めるシリコンラバーがセットされた完成仕掛け

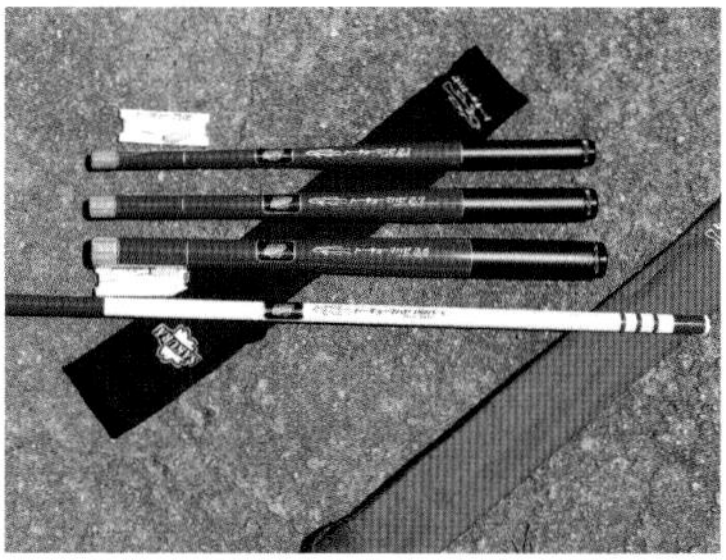
東京の老舗釣りザオメーカーである櫻井釣漁具とのコラボレーションで誕生したトーキョーマハゼ2.1、2.7、3.6の3本は振り出し式。並継のトーキョーマハゼPROは2.7mで替えハカマを使えば2.1mになる

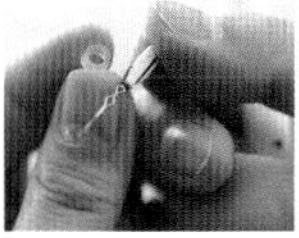
鋭いアワセをたくさん入れる釣りなのでオモリが飛んでいくことが多かったが、シリコンチューブを使うことでトラブルが激減したという

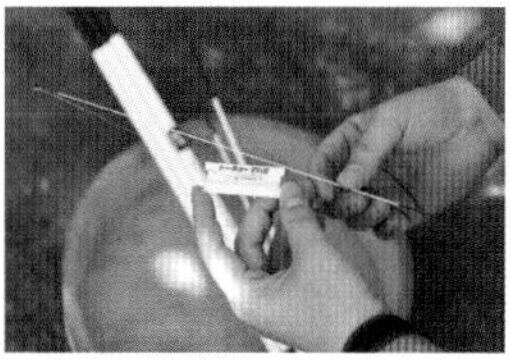
サオ袋を開けると穂先にはすでに仕掛け巻きがセットされており、釣り場に着いたらすぐに釣りが開始できるようにしていた

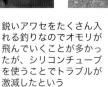

都内のハゼにも新旧ふたつの生き方が生まれたのだ。

張ってこそ活きるPEの感度

398さんがメインで足しげく通っている4つの川筋（前頁でいうところの奇跡の水路）の多くは水深が浅く、それでいて垂直に護岸されているところが多いことから、サオは2・1mから長くても3・6mあれば事足りるという。

「事足りるというか、この長さのサオなら持ち重りしませんし、リールも必要ありませんからミャク釣りでダイレクトにハゼのアタリや引きが味わえます。何も閉鎖水域だけのことではなく、日本全国どこでもノベザオでミャク釣りができるところなら同じだと思います」

398さんの釣りで最大の特徴はPEラインを使うことだ。さらにいくつかの特徴がある。普通、ミャク釣りでは仕掛けを沖側に振り込み、オモリをズルズルと引きず

マルキユーから発売中の『ハゼほたて』も398プロデュース。冷凍庫や冷蔵庫ではなく常温で保存でき腐らないのでワーム感覚で常備できるという

ホタテエサの装着法

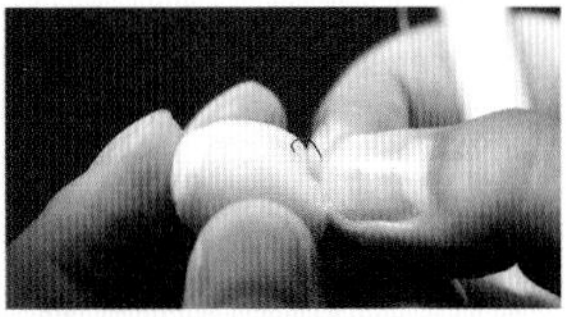
ホタテの縦繊維に対して真横からハリ先を立てて薄くすくう

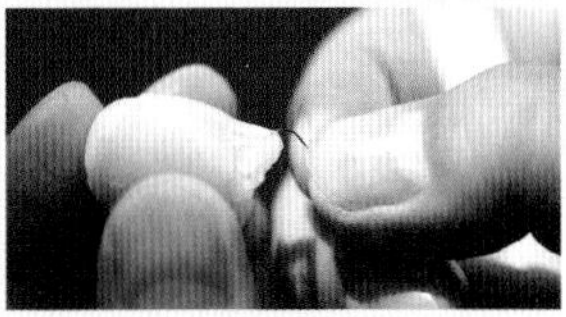
そのまま引っ張れば裂ける

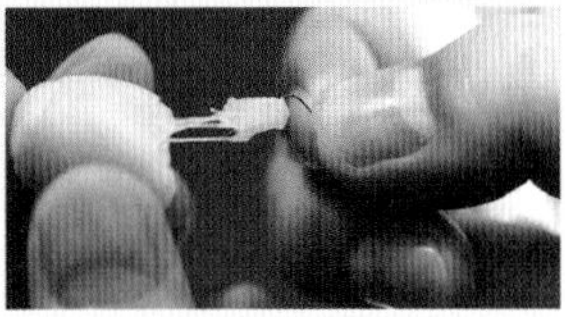
これくらいの量で充分。活性の高い夏場ならこの半分以下でいい

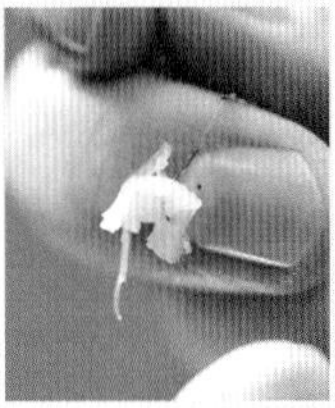
両端にヒラヒラした繊維があるとエサが取れやすいので、指先で軽くまとめてやるとハリ持ちがよくなる

シモリ仕掛けでもミャク釣りでも、これまでの基本は沖に振り込んで手前に探るというスタイルだったが、PEラインを使った超ショートハリスの釣りではサオ下のみを探ることが最大の特徴だ。仕掛け全長とサオ角度の調整が難しいと思いきや、「2・1、2・7、3・6mの3種類があれば、都内の運河の多くでシーズン初期から後期まで問題なく楽しめます」と398さん

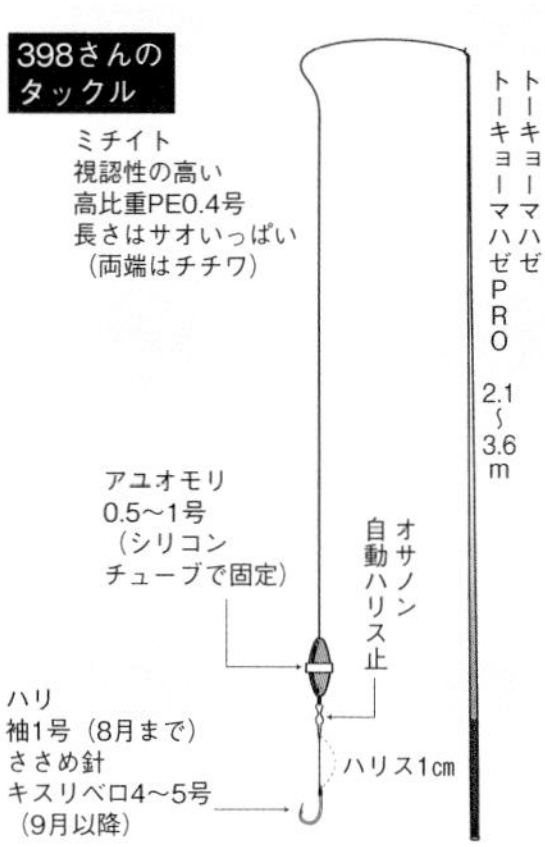
398さんのタックル
ミチイト
視認性の高い
高比重PE0.4号
長さはサオいっぱい
（両端はチチワ）
サオ
トーキョーマハゼ
トーキョーマハゼPRO
2.1〜3.6m
アユオモリ
0.5〜1号
（シリコンチューブで固定）
オサノン
自動ハリス止
ハリ
袖1号（8月まで）
ささめ針
キスリベロ4〜5号
（9月以降）
ハリス1㎝

これまでは渓流ザオなどの流用で楽しむのが当たり前だったが、感度と軽さと釣り味にこだわったマハゼ専用ザオの登場でハゼのオカッパリ釣りがもっともっと楽しくなるという

りながら手前に、そして投入点をズラして扇状に探るのがセオリーだが、398式は違う。

「投入点を変えて扇状に探ることも、手前に落としたり、やや沖に振り込むことも普通にしますが、いずれにしてもサオ先からオモリまでのミチイトは真下。完全な縦の釣りです」

PE0・4号の先端はチチワを作り、スイベルのない自動ハリス止につなげる。そのハリス止の真上に0・5〜1号のオモリ（アユ用など割ビシタイプ）をセットしたら短く輪切りにしたシリコンチューブを被せてオモリが飛んでなくならないようにする。自動ハリス止にセットするのは長さわずか1㎝という超ショートハリスのハリ。

「ほとんどブラクリですが、ブラクリよりもハリスが短い」

この仕掛けをサオ下に真っすぐに落としたら、ハリス分の1㎝だけ底を切ってオモ

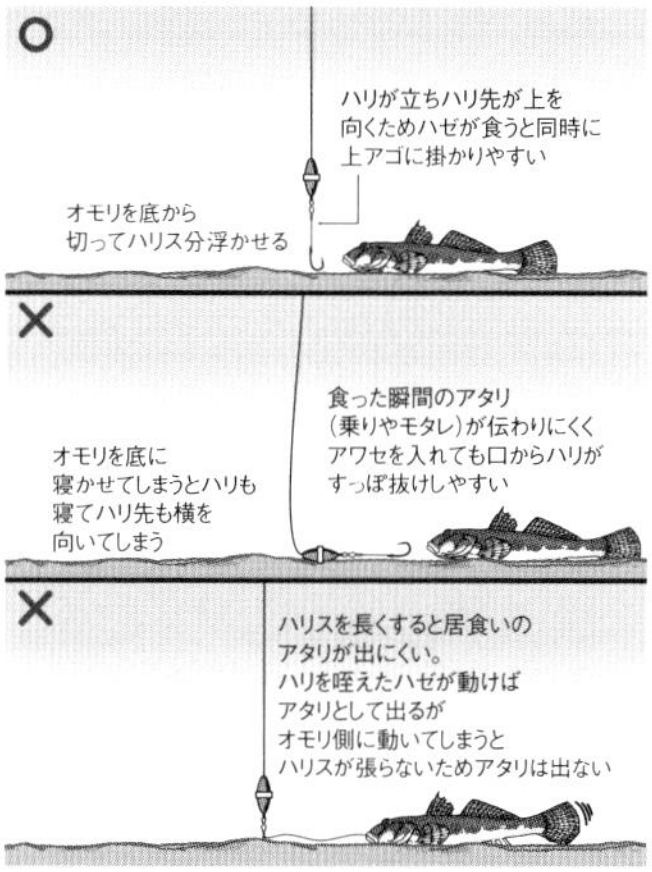
○
ハリが立ちハリ先が上を向くためハゼが食うと同時に上アゴに掛かりやすい
オモリを底から切ってハリス分浮かせる
×
食った瞬間のアタリ（乗りやモタレ）が伝わりにくくアワセを入れても口からハリがすっぽ抜けしやすい
オモリを底に寝かせてしまうとハリも寝てハリ先も横を向いてしまう
×
ハリスを長くすると居食いのアタリが出にくい。ハリを咥えたハゼが動けばアタリとして出るがオモリ側に動いてしまうとハリスが張らないためアタリは出ない

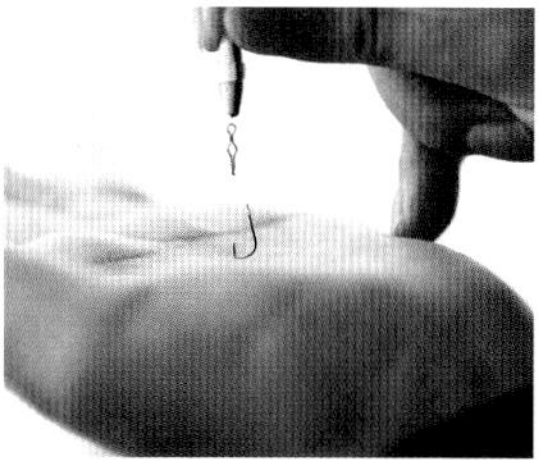
ハリスの長さである1㎝ほど底を切り、ハリが底に振れるか触れないかの高さでアタリを待つのが肝要。縦イトの釣りになるのでハリも立ち、ハリ先が上を向く（ハリはキスリベロ４号）

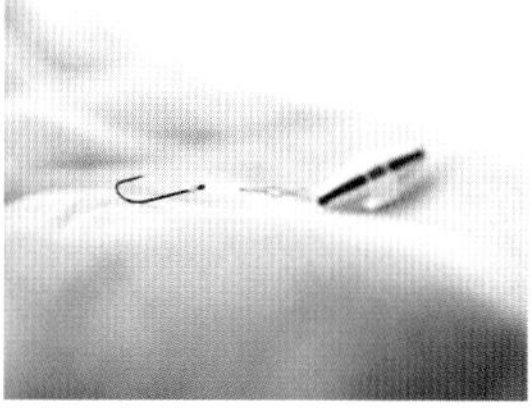
沖に振り込んでしまうと手前に探る際にどうしてもオモリが寝てしまう。そうなるとハリも寝てしまい、ハリ先も横を向く。何よりハリ先から穂先までのイトが直線になって張られていないのでアタリが伝わりにくい

リを浮かせる。するとオモリの直下にエサの付いたハリが寝て横を向くことなく、しっかりハリ先が立った状態になるから、ハゼがエサを口にすれば自動的にハリ先が上アゴに掛かりやすくなるという仕組みだ。

　沈みの速い高比重タイプのＰＥラインの持ち味を最大限まで引き出した釣り方だ。まさに点の釣りであり、魚がエサを吸い込んだ瞬間のアタリを捉えて即座にアワセが入れられるスピード重視の釣りだ。

　しかも、ＰＥラインはテンションを張ってこそ感度が活きるイトである。その究極

豊住橋の下ではヒネハゼも登場

が常に真下でオモリをぶら下げた状態というわけだ。だからこそ水深50ｍのカワハギの小さなアタリも、水深１５０ｍのヤリイカのわずかな触りも、張ったＰＥラインなら伝えてくれる。これがナイロンやフロロカーボンなら伸びや潮の抵抗で何も伝わらない。

「まさしくそのとおりですね。シモリウキを数個並べた仕掛けであればＰＥのメリットはありません。ミャク釣りでも沖に振り込んでオモリを着底させたまま手前に探る釣りであればフロロカーボンの伝達力のほうが高いかもしれません。ただしハゼがエサを口にした瞬間のアタリをいち早く察知できるのはＰＥラインの縦の釣りです」

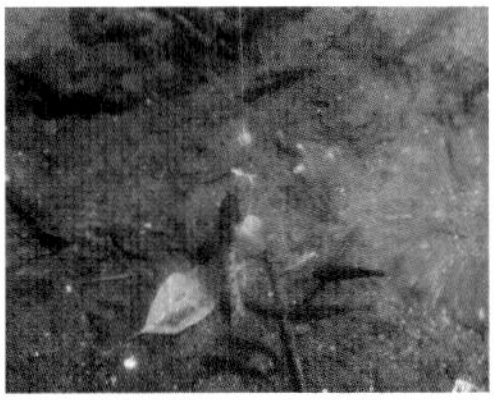

理想はハゼがエサを咥えた瞬間にアワセが決まってこの状態になること

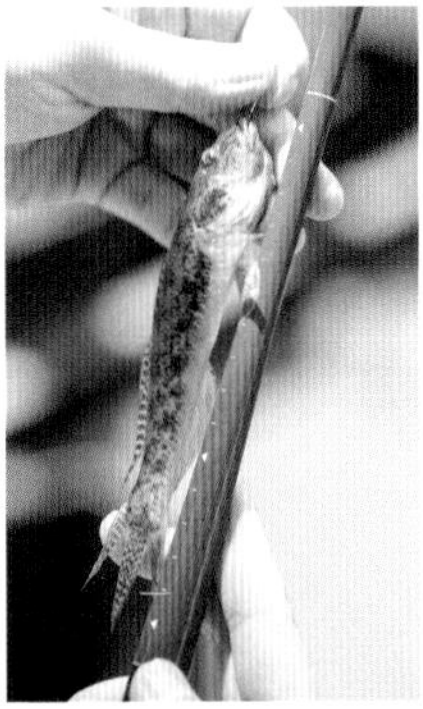

サオは目盛り付きなので瞬時にサイズを計れる。これは16㎝。産卵経験があるのか尾ビレが傷ついていた

イトを張りハリを立たせる

　３９８さんにとってハゼ釣りの醍醐《だいご》味《み》は素早くアタリを察知して上アゴにバシっとフッキングを決めることにある。

「１㎝のショートハリスにこだわっているのもそこです。多分、５㎝とか10㎝のほうがハゼも安心して食いやすいとは思います。真上にオモリもブラブラしていませんから。ただ、ハリスが長いほど居食いのア

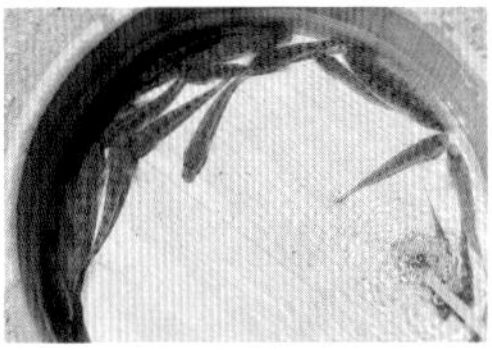

ユーチューブの動画撮影を兼ねた普段の釣りは２～３時間楽しんでオールリリースが基本。そのためエアポンプは必須

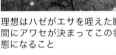

船からの和ザオの釣り、フローター、リールザオでのチョイ投げと幅広く楽しむ398さんだが、「中でも一番楽しいのはよりシンプルな仕掛けで小さな魚の魅力を引き出せるミャク釣り」と語る

タリは出にくい。短いハリスだと咥《くわ》えた瞬間にどこかに移動したり首を振るため、すぐにアタリが穂先や手もとに伝わります。ハリスが長いと居食いのアタリが出にくいだけでなく、オモリ側に魚が動くとハリスが張らないから、これまたアタリが出にくい。オモリと反対側に引っ張ってくれて初めてしっかりアタリになるんですが、ハリスが長いとハリが横向きに倒れていることが大半なので横向きのハゼの口から抵抗なくスポッと抜けてしまいやすい」

ハゼの乗りやモタレを察知するにはハリをわずかに底から浮かせた縦イトの釣りが理想的で、その代表格が船からのハゼ釣りだ。シロギスのように投げることをしないのは最短距離の真下にいる魚の重みそのものをダイレクトに察知したいからだ。

正直、反射神経も問われる釣りかと思う。アワセが決まるタイミングは一瞬であり、慣れないうちはかえって空振りを連発するかもしれない。

ただ、慣れてくると「クっ……」という重みや「……っ!」という気配の変化でアワセが入れられるようになり、ハリ掛かりさせてからはおなじみの底から引きはがす重みや首を振って抵抗する引き味は存分に楽しめる。

「どこでも万能というわけではありません。船からの練り船でこんなショートハリスをやってもメリットはありません。ハゼが落ちてしまう釣り場やそもそもハゼの少ない釣り場であれば真下の点の釣りではなくて、チョイ投げして沖を探る釣りのほうが理に適っています。でも、シーズン初期も盛期も後半もシチュエーションに大きな変化がなく、ハゼの数も申し分ない釣り場ならメリットだらけの楽しい釣りだと思います」

こうした浅瀬も夏ハゼの人気釣り場

木陰に座ってアタリを楽しむ最高の時間

仙台堀川公園 GUIDE

●エサ・問合先:つり具の上州屋東陽町店
☎03・5632・1152
●交通:東京メトロ東西線・東陽町駅または半蔵門線・都営新宿線・住吉駅から徒歩15分。都営バスなら豊住橋下車、徒歩3分。車は釣り場に近いタイムズポート千石(東京都江東区千石3-1)は最大料金あり

今回の釣り場から徒歩1分にパーキングがある

▽▽▽▽▽▽▽▽ 対ザオは船釣りの専売特許にあらず △△△△△△△

異次元！

オカッパリの釣果と楽しさを加速する「二刀流」釣法

ハゼ釣り場が身近にある東京都墨田区に生まれ育った清水正俊さんは、オカッパリでも2本ザオをリズムよく操り、ポンポンと手返しよく釣るのが快感という。

文◎清水正俊

穂先を詰めた2本の渓流ザオをサオ掛けにセット。下町の釣り名手はその昔、フナもハゼも2本ザオでよく釣った。清水さんはそのスタイルを踏襲している

輪行スタイルで釣り場巡り

オカッパリのハゼ釣りは、リュックサックひとつで気軽に出かけられるところがよい。持ち物は渓流用のビクとエサ箱、仕舞寸法の短いカーボンロッド、立ち込み用のフェルトの靴と履き替え用のズボン、これだけで釣りができる。電車釣行で歩いて行ける釣り場もある。ハゼは浅場に群れているため長いサオは必要ない。

ハゼ釣りで一番大切なのは、潮時表で当日の潮の動きを知っておくこと。潮が止まるとハゼもエサを食わなくなる。潮の動きに合わせてハゼも移動するため、それに合わせて動くことが大切だ。潮の動きとハゼの動き、今日はどこに群れているのかを頭の中で考えながらサオをだし、ピタリと予想の当たった時のうれしさ。潮を読み、場所を当てる。これもオカッパリのハゼ釣りの魅力である。

オカッパリでのハゼ釣りには20年ほど前から折り畳み自転車を活用している。当時から足を運んでいたのがJR長浦駅～袖ケ浦駅～巌根駅の周辺である。以前は師匠の高柳武夫さん（東京勤労者つり団体連合会の立ち上げにも尽力された釣りの名手）と一緒に釣りをすることが多く、徒歩では体力的にきついため駅からタクシーを使って釣り場まで行き、運転手に帰りの予約をして釣りをした。しかしこれでは釣行範囲を広げられず、折り畳み自転車を購入した。

ハゼをはじめフナ、シロギス、カワハギ、ヤマベと数釣りが大好きな清水正俊さん。墨田区押上に生まれ育って70数年、祖母の父親は和竿師の初代竿治というから、釣り好きなのもうなずける。東京はぜ釣り研究会所属

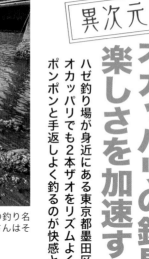

釣り場の範囲は広がったが、釣り具を背負って自転車を担いで電車に乗るとなれば荷物を減らさなければいけない。仕舞寸法の長い竹ザオをあきらめ、小継ぎのカーボンザオを選び、釣りのズボンも乾きやすいジャージにした。

二刀流の道具立て

ハゼ釣りを始めた当初はサオ1本で楽しんでいたが、師匠に「どうせやるなら2本でやれ」と言われ、2本ザオで釣ることの楽しさを学んだ。はじめのうちは利き腕と逆の手でサオ操作を行なうことが難しかったが、今ではすっかり慣れた。

2本ザオで釣りをする文化は下町特有のものなのかは分からないが、先人たちが築いてきた文化だと思う。2本のサオを一人前に操れるようになると自ずと魚もより多く釣れる。思うようにサオを操れるようになった時は快感である。すぐにできるものではなく、回数を重ねて身体に覚え込ませる必要がある。コツはあわてないこと。最初のうちはひとつひとつの操作をゆっくり行なって、流れを覚えること。

サオは長いと操作が難しい。9尺か10尺が扱いやすくてよいだろう。調子も最初のうちは軟調子のほうがバラシも少なくおすすめだ。そして2本ザオでの必需品となるのが水箱に取り付けるサオ掛けである。私が愛用する水箱は30年ほど使用している。サオ掛けは最初からセットで販売されているわけではなく、それぞれが別ものだ。竹カゴはヤマベ用を使い、エサ箱付きの上蓋《ぶた》

釣行の足は折り畳み自転車。釣りの最中は放置自転車と間違われないように「釣行中」の札を垂らす

立ち込むことも多いオカッパリハゼ。清水さんはアユタビに履き替える

飴色に輝くハゼ。育ちきった9月下旬からが一番楽しい

オカッパリハゼの自転車釣行が楽しいのが袖ヶ浦駅～長浦駅の間という

は、竹カゴの寸法に合わせて職人に作ってもらった。サオ掛けはフナ釣りで使うステンレス製のものを使用している。竹カゴや上蓋を作る職人はまだいると思うが、ステンレス製のサオ掛けはもう作られていないだろう。老舗の釣具店に行けばどこかで手に入るかもしれない。

　私のハゼ釣り仕掛けは図（104頁）を参照してほしいが、ざっと上から列挙すればミチイトが1・5～2号で色は黄色や黄緑と見やすいカラーにする。ミャク釣りが基本でアユ釣り用の目印を付ける。蛍光色で軽い化繊目印である。ハリス止メはささめ「クロスラインスナップ」。ハリスは0・6号を6㎝くらい。ハリはささめの「キスリベロ」6～8号だ。

数を伸ばすコツ

　数を釣るためのコツは一連の動作をスムーズに行なうこと。仕掛けの振り込み→アワセ→取り込み→ハリ外し→エサ付け→再度の振り込み。このサイクルを2本の腕でどこまでできるかだ。もちろんエサ付けも重要だ。ハゼはエサを取るのが上手い。アオイソメの胴の柔らかい所をハリに1回刺しただけではエサだけ取られやすい。何回か縫い刺しをするとよく、私は頭の硬い所を好んで使う。敬遠するベテランも多いが、ひとつのエサで何回も使える。リスクはバレやすいことだが、経験を積めばバレにくいタイミングで合わせられるようになり、手返しも早くなる。

　ハリ外しにもコツがある。釣れたハゼを仰向けにして、両方のエラに親指と人差し指を入れる。するとハゼは口を開け、ハリの掛かり所が見やすくなる。残ったアオイソメがちぎれたり外れたりしないようにハリを外すことができる。こうしてエサ付けの回数を減らすことも手返しをよくするコツだ。

袖ヶ浦～木更津ハゼ釣り場の特徴

　昔と今とでは極端に釣り場の状況が変わった。アクアラインができるまでは金田海岸の各漁港のミオ筋で楽しめたが、今はほとんど釣れなくなった。また温暖化のせいか腐った藻類が増えて港を覆うようになり現在では浮戸川や蔵波川といった川筋や長浦方面の運河筋が主流になってきた。

　木更津方面には潮見運河があるが、一番下流の矢那川との合流付近などは堆積した土砂で川が埋まりそうになっている。いずれにしても状況はどこも悪くなっているが、探せばまだ釣れる場所はある。

　ハゼは潮の動きに乗って移動する。同じ釣り場でも潮の違いによって釣れたり、釣れなかったりする。釣り場の特徴をつかむことも大切だ。それには人からの情報を当てにせず、何度も足を運んで自分の見る目を信じること。

　置きザオにハゼが掛かった後で障害物に入られたという話を聞く。ハゼはエサを食べると障害物に逃げ込もうとする。ポイントはいろいろな障害物（牡蠣殻・桟橋の下・瓦礫《がれき》周り・海草の下）で、砂地の所ではちょっとした凹みなどである。

　太陽光の反射で水中の障害物や凹みが分かりづらいことがよくある。したがって偏光グラスが私の釣りの必需品のひとつになっている。また、私の仕掛けのミチイトが太いのは、根掛かりした時にハリスだけ切れて、ミチイトを助けるためだ。仕掛けを全交換するのは効率が悪い。ミチイトが太くてもハゼの食いっぷりは悪くならない。最後にどんな潮回りに出かけるか。自

〈清水さんの水箱〉

ヤマベビクにセットする発泡クーラーボックス。中にはペットボトル氷

ハゼを入れやすいように蓋の中心をエサ蓋の中心の穴に合わせてカットし、ひもを取り付けている

ヤマベビクの大きさに合わせて作ってもらったというエサ蓋

キモはビクに取り付けるサオ掛け。昔はフナ釣り用の水箱に取り付けるサオ掛けがよく売られていたそうだ

転車を担いで電車に乗るため、人出の少ない朝一番の始発電車利用が多く、釣り場に着くのが7時前くらいになる。夏場の潮は朝方に満潮を迎える潮が多い。目安として6〜8時に満潮になるような中潮や大潮を選んでの釣行が多くなる。潮の動きに合わせて自転車で移動をして釣りを楽しむ。

オカッパリのシーズンは7月から始まって10月までが目安。以降は船からの釣りが主流になる。もちろん12月まで釣れるが、自分の頭の中ではオカッパリと船との時期を分けて12月が終わるまで目一杯ハゼ釣りを楽しみたいと思っている。

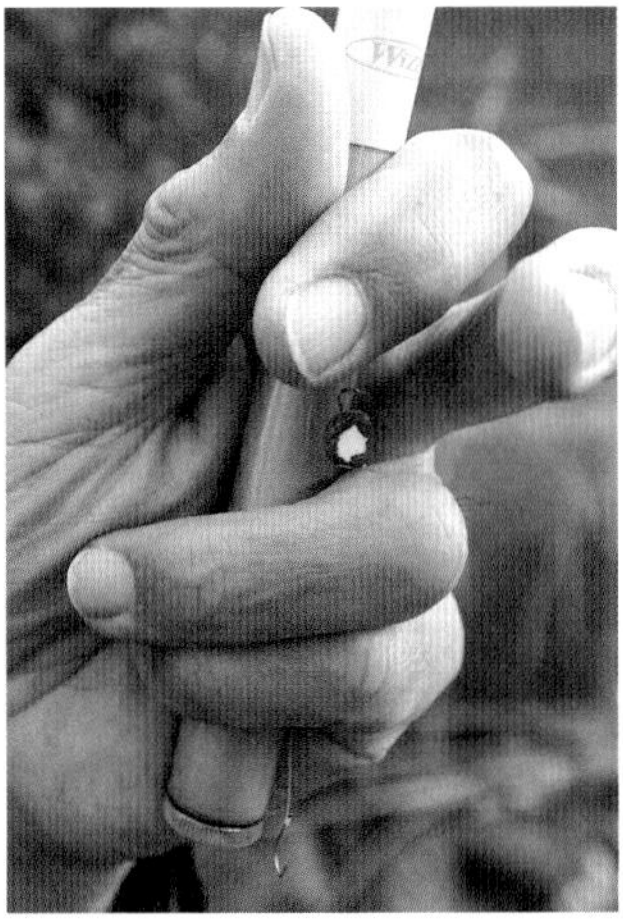

手尻はオモリがサオ尻から10cm程度の位置にくるように。手返しをよくするには手尻がとても重要なのだ

ハリス0.6号を5〜6cm取る。ハリは1回の釣行で20〜30本は使うという

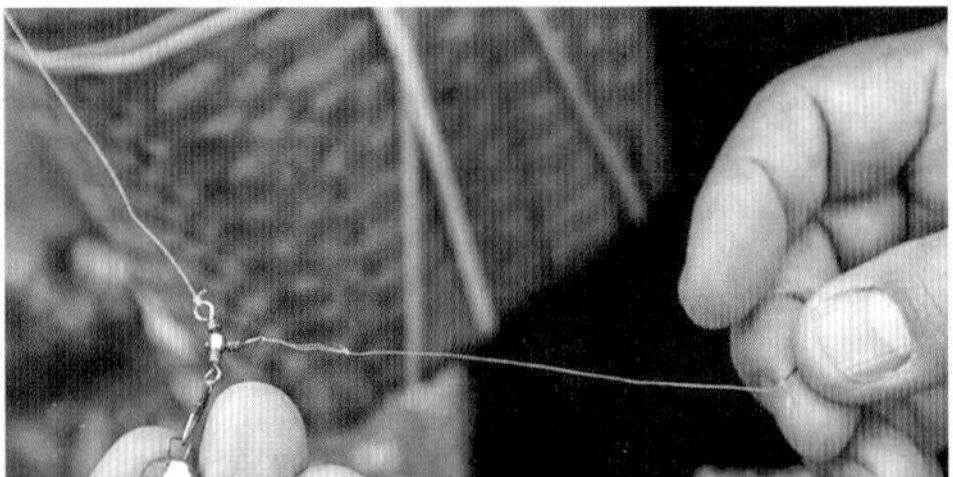

〈ハリの外し方〉

ハゼのエラを人差し指と中指で挟んで口をしっかりと開け、ハリの位置を確認してつまみ、なるべくエサがちぎれないように外す

夏ハゼは食い気満々でバレてもまた当たる。連続ヒットを楽しむ清水さん

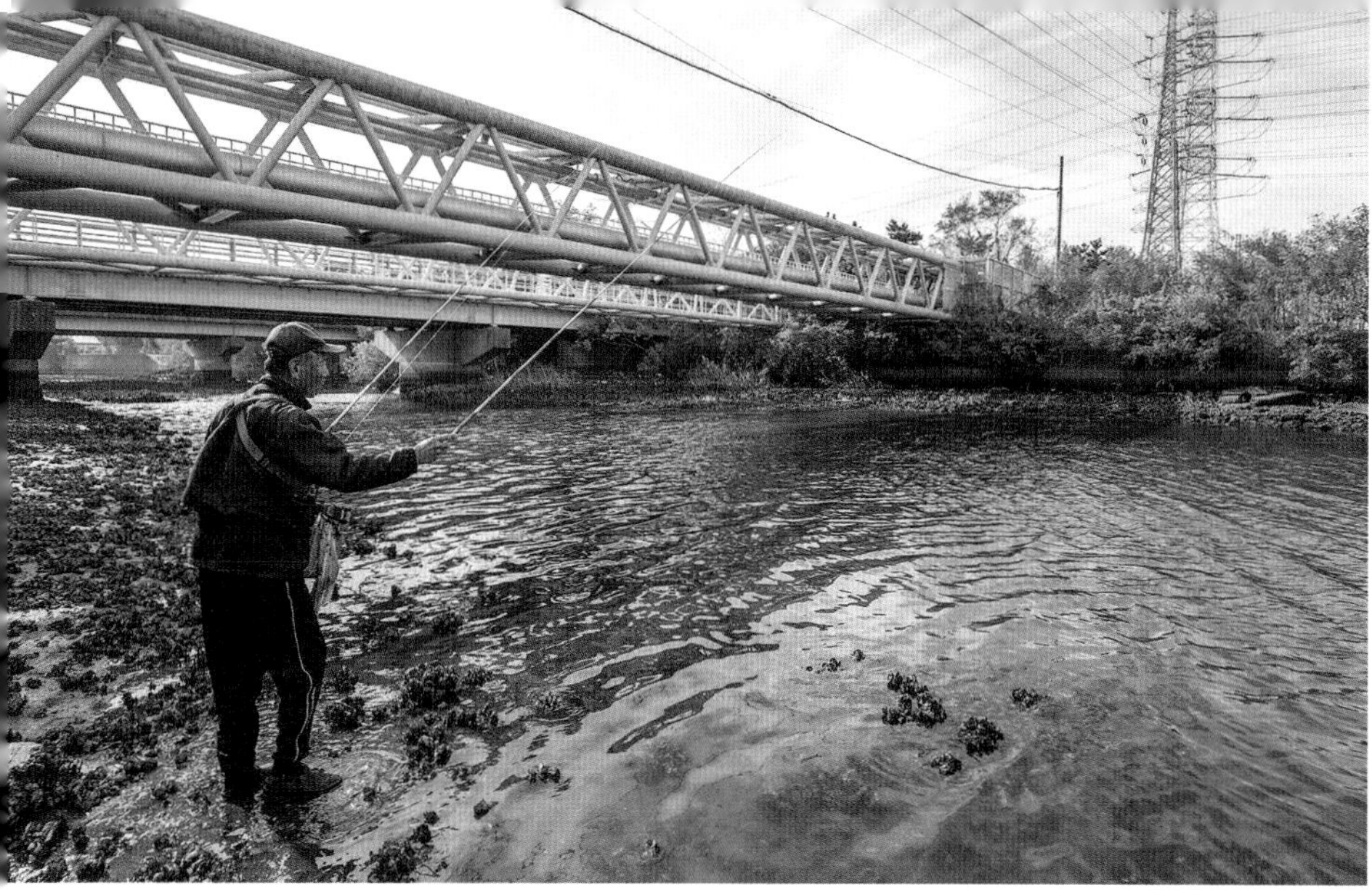

２本のサオを操るのは単純な操作のように見えて混乱する。ひとつひとつの所作を落ち着いて行なうことが肝心

「ハゼの好む水深は50cm以下です。１尾釣れた場所で必ず2、3尾は掛かります」と清水さん。この日は牡蠣殻とカケアガリの絡む浅場で好反応だった

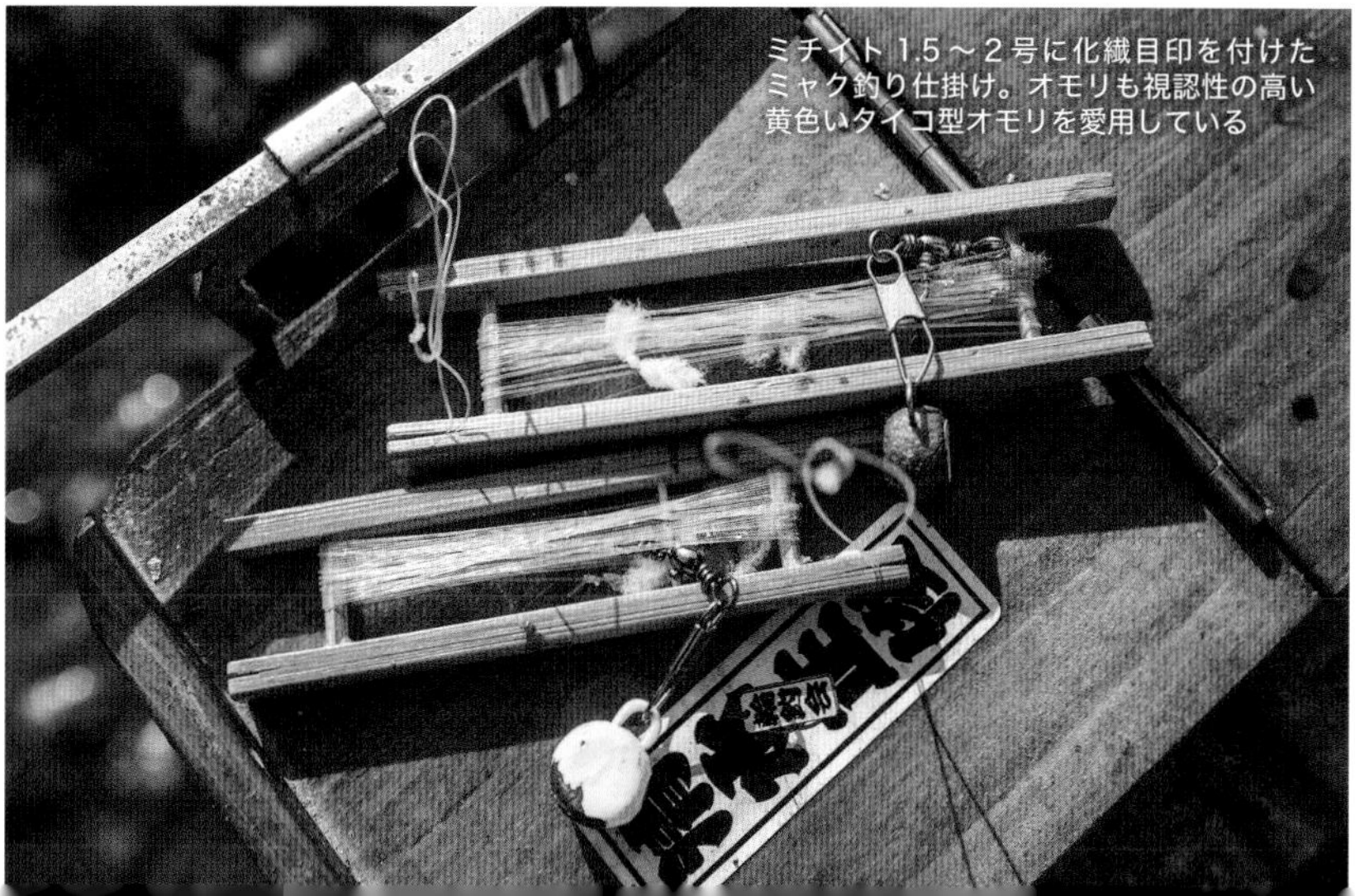

ミチイト1.5～２号に化繊目印を付けたミャク釣り仕掛け。オモリも視認性の高い黄色いタイコ型オモリを愛用している

エサのアオイソメは２パック用意する

清水正俊さんの仕掛け

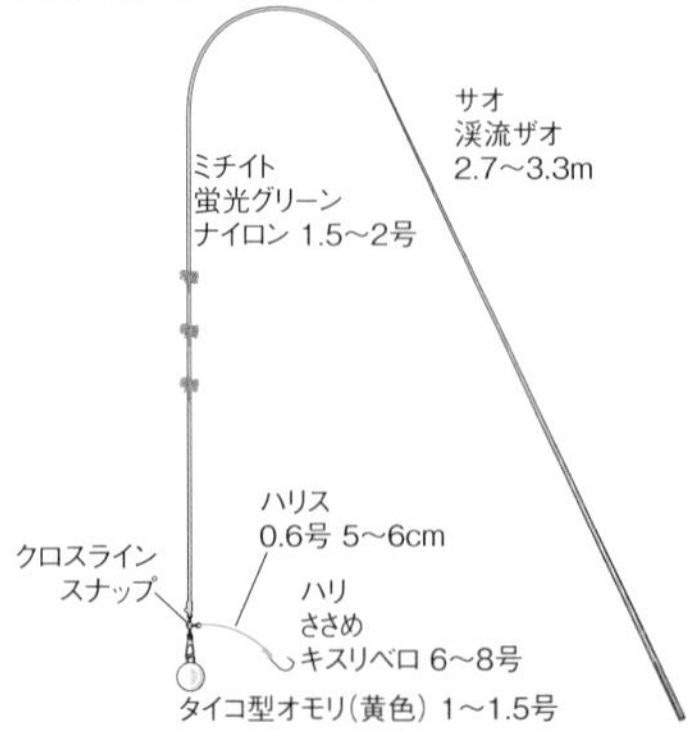

〈エサ付けの基本〉

①エサは２パック用意。清水さんはアオイソメの頭部を好んで使う。口から差し入れたハリを皮一枚くらいで抜いて……

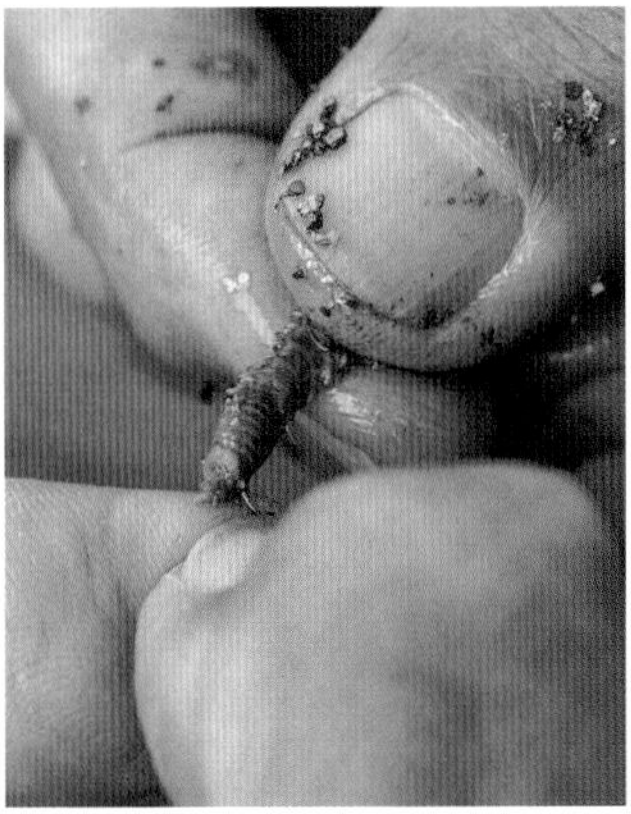

②軽く身をひねって縫い刺しにするいで抜いて……

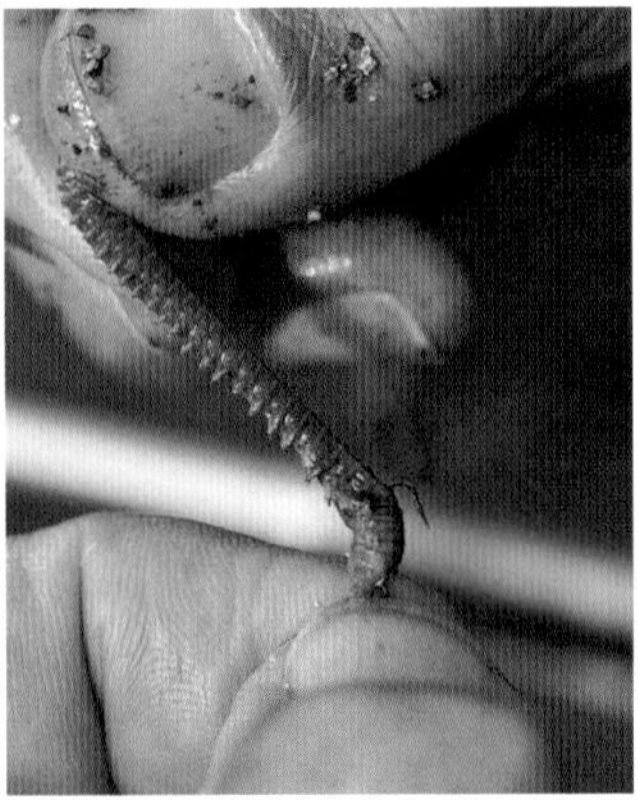

③２㎝ほどタラシを残して……

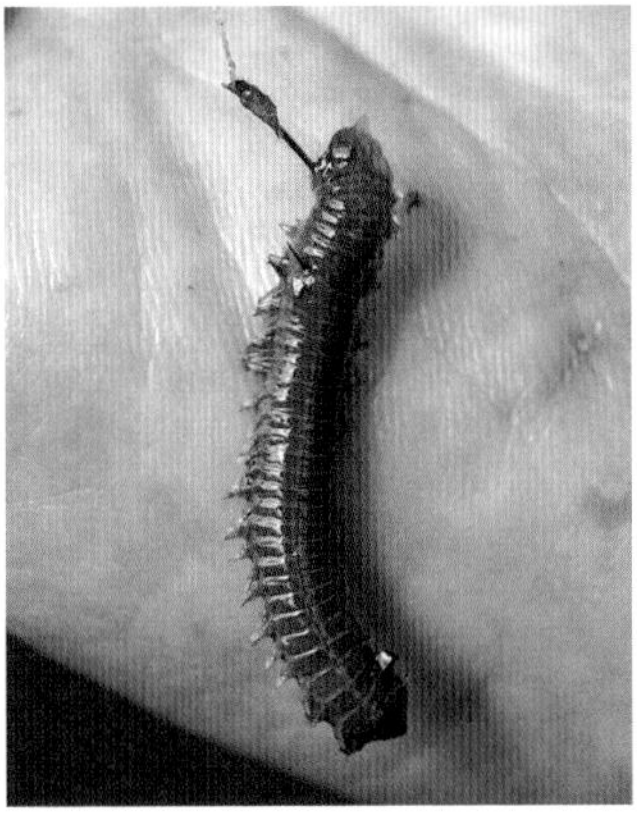

④カットする

4.5 mを中心に 3.3 m、6.1 m、7.5 mといった各種渓流ザオの中からマッチする１本を探してみるといいだろう

自分に合ったハゼザオを見つければオカッパリのハゼ釣りはもっとロングランで楽しめる

振り出しの小ものザオを小気味よく曲げて楽しませてくれた夏ハゼたち。しかし、水温の低下とともにハゼたちは岸近くの浅場を離れて深みへ落ちていく。ここからはリールを使ったチョイ投げか、それともボートや船釣りか。いや、もうひとつの選択肢として長めのノベザオがある。

ハゼ暦にサオの長さを合わせる

オカッパリのハゼ釣りは初夏に始まり、長ければ12月下旬まで楽しむことができる。例年、「デキハゼ」と呼ばれる5㎝前後の小さなハゼが6～7月に釣れ盛る。しかしまだ小さく、釣期として走りの時期だが、旺盛な食欲でひと潮ごとに大きく成長し、8月に入れば「夏ハゼ」釣りが本格化。10㎝ほどに成長すると空揚げなどで美味しくいただけるようになり、9月後半まで浅場の足もと付近で釣れることから、ミャク釣りにしてもウキ釣りにしても3ｍほどのノベザオを使った釣りが手軽かつアタリや引きも存分に味わえる。

そんなハゼ暦におけるひとつの区切りとして彼岸がある。秋分の日（例年9月23日前後）を過ぎる頃になると、それまで釣れ盛った膝下の浅い砂地よりも、一段深くなったカケアガリの先で10～13㎝の「彼岸ハゼ」が釣れるようになり、往年のハゼ釣りファンはこのタイミングでハゼ釣りを開始する人も多い。ボート釣りや乗合船でもよく釣れるようになると同時に、オカッパリではそれまで活躍した3ｍクラスのノベザオでは仕掛けが届かなくなるところが増えてくる。釣り座となる護岸の足場の高さにもよるが、3・9～4・5ｍクラスがあ

川幅の狭い典型的な釣り場のひとつである中央区の佃堀でも、秋になるとミオ筋の深みにハゼが落ちていく

サオは長すぎると持ち重りする。佃堀は夏場は3mクラスで充分だが、秋以降は少しやりにくくなるので4.5mのノベザオがあるとやりやすい

江東区の小名木川。扇橋閘門の外側は冬場のミオ筋ねらいで長ザオが活躍する

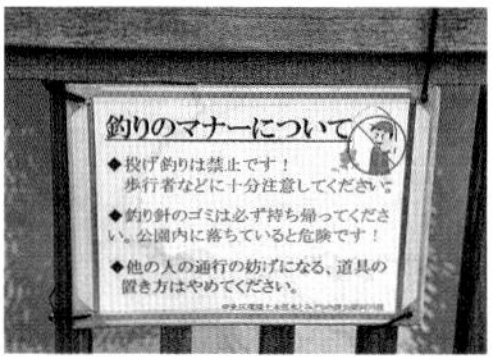

かつてはチョイ投げ釣りの名所だったところもこうした看板が増えている。時代に合わせて道具立ても変えていく必要があるようだ

ると対応できる釣り場が増える。

そして10月下旬から「落ちハゼ」シーズン。季節が進んで水温が低下すると、ハゼたちはさらなる深場に落ちていく。海に近い大河川の河口部では15㎝を超す天ぷらサイズも釣れるようになり、釣りごたえも食べ応えも増すが、いよいよノベザオでは届きにくくなることから、釣り方はチョイ投げスタイルにシフトしていくのが通例だが、最近は釣り場に「投げ釣り禁止」の看板が増えているのも事実。そこで試してみたいのが長めのノベザオだ。実際、ノベザオのほうが楽しい、ノベザオのほうが手返しがいいという理由から、極力ノベザオで釣りたいファンも多く、ここ数年は深みに落ちたハゼもサオを長くすることでミャク釣りを楽しんでいる人も増えている。

特に、そこまで川幅が広くない運河筋ではハゼたちが本流に出てしまう12月中旬くらいまで、運河によっては12月末まで大型の数釣りが楽しめる。師走に釣れる18㎝前後の大型ハゼは「ケタハゼ」と呼ばれ、アワセを入れたのち底から引きはがす際の重みはマックス級であり、これをノベザオで味わうことができれば病みつきになること間違いなしだ。

深みに落ちても ヨコの釣りが可能に

ハゼ暦に応じてハゼが深みに落ちていくのは間違いないが、釣り場によって深みが10mのところもあれば3mのところもあるので、まず自分の通う釣り場ではどんなサオが必要かを知っておきたい。ハゼ釣りにマッチするノベザオは4m、5m、6m、7mといった振り出しの渓流ザオのこと

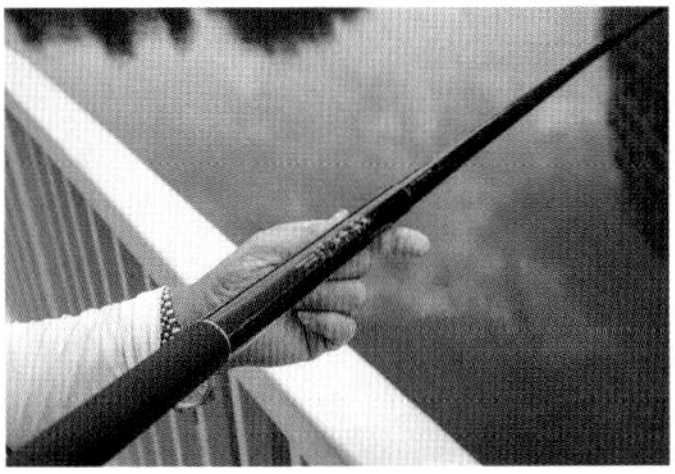

7ｍクラスならミオ筋を真上から探れるだけでなく、対岸に振り込んで浅場から深場、また浅場と念入りに探れる。片手で持つのではなく両手を使って構えるとサオ先がブレない

黎明橋公園周辺は6ｍザオを使って楽しむ人が多い

小名木川のクローバー橋付近ではシーズンを通じて3.3ｍクラスで釣りになる

秋には乗合船や仕立の天ぷら船も集まるのが中央区の朝潮運河。晴海通りに架かる黎明橋下流左岸側の黎明橋公園から下流の朝潮運河親水公園は有望な落ちハゼエリアで、年々遊歩道が拡張されている

で、中でも硬調子のものが感度もよくミャク釣りに向いている。シモリウキ仕掛けの場合はそこまで硬いサオでなくてもよいが、いずれにしても軽くて感度のいいものほど使いやすく、通常は6ｍまでを用意すれば多くの運河で対応可能だ。

6ｍザオなら都内の運河のミオ筋でも底が取れるほか、そこまで水深が深くない運河では沖に仕掛けを振り込むことで対岸のカケアガリ、ミオ筋の深み、手前のカケアガリというように川幅を広く探ることも可能になる。

6ｍクラスになると3〜4ｍのサオと比べて重くなり、穂先もブレやすくなることから、片手持ちはせず、利き腕の手でサオ尻を握り、もう片方の手はサオ下から支え

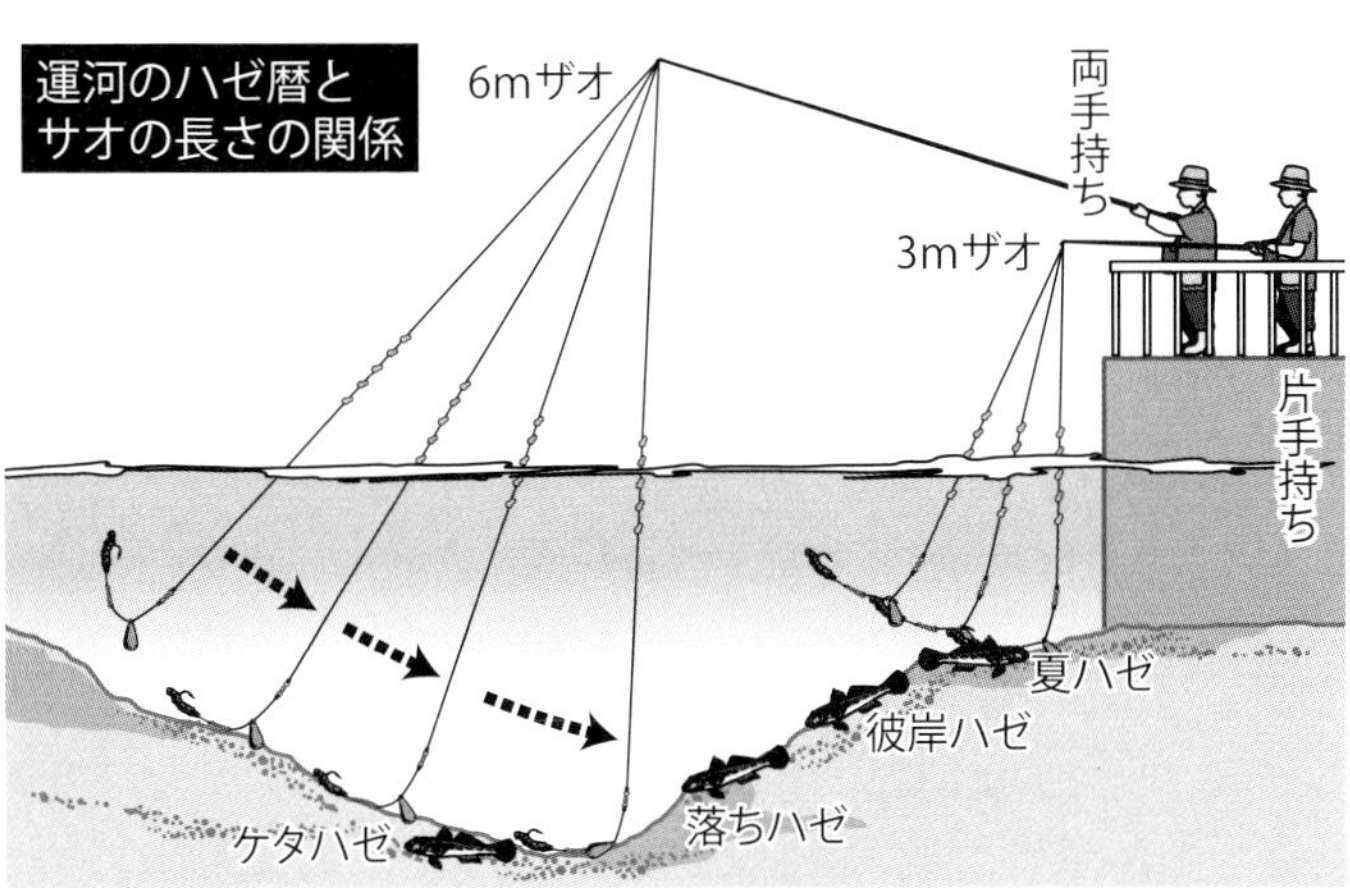

こちらのお二方は6mザオを使ったシモリウキ仕掛けでミオ筋からハゼを連発していた

0.5号以下のPEラインに5～6個目印を付けると手感度と目感度が向上する

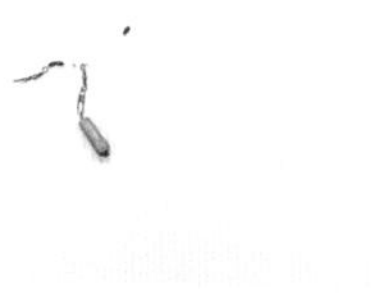

仕掛図と同じ仕掛け。遊動仕掛けなので着底させてたるませたときにハゼが食い込みやすく、そのアタリも明確に出やすい。ハリスから切れるようにしておくことが重要

千葉県市原市の八幡運河は基本的に浅く、3.9mはちょうどいい長さ

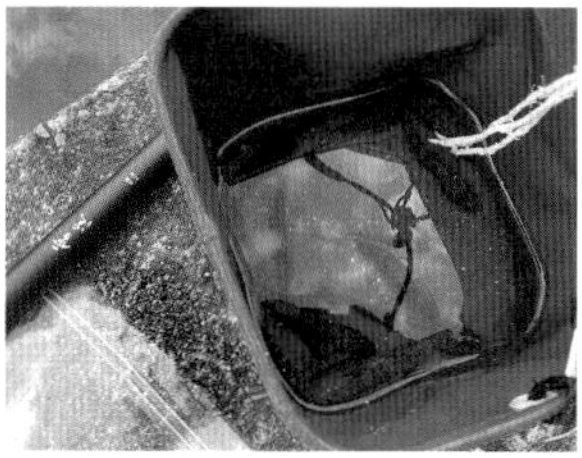

八幡運河で6mザオを使うとミオ筋の先まで仕掛けを振り込めるため探り釣りが非常にしやすくなる

るようにすると疲れにくくブレにくい。

ミチイトは3m程度ならナイロンやフロロカーボンでもよいが、5m以上はPEがよく、0・3～0・5号の細号数のほうが水切りもよい。PEラインを使えば、6mザオでも3mザオとそん色ない明瞭《めいりょう》なアタリが手もとまで伝わる。さらに、アユや渓流釣りで使用する化繊目印をセットしておけば、たるませたイトが横走りしたり、引き込まれるといったアタリが手もとに伝わるよりも先に出る。目印の編み込み部分はアユや渓流の場合は上にあったほうが水の抵抗を受けづらいが、ミャク釣りの場合は下にあったほうが抵抗なく軽い仕掛けが沈んでいく。

PEのミチイト部分をサオいっぱいにして、その下のオモリ周辺は事前に用意しておけば3m仕掛けでも6m仕掛けでも共用で使うことが可能だ。

大事なのは仕掛けが根掛かりした際に、ハリに近い部分から切れてくれる仕掛けを作ることだ。

師走の隅田川・両国橋付近から6mのノベザオでミャク釣り。意外と岸寄りの水深は浅く、ハゼは岸近くにも多い

PE0・3号の直線強度は概《おおむ》ね6ポンド前後、つまり2・5〜3㎏。対して遊動オモリをセットする先イトはフロロカーボン1・5号も6ポンドなので直線強度が拮抗してしまうため、PE0・5号なら先イトは1・5号以下、PE0・3号なら先イトは1・2号以下がいい。いずれにしてもハリスは必ず先イトよりも細くしておくと高切れしにくい。

通常ハゼのミャク釣りではオモリは1号程度までを多用するが、深さもあって流れもある釣り場では1・5〜3号の用意もあると安心だ。

11〜12月になれば、運河のミオ筋に多くのハゼが集まってくる。こうした深みに向かって仕掛けを振り込んで探り釣りをしやすいのは7m台の本流ザオであるが、そこまで深みがない釣り場や明確なミオ筋がなく足もとでもアタリがあるような6mの硬調子の渓流ザオのほうが軽くてアタリも取りやすい。

おそらく5m以上の振り出しのノベザオでハゼ用というものは存在しない。渓流、本流、あるいは対象を限定しないゲームロッドなどから、持ち重りしにくく、感度がよくて、ハゼのアタリや引きを存分に味わえる、自分だけのハゼザオを見つけて深場に落ちたハゼとの会話を楽しんでみるといいだろう。

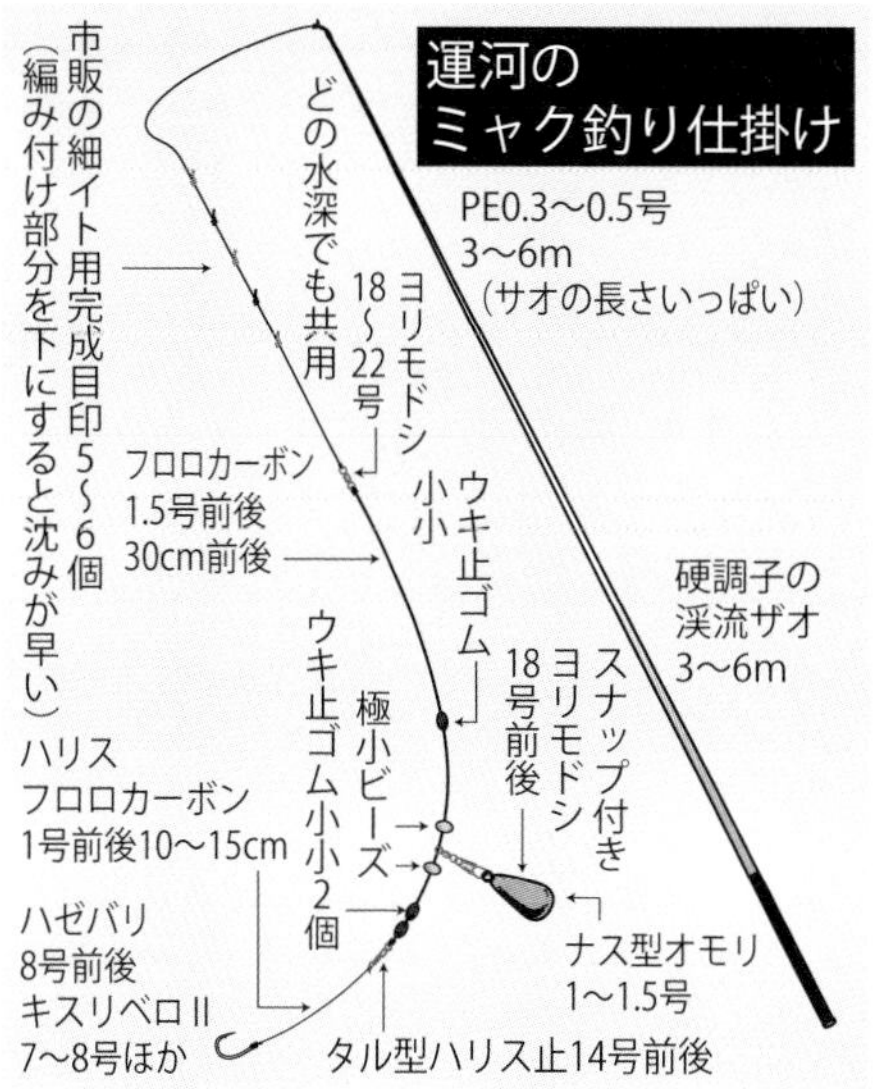

釣りが楽しめる水辺が増えている都会の運河筋。ちょうどいい長さ、調子のハゼザオを見つけてシーズンを目いっぱい楽しみたい

１月上旬、都内にも雪が積もった晩であってもハゼの食いはむしろ活発だった

ピークは1～2月!?

真冬の夜、下町運河で良型の江戸前ハゼを釣る愉しみ

真冬の厳寒期に大型のハゼが釣れる。しかも夜に――。以前ならハゼ釣りファンであるほど信じなかった出来事だがここ10年ほどでもはやそれは新たな常識になり年明け以降の下町の夜の風物詩にすらなっている。

人気上昇中の冬の夜遊び

本書でも何度か取り上げている言葉に「ハゼ暦」というものがあり、また、都内の運河などではそのハゼ暦に変化が起きていることも随所で触れている。

それを強く実感できるのが、年明けの下町運河での夜釣りであろう。以前からごく一部のマニアが夜な夜な楽しんでいたようだが、常に往来の激しい都内の遊歩道とあって多くの人たちの目に留まりやすく、あれよあれよという間に冬の夜ハゼ釣りファンが急増。周辺の大型釣具量販店の活きエサコーナーのアオイソメは年が明けると一気に需要が減っていたというが、ここ数年は切らすことができない人気商品になっているという。

下町の夜ハゼ釣りにハマって西東京から通っているというファンは言う。

「もともと夏から秋によく通っていた釣り場で、例年11月も半ばを過ぎるとしだいに釣れなくなるので道具を仕舞っていたんです。でも、SNSなどで12月後半になってもよく釣っている人がいて、しかも夜に釣っている。そんなことってあるの？と眉に唾《つば》して向かったところ、サイズにして15cm前後、時には20cm近い大型のハゼがノベザオのオカッパリで日没から釣れたから

足もとはシャーベット状の雪とあって防寒ブーツが必要な強烈な寒さだったが、夜の帳（とばり）が落ちるとアタリが訪れるのだ

88 頁で 398 さんが書かれている奇跡の水路の多くは真冬の夜に良型ハゼが釣れている。そうした釣り場は一部に限らず条件を満たせば春先まで釣れ続くようだ

びっくりしました。都内なんで公共交通機関で通えることから、以来、冬になると夜遊びを楽しんでいます」

人工河川で芽生えた新たな営み

見上げれば東京スカイツリー。下町の風景は昔ながらの面影を残しつつ、最先端の流行が融合した魅力ある独自の地域となっている。そうした下町の街並みをつないでいるのが運河だ。

夜ハゼ釣りの人気釣り場のひとつである小名木川は、江戸時代初期に江戸に塩や米などの生活物資を届けるために造られた隅田川と旧中川を結ぶ人工河川。しかも水はつながっていても閘門の内と外では水位が異なることから魚の往来は制限される。

そんな人工河川であっても魚は多く存在し、そこに独自の自然が形成されている。

冬の夜釣りのメッカ・小名木川。水深が浅くハゼも岸寄りにいることから釣りやすい

夜の釣りなのでヘッドライトは必需品。多くのベテランアングラーはライトを点灯したまま水面の目印を照らして釣っている

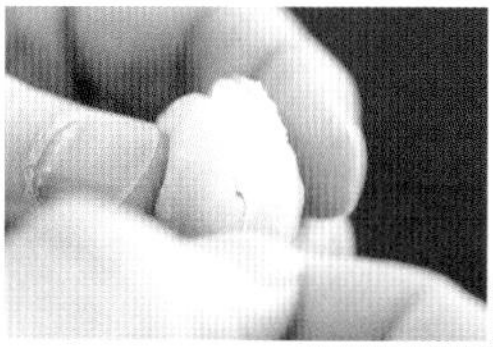

エサはホタテとアオイソメを併用する人が多い

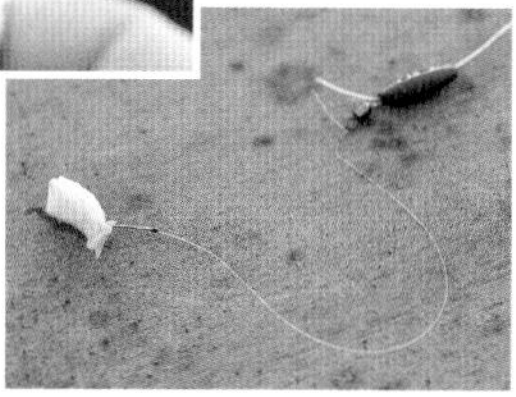

オモリ１個分だけ浮かせてサオの直下をねらうタテの釣りの仕掛け

ハゼでいえば昼間の明るい時間は11月まではよく釣れるが、11月中旬以降はアタリが減り、ハゼ釣り愛好家たちの姿も減っていく。

ところが、12月後半になると状況はまた一変する。夕方16時半になると街中のスピーカーを通じて「夕方のチャイム」が流れる。このチャイムを合図に、それまでの沈黙が嘘《うそ》のようにアタリが連発し、大型のハゼがサオを絞る。いわば「夕方のチャイム」はハゼ釣り開始のゴングなのだ。

前出の釣り人も「この時期のハゼは川から海側の深場に落ちて、深く掘った巣穴で産卵しているから口を使わないと思っていたんですが、どうもそうした従来のハゼとは行動パターンが違うようなんです。でも、なぜ日没後から釣れだすのかも不思議でなりません」と語る。

感度のよいサオでモタレを察知

足場のよい遊歩道には安全柵が張り巡らされている。岸周辺の水深はだいたい3・5mほどのところが多く、サオ下から足もと付近で当たることから、使用するサオは

アベレージサイズもすこぶるよい

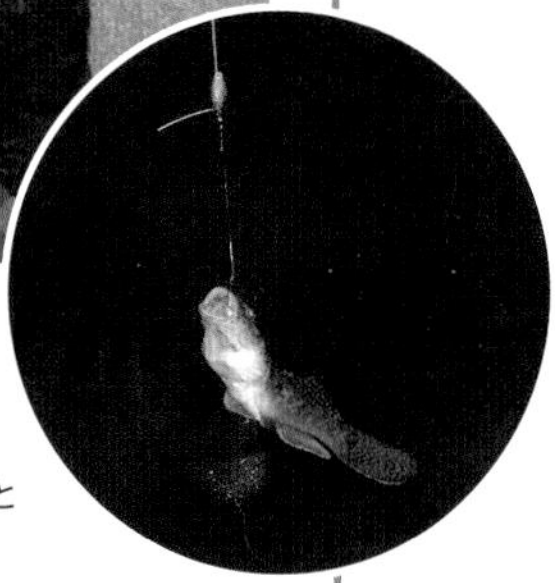

アワセが決まるとずっしりと重い手ごたえ。暗い川面にゆらっと魚が見えたときはときめいてしまう

本来のハゼ暦であればとっくに納竿している１～３月に元気なハゼが釣れることからついつい通ってしまう

岸からのノベザオのミャク釣りでこのサイズが釣れるのだからたまらない

3～3・9mのノベザオを使う人が多いが、沖まで仕掛けを振り込んで広く探りたい人は4m以上でもいいだろう。
　釣り方は真下に落としてもいいし、沖に振ってから手前に探ってもよいが、アタリは特別に不明瞭というわけではないが、真冬の夜のやや深場とあって「ブルブルっ」という分かりやすいアタリはほとんどない。わずかに重みが増す程度だから、感度のよい先調子のサオがいいだろう。
またアタリが出る時間帯も16時半から19時くらいまでとごく短時間な場合が多いので、この3時間弱は特に集中してトラブルなく手返しよく釣りたい。ハゼは群れでいることが多いので、1尾釣れたらしばらくそのポイントを集中的に探るとよい。
　最後に。とにもかくにも厳寒期の夜の釣りなので、頭のてっぺんから足の爪先まで、肌が露出する部分を極力なくした最強の防寒スタイルで東京下町ならではの夜釣りに臨んでいただきたい。

日没からの3時間がピークになることが多く、ここでツ抜けすることをひとつの目標にしているが、もっと夜が更けてから食いが立つこともある

この時期に釣りたての新鮮なハゼの天ぷらが味わえるのだから驚いてしまう

「食いがいい」「コンビニで買える」「常温で保存できる」などなど
▽▽▽▽▽▽**さまざまなメリットを比較検討！**△△△△△△

【ハゼ釣りのエサ図鑑】

ハゼ釣りの付けエサといえば、アオイソメやゴカイなどの虫エサが定番だった。それがここ数年、近所のマーケットで手軽に買い求められるホタテやむきエビといった冷蔵冷凍の海産食品をエサにして、オカッパリのハゼ釣りを楽しむファンが増えてきた。この項では虫エサと海産食品エサに分け、付け方や長所短所などの特徴を織り交ぜた「近年のハゼエサ図鑑」に触れてみよう。

【虫エサ編】

「アオイソメ」

オカッパリから船釣りまで、オールマイティに使われるハゼ釣り用虫エサの筆頭がアオイソメ。大手の釣り具チェーン店には常備されているから最も購入しやすく、ハゼの食いも良好だ。

アオイソメの形状は太く長く、1匹のチョン掛けにするとエサを取られるばかりでハリ掛かりしにくい。アオイソメはもちろんのこと他の虫エサや海産食品エサも、ハゼの就餌や時期、釣り方によって付け方を創意工夫することが肝心だ。

●アオイソメのハリの刺し方

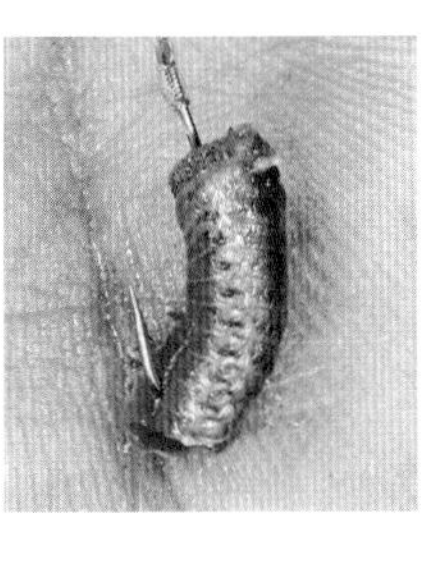

全長10㎝に満たない梅雨明けから盛夏にかけてのデキハゼは頭付きでタラシなしの通し刺しが基本。1回のハリ付けで何尾も連釣するのがデキハゼの数釣りのコツ

デキハゼの活性が高く入れ食いになった時は頭のチョン掛けで全長1～1.5㎝と短く

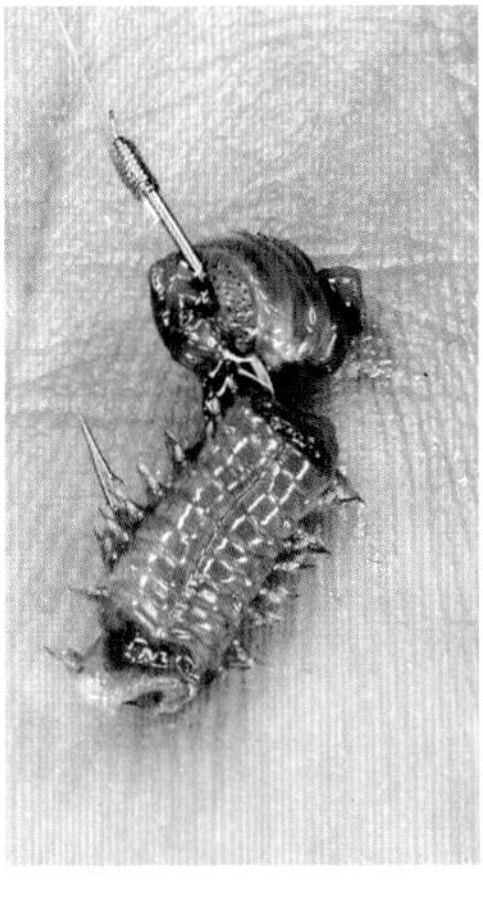

同じエサで何尾も釣ってハリに頭だけ残ったら、短く切った胴体を付け足すとよい

反対に小型のデキハゼでも食い渋った時には頭を省いて、軟らかい胴体を通し刺しにし、タラシはほんのわずか。切り取った頭は捨てずにエサ箱の隅に残しておくと後々の入れ食いを演じる時に重宝するはず

秋の彼岸ハゼから落ちハゼの時期に入るとハゼの型も大きくなり、学習した賢いハゼは美味しそうなエサを選ぶようになる。頭付き、頭なしとも通し刺しにし、タラシは２㎝から３㎝と徐々に長くして就餌具合を確かめる

投げ釣りや船釣りの好機を迎える10月中旬以降の落ちハゼ、さらに師走12月のケタハゼ釣りシーズンを迎えると、一段とエサの選り好みが激しくなる。頭や胴体のチョン掛けを軸にして軟らかい胴体を多用することが大切。軟らかい胴体は長めに切ってエサの真ん中を刺すワッキー掛け（バス釣り用語）がベスト

食いが渋くなればなるほどボリューム感を増すように、アオイソメのワッキー掛けで２～３本追い刺しする。小突き誘いを掛けると、パラパラとランダムに踊って効果的だ

「ジャリメ」

アオイソメと同じ海産のジャリメはどちらかというと、シロギスねらいの投げ釣りに好まれる。アオイソメに比べて小ぶりで細く硬めの虫エサなので、落ちハゼとケタハゼの投げ釣りに使うとチョン掛けでもちぎれにくくエサ持ちもよいが、購入価格は高め。

●ジャリメのハリの刺し方

硬い頭を千切り取り、通し刺しにしてタラシ1～1・5㎝が基本

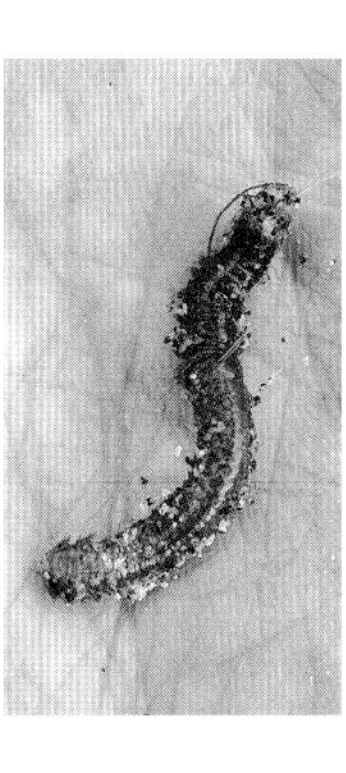

良型の落ちハゼ、ケタハゼには通し刺しにして1～２匹掛けでもよい

「ゴカイ」

古くはハゼ釣りエサの代名詞だったゴカイだが、ひと昔前に釣具店からほぼ姿を消した。アオイソメと比べると保存は難しい

軟らかい虫エサで抜群に食いがよく、ハゼ釣りに出かけた際、干潮時に釣り場の砂泥底を掘り起こしてゴカイを採っている人もいる。春のシーバスの大好物であるバチはゴカイの仲間のことを指す

「キヂ」

釣り人の間でキヂと呼ばれるシマミミズは、フナ釣りなど淡水用の虫エサとして知られている。汽水域のハゼ釣りにも使えるが、千切ると体液が臭いのが欠点か。ハリへの付け方はジャリメなどと同様。

【海産食品エサ編】

スーパーマーケットやコンビニでも購入可能な海産食品エサのフルコース6品！左上段から鶏のササミ、ベビーホタテ、ヤリイカの刺し身、右上段から釜揚げサクラエビ、むきエビ、シラス。どれもこれも購入価格は虫エサに比べてはるかに安く、小袋やラップフィルムに小分けにして冷凍保存しておくと、短時間の暇《ひま》を見つけて即座に釣行できるのが最大のメリットだ。

「釜揚げサクラエビ」

頭と尾羽根を切り取って通し刺し。さらに尾羽根のサヤも切って胴体を通し刺しにすると小さくまとまる。千切った頭のチョン掛けも。

「シラス」

ぼそっとした身は通し刺しが難しく、1尾のチョン掛けか半分に千切って2つ掛けにするが、6品のうちでは最もエサ付けしにくくエサ落ちしやすいのが欠点。

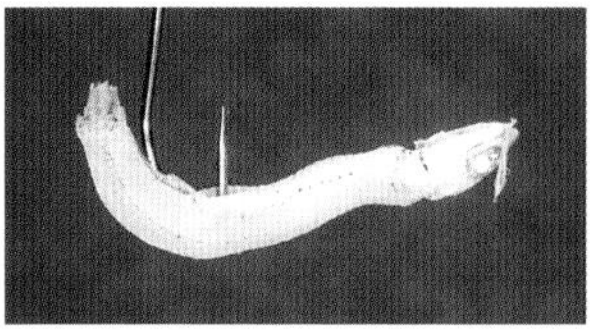

「ベビーホタテ」

ナンバーワンのグルメエサ。大手釣りエサメーカーからはハゼ釣り専用の常温で保存できるホタテ貝柱も発売されていて人気だ。

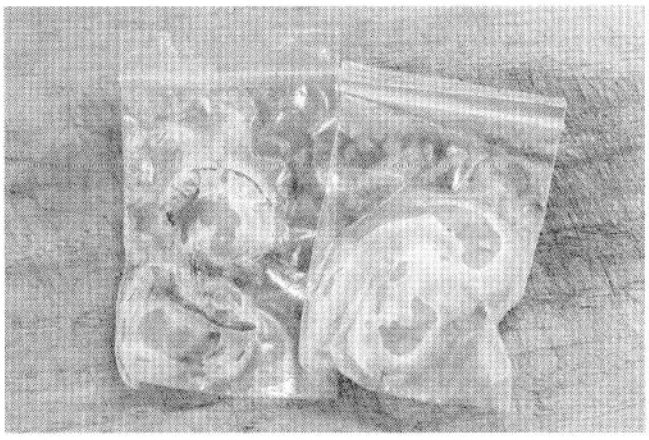

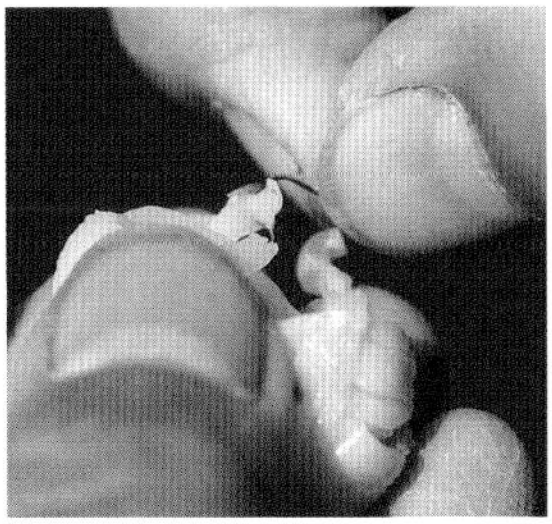

一般食品用に市販されているベビーホタテはヒモと内臓、エラを取り除いて貝柱に剥き取り、2分の1から3分の1にカットした身を指先でつまんでハリ先で引っ掛けるように付ける

付け方その1は繊維質の身を垂直に引っ掛け、小片をハリのフトコロで保持するようにする

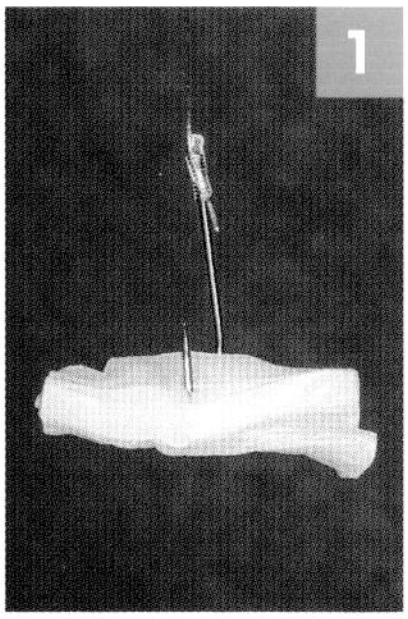

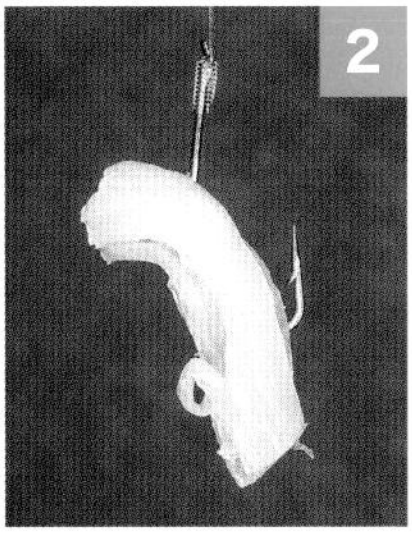

付け方その2は繊維質の身を縦に絡めるように数回縫い刺しする。どちらもハリ付けした後、指先で触れてエサの形を整えるとよい

「ヤリイカの刺し身」

6品の中では一番エサ持ちがよくハリに付けやすい。身の小片はタラシなしか5㎜程度の通し刺しが基本。なお、ヤリイカの刺し身、むきエビ、鶏のササミの

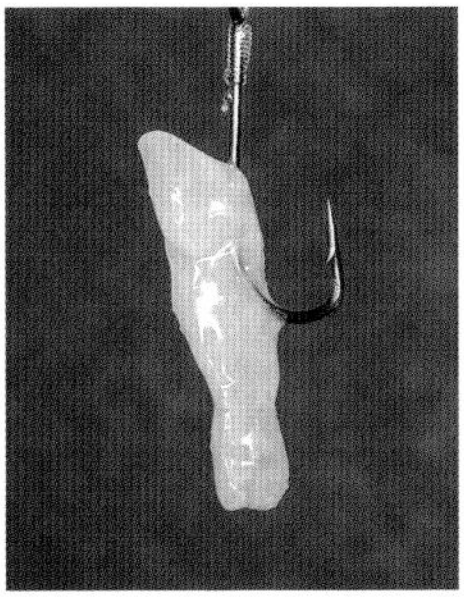

3種類は自宅で適当な大きさの小片に刻んでおいたほうが扱いやすい。

「むきエビ」

程よい弾力がある身はエサ付けしやすい。事前に粗みじん切りにした身を通し刺しにする。

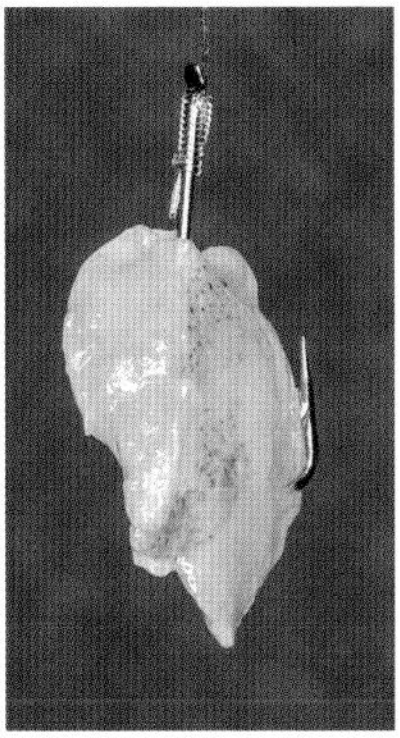

「鶏のササミ」

むきエビの身に似ている質感だが、通し刺しにしても繊維質が少ないため、エサ持ちは意外と悪い。

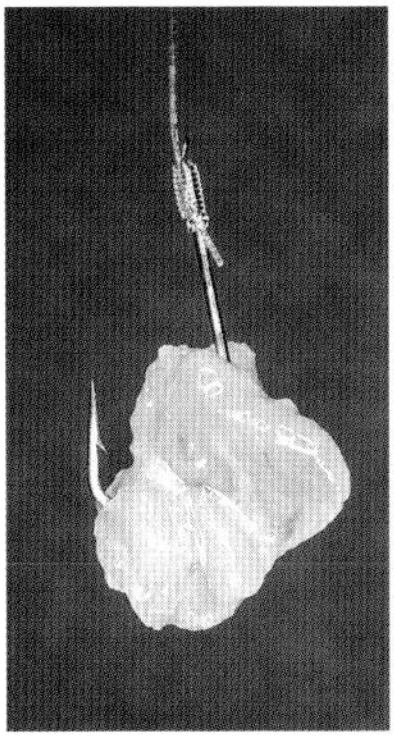

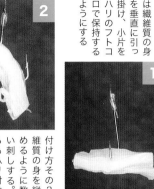

ハリを使わない「数珠釣り」

「数珠釣り」（「じゅずっこ釣り」、「じゅずこ釣り」）は、仕掛けに釣りバリを用いない独特な釣りだ。数珠釣り継承の勉強会で実際に体験したという丸洋丸船長・宮田隆洋さんにご解説いただいた。

◎写真・文　道下　裕

仙台では雑煮の出汁に使われる「ハゼの焼干し」（写真は骨酒）。数珠釣りは、これを専門にねらう漁師（漁業者）によって生み出された技なのだという

——数珠釣りはどのように発生したのですか。

宮田　仙台にはハゼの焼干しで出汁をとる文化がありますが、もともとはハゼ漁を生業とする漁師（漁業者）の間で生まれたといわれています。地域的には漁が盛んだった松島湾、それと万石浦、長面浦ですね。

——釣りを具体的にイメージすると？

宮田　本来は片方の手に二本の手バネザオを握り、もう片方の手で船の櫓を漕ぐというスタイル（仕掛図参照）。二股の握りに2本のサオを差し込み片手で同時に操作します。サオの長さは1・8～2・1mぐらい。水深に合わせてイト巻き（手バネ）で仕掛け長さを調整。キャスティングではないので、手尻は振り込める程度に抑えます。

数珠釣りはアマモの中をダイレクトにねらうために生まれた

丸洋丸（塩竈市・新浜港）

●予約・問合せ先：
☎022-365-5254
湯煙丸（宮田船長の温泉好きを反映した個性的なネーミング）と、定員16名の主船・丸洋丸で季節の釣りものをご案内。リクエストがあれば松島湾のハゼ釣り、数珠釣りも案内したいという

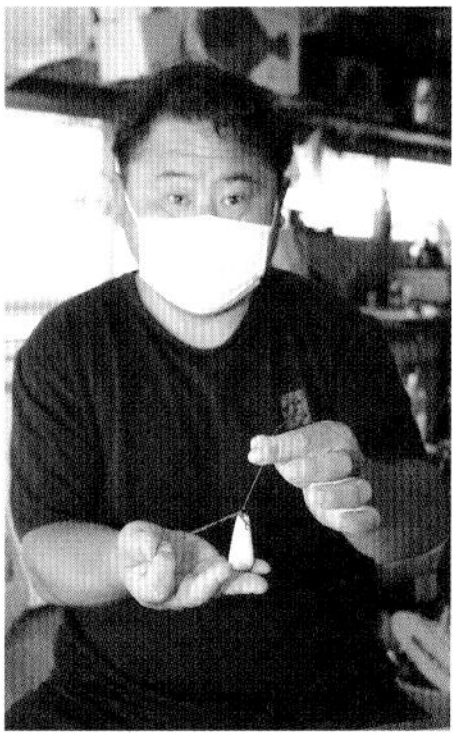

丸洋丸船長・宮田隆洋さん。豊富な釣りの知見と理論を頼り、数珠釣りのレクチャーをお願いした

――アタリがあったら？

宮田　写真（左下）の状態から、そのまま一気にアタリが出たサオを上にしてイトを緩めないようにして手前に寄せ、最後はイトを手繰って獲物を取り込むんです。

――ハリがなくても外れませんか？

宮田　キモは「イトを緩めない」こと。取り込むまでの間に動きが止まったり、イトが緩めばそこでエサを離してしまいます。

――エサを飲ませたり、支え棒のようになって外れないわけではないんですね。

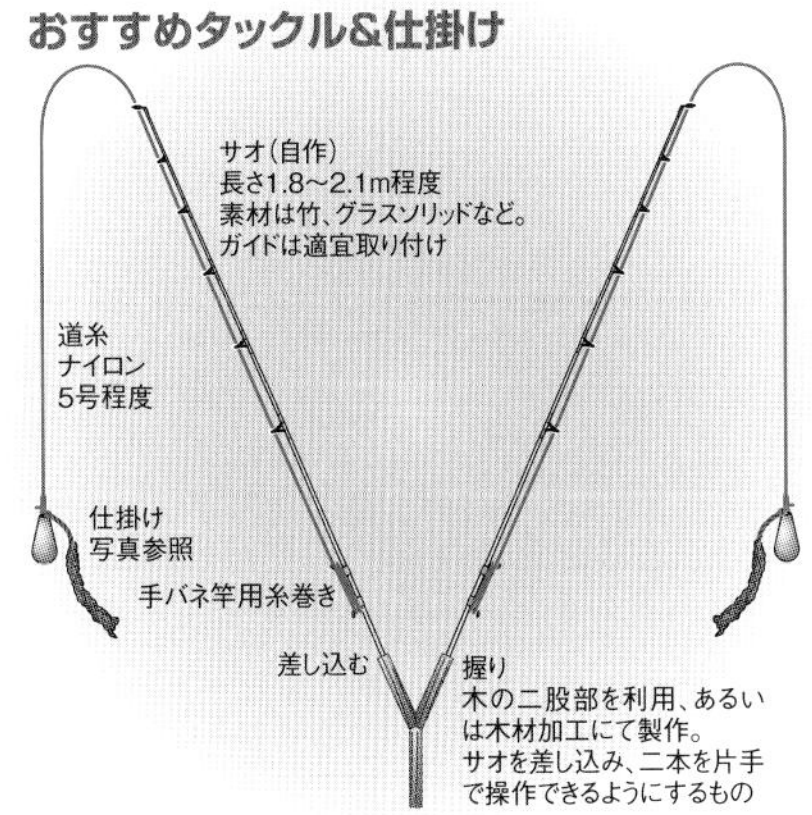

宮田　違いますね（笑）。あくまで食いついたまま離さないという感じ。ちなみに、これはハモ釣りにも使われます。また、よく「エサを使い回す」ことでエサを節約できると捉える向きもあるようですが、ハリを外す作業がなくてもエサは消耗します。だからエサの部分だけは予備が必要です（次頁解説写真参照）。

――話が前後しますが、そもそも、なぜハリを使わないんですか？

宮田　分かりやすくいうと（海藻への）根掛かりと絡み防止のためです。震災以前、松島湾ではアマモが繁茂し、ハゼを始めとする魚類がそこを拠り所にしていた。「数珠釣り」はアマモの中をダイレクトにねらうメソッドとして工夫されたようです。

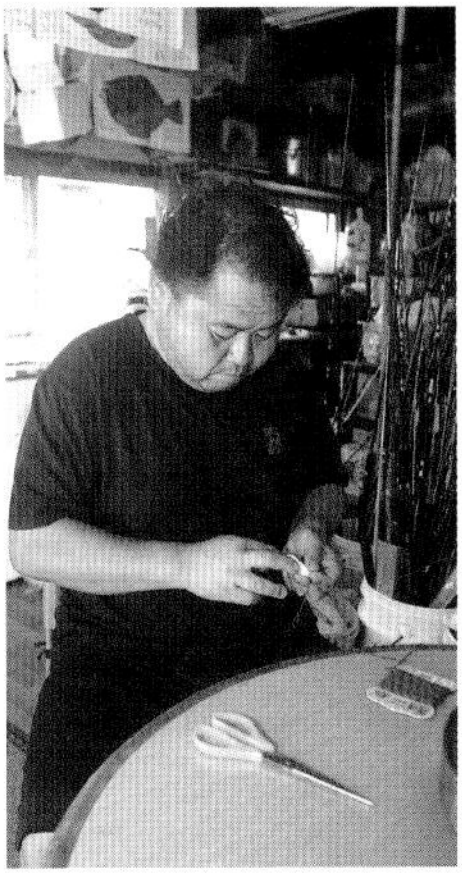

適宜、解説を交えながら、手際よく仕掛けを作る宮田船長。本来は道具、仕掛けとも手作りのため、個人によって仕様（寸法や太さなど）が異なる

――釣法というよりは漁法ですね。楽しさを挙げるとすれば？

宮田　まず、アタリが多い。でも、その割りに釣果が伸びない。その駆け引きの面白さはありますよね。それと道具を工夫する遊びゴコロ。もともと個々の手作りですから、道具や仕掛けの仕様（寸法や太さなど）が違う。エサもアオイソメだけでなく細切りのスルメイカやマエバを撚り合わせる地域もあります。

この釣りならではの楽しみを発見していただければうれしいですね。

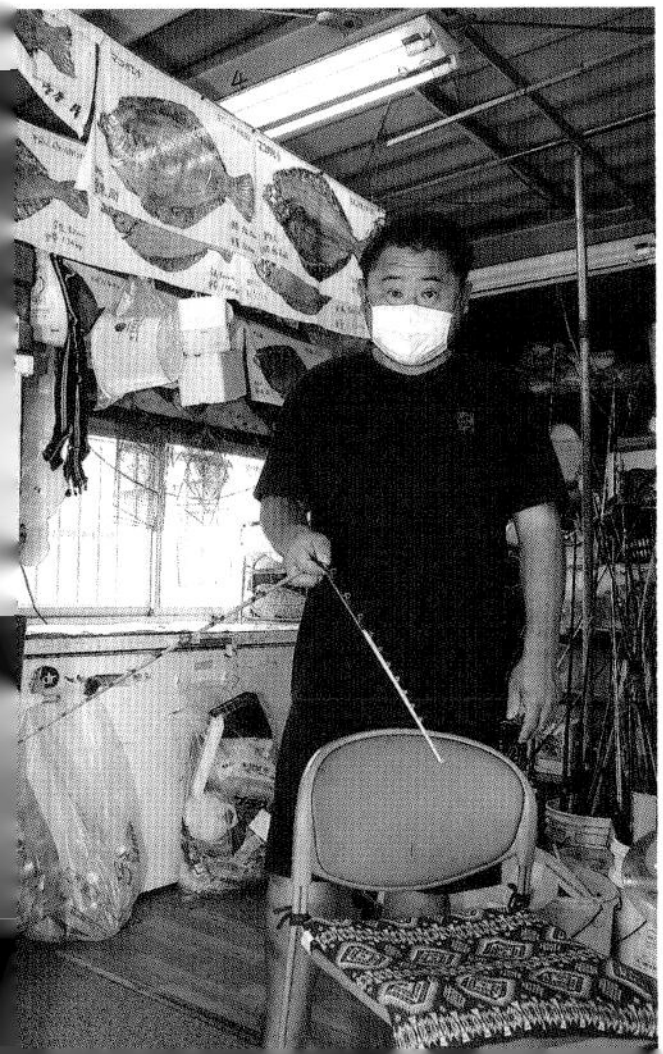

片手で2本のサオを操り、もう片方の手で櫓を漕ぐのが本来のスタイルらしい。魚が乗ったサオを、ドアノブを回すように上にして手前に寄せ、イトを手繰って魚を取り込むイメージ

数珠釣り用仕掛けの作り方

宮田船長のレクチャーをもとに、写真で仕掛け作りの手順を再現してみた

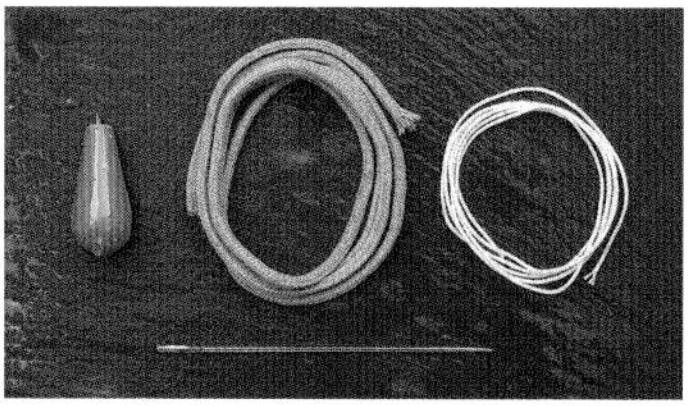

用意するもの

（写真左上から）ナス型オモリ８～10号、タコ糸、細番手の組ヒモ（タコ糸より太いもの）、縫いバリ（写真は畳バリだが、本来は針金を使って自作）

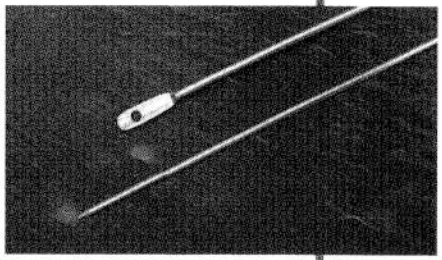

①数珠釣りに欠かせない縫いバリは針金やワイヤーで自作。先を鋭利に研ぎ、反対側をハンマーで叩いて平らにし、タコ糸を通す穴を開ける。アオイソメを一気に貫ける長さが理想。バーベキュー用の串（写真）は手を加えれば使えそう。また、調理用の「チキンばり」も即戦力になりそうだ

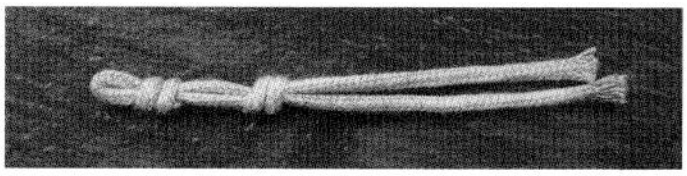

②組ひもを折り返し、２ヵ所に結びコブ（後にセットするタコ糸の抜け止め）を作る。一般的な仕掛けなら幹イトに相当する部分。水草などに絡んで切れない程度の強度が必要

③ナス型オモリのアイに先ほどの組ひもをしっかり結ぶ。組ひもが太すぎると難儀するので注意

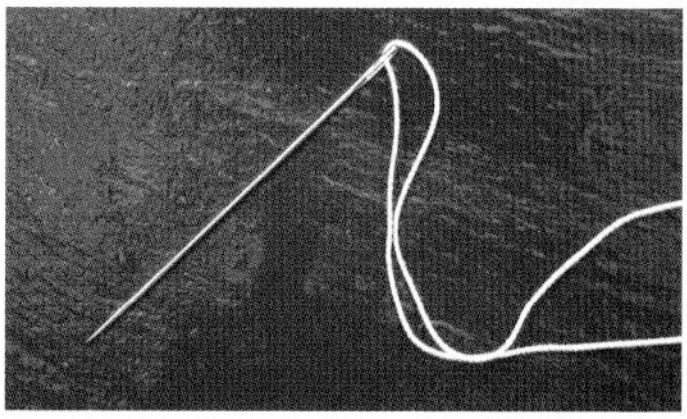

④縫いバリにタコ糸(長さ40cm程度)を通す

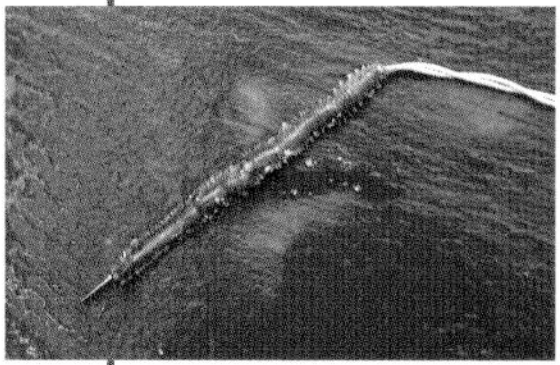

⑤縫いバリをアオイソメの頭から貫く。口から入れにくいときは、その脇からでも可。アオイソメを切らないように丁寧に

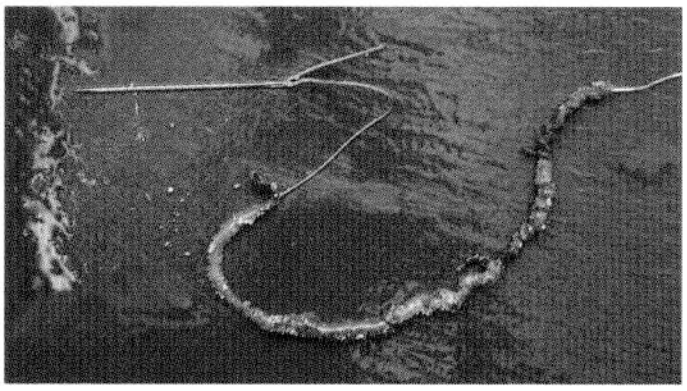

⑥同様にアオイソメを４～５本ほどタコ糸に通す

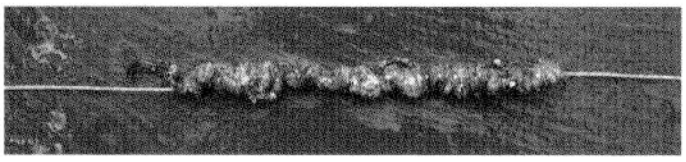

⑦アオイソメを通し終えたら、タコ糸の両端側から中央に向かって（アオイソメを）寄せる

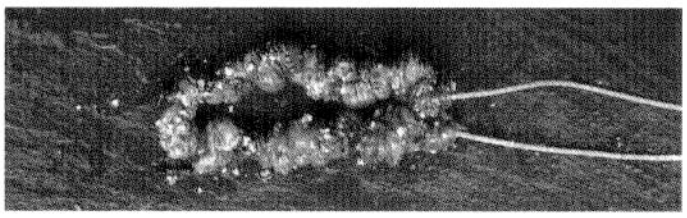

⑧タコ糸を中央部（貫通したアオイソメの中央）から折り返す

⑨タコ糸の両端を持ってアオイソメごと撚り込む。釣行の際は、予備としてこの部分だけ多めに作っておく

完成

⑩タコ糸の端をオモリの組ひもに結びつけて完成

手にずしり。大ハゼの聖地、茨城県涸沼
彼岸頃から楽しめるボートのヒネハゼ釣り

昭和の時代から大型ハゼの釣り場として知られる涸沼。那珂川水系に属するこの汽水湖にはシーバス、カレイ、マゴチ、コイなど多彩な魚種が生息する。なかでも名物といえば、晩夏から秋にかけてボートで楽しむ大型ハゼだ。

周囲の緑も多く夏は湖水客も集まる涸沼の浜辺

和ザオで楽しむボート「大」ハゼ

春に生まれたハゼの稚魚はプランクトンを食べて成長し、夏になるとデキハゼ（その年に生まれた当歳魚）となって浅場に現われ、成長して彼岸ハゼ、落ちハゼとなり世代交代していく。ただ、なかには越冬して大きくなるものがいる。それがヒネハゼだ。ハゼの産卵期にはばらつきがあり、遅く生まれたものがヒネハゼになるともいわれているが、いずれにしても涸沼《ひぬま》にはこのヒネハゼが多い。そんな涸沼でのボートハゼ釣りのようすを紹介しよう。

8月6日、涸沼の北岸にある釣り船・飯岡屋を訪れたのは、埼玉県の戸田市で「和竿教室　大川」を営む大川清一さんと、生徒で自作のハゼザオを作った新井雅也さん、杉浦雅夫さん、岡田幸夫さんの4人。お目当てはのどかで落ち着く涸沼の景色と、もちろん、初期からねらえる大型のヒネハゼである。

「昨年はお彼岸頃に来て、20㎝ほどの大きなハゼが1人30尾も釣れました」と大川さん。涸沼はシジミが美味しいことでも有名。ハゼも食味がよく、釣ってもよく引くのでとても楽しめるという。

大川さんは20数年前、東京中野で江戸和竿職人の2代目寿作（宮嶋滉）さんが和ザ

8月上旬、シーズン初のハゼ釣りに集まったメンバー。前列でしゃがんでいるのが店主の飯岡勝利さん。後列右から新井さん、大川さん、先代、杉浦さん、岡田さん

釣り船　飯岡屋

住所：茨城県東茨城群茨城町下石崎1662
☎029・293・7026
アクセス：最寄IC＝北関東自動車道・水戸南IC

大川さんに来た腹が
白くきれいなハゼ

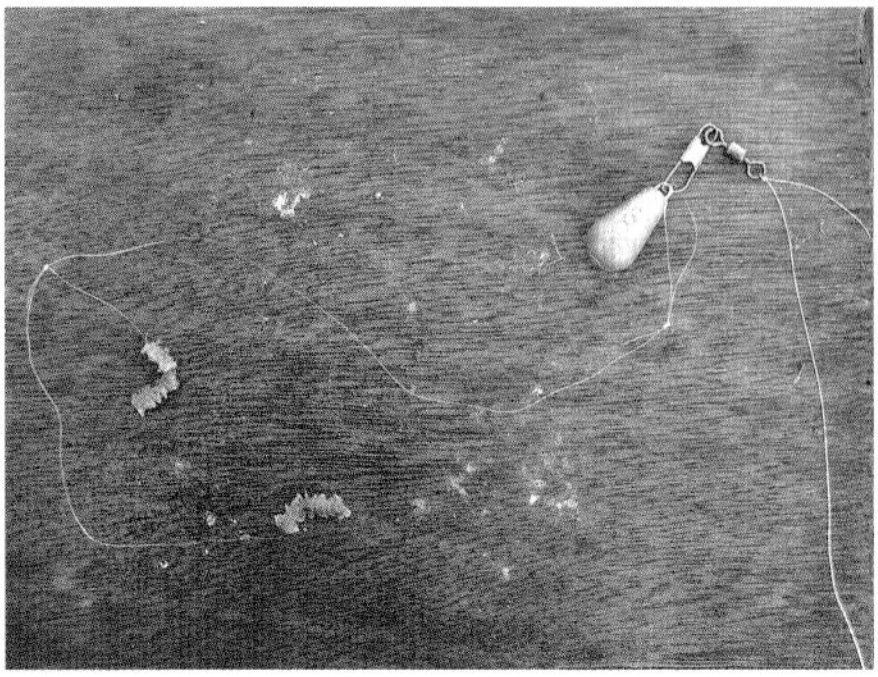

仕掛けはこのようにシンプル

オ教室を主宰し生徒を募集していることを知り、参加した。歯科技工士だった大川さんは、手先が器用ですぐに和ザオ作りの楽しさを覚えた。やがて地元近くの川口にも、東作門下の東光（山野明光）さん（当時70歳）がいることを知り、教えを請いに行った。「最初は弟子はいらないとなかなか教えてもらえなくて。でもある時、親方の入れ歯の調子が悪そうだったので治してさしあげたんです。そうしたら、少しずつ受け入れてくれました（笑）。以来、82歳でお亡くなりになるまで、いろいろ教えていただきました」

そんな大川さんは現在HPを開設し、地元で先の和ザオ作り教室を開いている。竹素材の和ザオならではの美しさはもちろん、「現場で役立つ、使える和ザオを作って使ってもらいたい」のが教室のスタンスだ。詳細はHPで確認いただくとして、ハゼザオなら週1回通うペースで1ヵ月もあれば充分完成させられるというから驚く。「私は子どもも手を離れましたし、たとえば団塊の世代にもっと興味を持ってもらえたらと思っているんです。今は40代後半から50代くらいの方が多いですね。タナゴ、ハゼ、最近ではテンカラザオなどを作っている人がいます。夏休みには親子のハゼサオ作り教室なども企画しています」。

反応が悪い時は移動して仕切り直す

この日は2人ずつ1艘《そう》のボートに乗り込んだ。飯岡屋では、よさそうなポイントまでエンジン船でえい航してくれる。午前6時半に船宿近くの砂浜から出て数分で秋成と呼ばれる沼の東側、涸沼が涸沼川となって流れ出す付け根あたりのポイントに到着。干満の影響を受けるので水深は時間により多少変わるが、だいたい4～5mという。船長がボートをアンカーリングしてくれると、あとは時折見回りに来て、必要なら移動、というのが基本的なシステムだ。

大川さんと新井さんが乗るボートで大川さんはまず、長さ1m10㎝、手元が布袋竹で穂先がグラスソリッドの短ザオで船べり近くをオモリで小突くように釣り始めた。「昔のワカサギザオです。ボートでのハゼ釣りに使っても面白いですよ」。新井さんは9尺ほどの自作ハゼ中通しザオ。手元は矢竹、穂先が布袋竹の組み合わせ。少し離れたところを、同じように穂先を軽く揺らして小突きながら探り始めた。

　連日の暑さでハゼもバテ気味か、アタリはすぐにあるものの「ブルル」と小さく1回伝わるだけで乗ってこない。たまにビビンと強くサオが叩かれると、手の平ほどのシーバスの稚魚だ。「大ものはちょっと筋が違うのかな」と大川さん。涸沼のシーバスの稚魚はハゼねらいではゲストフィッシュだが、「天ぷらにすればとても美味しいですよ。うちの家族はハゼより好きというくらい」ということでキープも悪くない。

　しばらく探るが10㎝ほどの当歳魚がたまに釣れる程度。店主の飯岡勝利さんに電話で状況を伝えると、「水温が高すぎてハゼの活性もまだイマイチなのかな。でもそのあたりは岬になっていて、少しボートを動かせば水深が変わりますからちょっと動きますか」と、ほどなく来てくれた。今度はすぐ近くの中洲のアシ原にボートを付けるようにして、近くのカケアガリをねらう。

　しかし水深が先ほどより浅く、アタリはむしろ少なくなった。

「アンカーを少し持ち上げるとボートが動きます。少しずつずれながら新しいポイントをねらってみましょうか」と大川さん。風任せ、流れ任せになるが、少しだけアンカーを上げてみる。ボートがゆっくりと回るように動いたところでふたたびアンカーを下ろした。すると沖向きにサオをだしていた大川さんが、

「来ましたよ。まだまだだけど、これくら

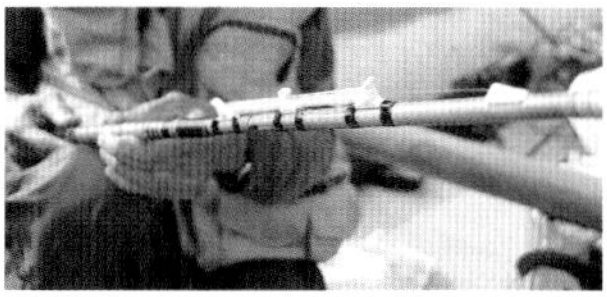
良型を掛けた新井さんと自作ハゼ中通しザオ。イト巻きなどのパーツも教室の工具で自作できる

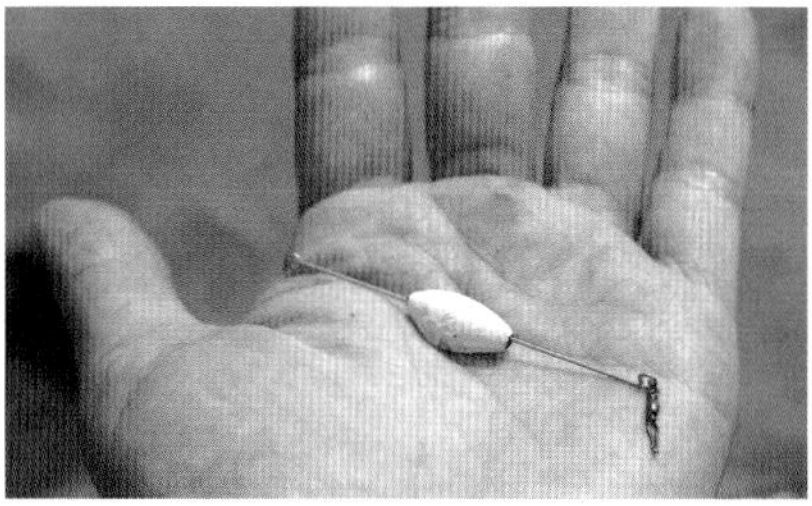
仕掛けも一工夫。中通しオモリが遊動するパーツは、イシダイ釣りで使っていたものがヒントになっている

フライフィッシングのバンブーロッドが好きで、最近和ザオの魅力を知ったという岡田さん。こげ茶の渋い塗りを施したサオはすっかりお気に入りに

20㎝に近づくと頭が大きくなり顔も迫力が増す。天ぷらが一番

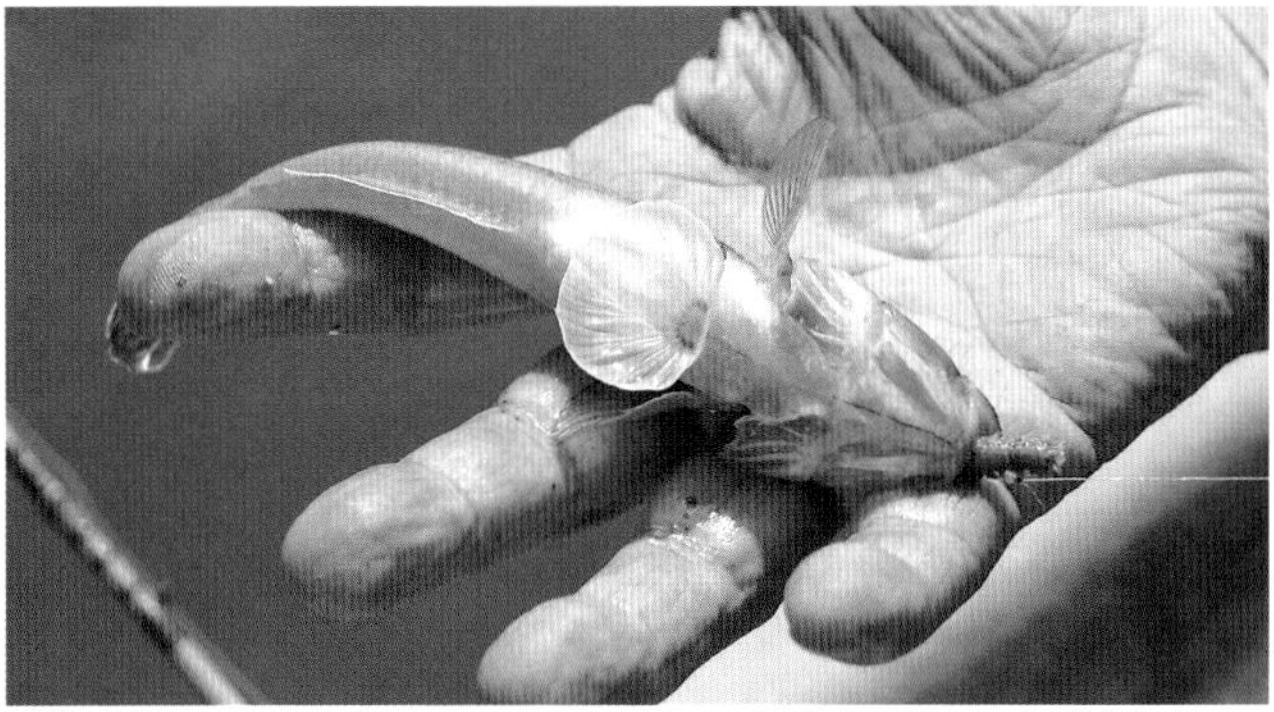

「いいサイズはやっぱり吸盤も大きいですよね」と大川さん

いのサイズはほしいですよね」という良型ハゼ。続いて新井さんも「やっと来たよ～。今日はなかなか食い込まなかったね」と15㎝クラスを釣りあげた。ミオ筋になっている深場に向けたカケアガリに、ハゼが少し集まっていたようだ。

仕掛けの工夫も楽しみの1つ

この日の仕掛けは、大川さんは色付きミチイト2号の先にスナップを結び、ナス型オモリとハリス付きハゼバリの6号をセット。ハリは2本バリでも1本バリでも特に差はなかった。オモリは流れが利いていたこともあり、途中からは3号を2つ付けにして対応した。

新井さんは仕掛けの中にユニークな自作パーツを使用。ミチイトの先に結ぶのは、0・8㎜径のステン線を万力に挟んで両端を輪にした長さ7㎝のシャフトなのだが、シャフトには1・5号の中通しオモリがあらかじめ通してあり（他の号数のものも用意）、先端側の輪にタル型ハリス止メが付き、そこにハリス付きバリをセットする。「ハゼが食うと遊動なので、テンビンより

大川さんの中通しザオ。和ザオは手入れをすれば一生使えるのも魅力だ。和ザオ教室の問合先等は 72 頁の記事を参照

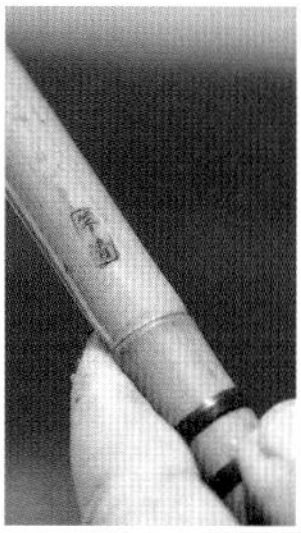

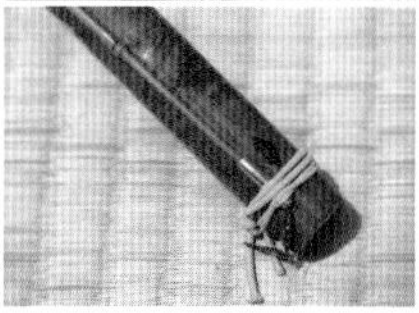

特徴的な菱形の東光の焼き印が入った、今は亡き親方のサオも持参

「使って楽しむ」がモットーの質実剛健なデザイン。焼き印は「竿清」

釣り始めてしばらく、大川さんが使っていたワカサギザオ。ボート上でも操作性がよく、軽快に小突けて確かに釣りも面白い

も吸い込みがいい」のだそうだ。

エサは、この日はアオイソメとアカイソメのどちらでも釣れた。アタリが少ない時は、長めに付けてまずはアピールを重視するほうがよかった。なお飯岡屋では、ボートを利用するにはエサの購入も必要。

このあと、15～20㎝が1人5、6尾釣れたところで、暑さも厳しいのでよくばらずお昼前に納竿。宿に戻ったあとは、予約しておくと購入できる涸沼産のシジミも入手。こんなうれしいお土産もある。

ハゼのゴゴンというアタリは、和ザオを通じて感じると実に心地よい。

「自分好みの調子に、自分だけのサオを仕上げられるのも和ザオの面白さです」と大川さん。教室では、好みの調子の竹材も選んでもらってサオ作りができる。

例年、9月がハイシーズンで10月頃まで楽しめるという涸沼の大型ハゼ釣り。もちろんリールザオなどでも手軽に楽しめるが、今回のように和ザオ、特にそれが自作でとくれば、格別の釣趣を感じられることだろう。

全日本サーフキャスティング連盟では大ものの対象魚
投げ釣りでねらう大型ハゼ

チョイ投げのハゼ釣りはポピュラーだがいわゆるサーフキャスターたちのハゼ釣りについてはあまり知られていない。実際、それほど盛んというわけでないものの、記録ねらいの対象魚としてのハゼも存在する。

文◎坂井勇二郎（千葉サーフ）

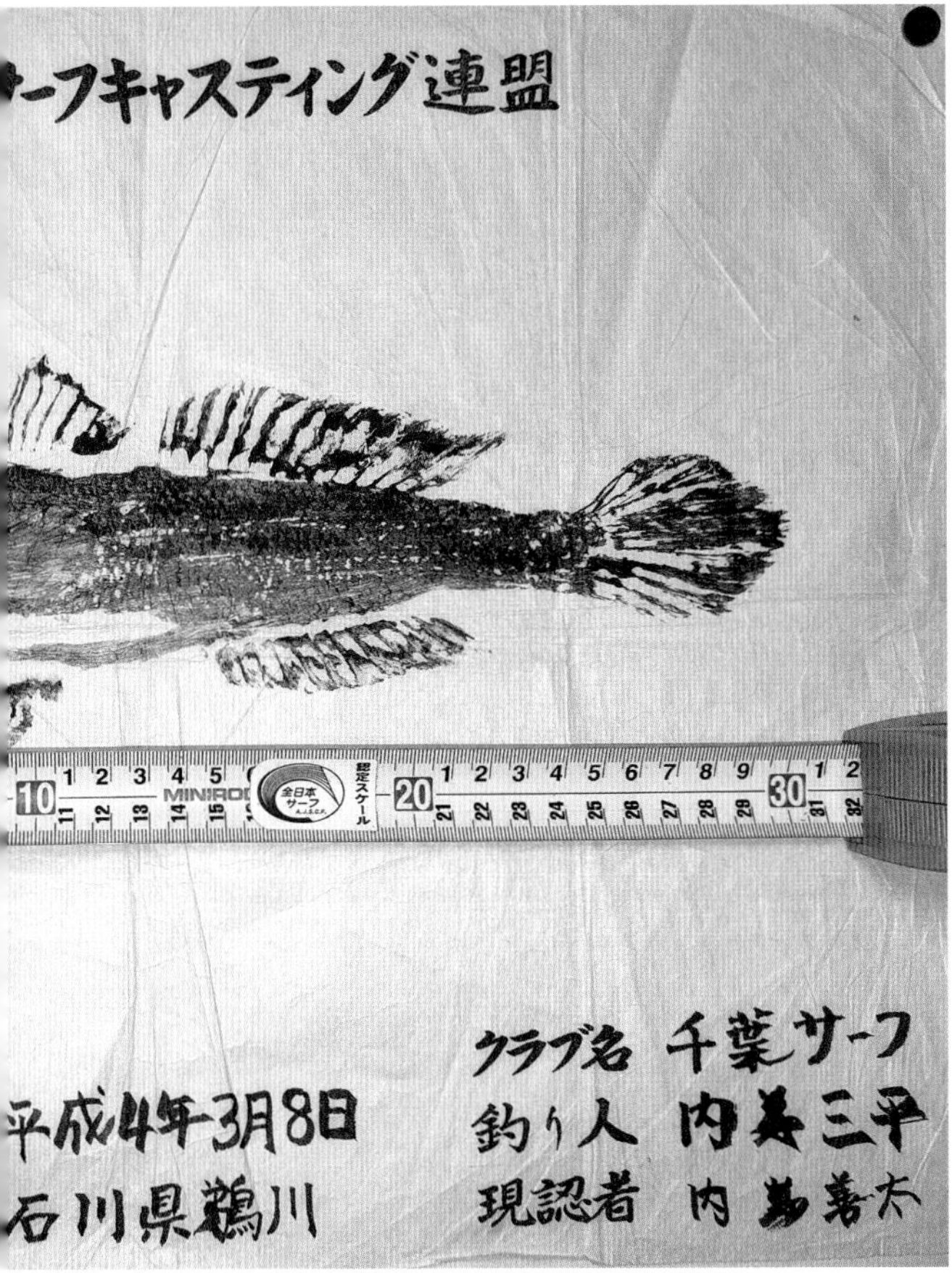

内藤三平さん（NFCサーフ会長）が釣った30㎝のマハゼの魚拓

キャスターがねらう記録級のハゼ

マハゼというと、釣りの世界ではポピュラーな魚だ。日本中に生息し、幼魚の頃は河川内で子どもも楽しめ、秋になれば育った成魚を岸や船から釣って楽しめる。

人気の理由は、数が釣れ、子どもでも釣れる釣りやすさ、そして食べて旨い点も見逃せない。「釣りの人気」ではこの「食べて旨い」というのは重要な要素のひとつだ。

ハゼ釣りの釣り場は、外洋に面した砂浜ではなく、塩の甘い河川内だったり、海底が泥状の水深の浅い内湾だったりするので、必然的に本格的な投げザオによる「遠投釣り」とは縁が遠い。

そんな投げ釣りでハゼが釣れるパターンは、「河川内（汽水域）でキスやカ

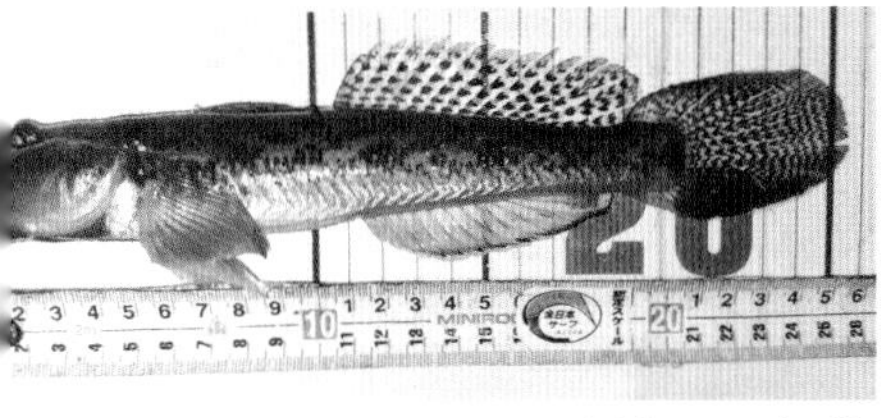
2023年12月に大越さん（千葉サーフ）が福島県相馬で釣ったマハゼ26㎝

房総の漁港のシロギスねらいの投げ釣りで釣れたハゼと筆者

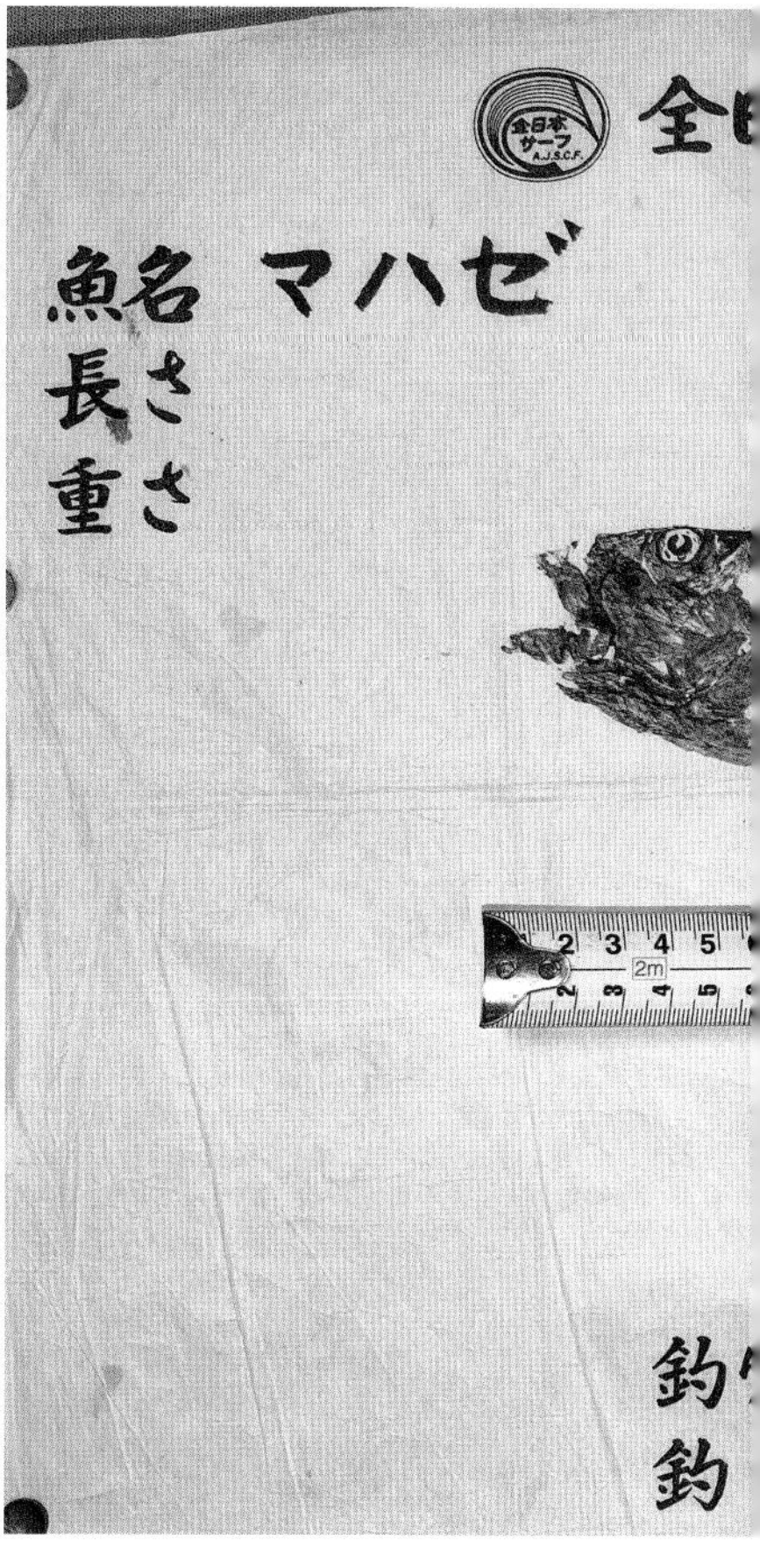

私自身、ハゼのチョイ投げの記事は読んだことがあるものの、本格的な投げ釣りのハゼの記事は読んだ記憶があまりない

レイをねらっている」ときや、真冬にカレイをねらっているときの「外道」的扱いだろう。

全日本サーフキャスティング連盟(会長：岩田政文 以下全日本サーフと略す)では、対象としている魚種ごとに大もの基準(全長)を設け、その基準以上の魚を釣った際に申請するシステムがあり、記録を残している。これは会員だけが楽しめるゲームのようなもので、日本全国津々浦々に大ものを求めて釣り歩く猛者が多い。その対象魚に、シロギスやカレイ、クロダイなどと並びマハゼも含まれている。

ただし、創設時の大もの申請は「魚拓」による申請(現在は写真も可)であったので、魚拓でマハゼと判別できない「巨大化するハゼ＝ハゼクチ」の存在があり、「ハゼ＝マハゼとハゼクチ」となった経緯がある。

ハゼの大もの申請基準はAランク25㎝、Bランク27㎝、Cランク35㎝、Dランク40㎝であり、マハゼは35㎝以上にはならないので、C、Dランクは自動的にハゼクチで、A、Bランクがマハゼの申請となるが、ハゼクチもA、Bランクはいるわけで、釣っ

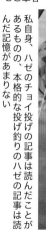

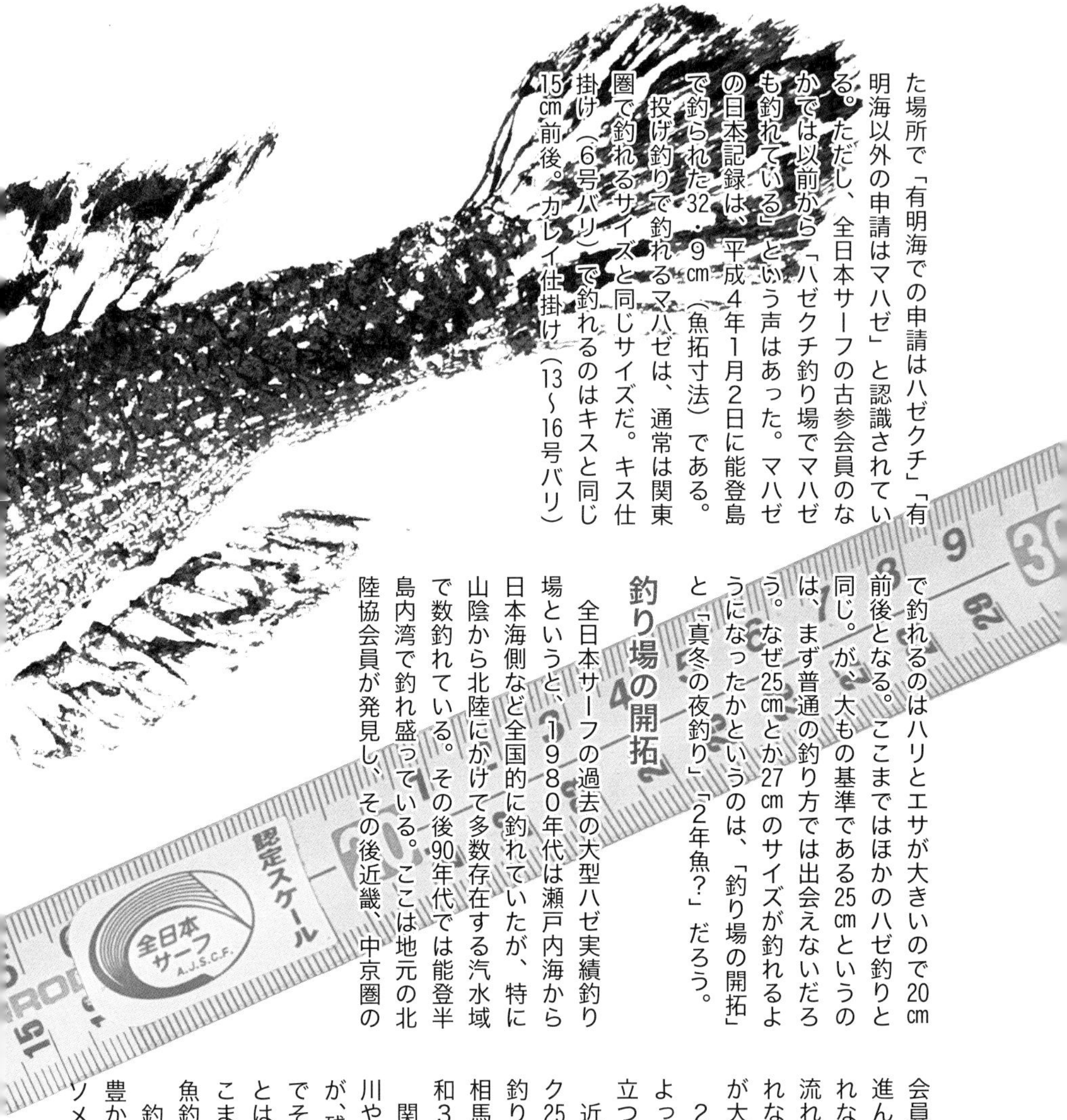

た場所で「有明海での申請はハゼクチ」「有明海以外の申請はマハゼ」と認識されている。ただし、全日本サーフの古参会員のなかでは以前から「ハゼクチ釣り場でマハゼも釣れている」という声はあった。マハゼの日本記録は、平成4年1月2日に能登島で釣られた32・9㎝（魚拓寸法）である。
　投げ釣りで釣れるマハゼは、通常は関東圏で釣れるサイズと同じサイズだ。キス仕掛け（6号バリ）で釣れるのはキスと同じ15㎝前後。カレイ仕掛け（13〜16号バリ）で釣れるのはハリとエサが大きいので20㎝前後となる。ここまではほかのハゼ釣りと同じ。が、大もの基準である25㎝というのは、まず普通の釣り方では出会えないだろう。なぜ25㎝とか27㎝のサイズが釣れるようになったかというのは、「釣り場の開拓」と「真冬の夜釣り」「2年魚？」だろう。

釣り場の開拓

　全日本サーフの過去の大型ハゼ実績釣り場というと、1980年代は瀬戸内海から日本海側など全国的に釣れていたが、特に山陰から北陸にかけて多数存在する汽水域で数釣れている。その後90年代では能登半島内湾で釣れ盛っている。ここは地元の北陸協会員が発見し、その後近畿、中京圏の会員が遠征するようになり釣り場の開拓が進んだ。残念ながら現在は様々《さまざま》な要因で釣れなくなってしまった。ある釣り場では、流れ込んでいた河川の護岸工事によって釣れなくなったようだ。環境変化による影響が大きいと思われる。

　2010年代では宮城協会の会員たちによって、相馬（松川浦周辺）での実績が目立つようになった。

　近年の状況はというと、令和5年Aランク25尾、B14尾。令和4年はA34、B14で、釣り場は石巻（29・0㎝）、小樽（28・0㎝）、相馬（28・0㎝）、吉野川（28・0㎝）、令和3年に出雲で29・3㎝など。

　関東地区では昔の釣り雑誌を読むと利根川や涸沼川で「尺ハゼ」が出ていたようだが、残念ながら自分たち（関東地区の会員）でそれをねらってまで釣り場探しをしたことはない。マハゼの大型釣り場探索に、そこまで情熱を燃やすことはできず、ほかの魚釣りに勤《いそ》しんでしまった。

　釣り場の条件は、汽水湖や河口の砂州に豊かな生態系があり、ハゼのエサとなるイソメ類、甲殻類が多いこと。水深が浅く、流れの緩い産卵に適した場所があること。その上で天敵が入りにくい場所であることも要素になる。

真冬の夜釣り

夏～晩秋のハゼ釣りは、陸からも船からも昼間の釣りだ。しかし、産卵期以降の大型ねらいは、ずばり夜釣りに分がある。90年代に能登半島でハゼ釣りを楽しんでいた、内藤三平氏（ＮＦＣサーフ会長、金沢市在住）に話を聞くと、「昼間でも釣れるが、夜のほうが数、型とも圧倒的だった」。たとえば90年～92年にかけて「宇出津」で1月、2月の夜にハゼ釣りをしている。その際25～28㎝を一晩で2～7尾釣っているが、それよりも小さい24～20㎝は100尾ほど釣れたらしい（すべて放流）。それほどマハゼの絶対数が多かったそうだ。にもかかわらず、地元の人はハゼを全く相手にしていなかったそうだ。地元の人が捕らず、水深の浅い内湾なのでハゼを食べる天敵も

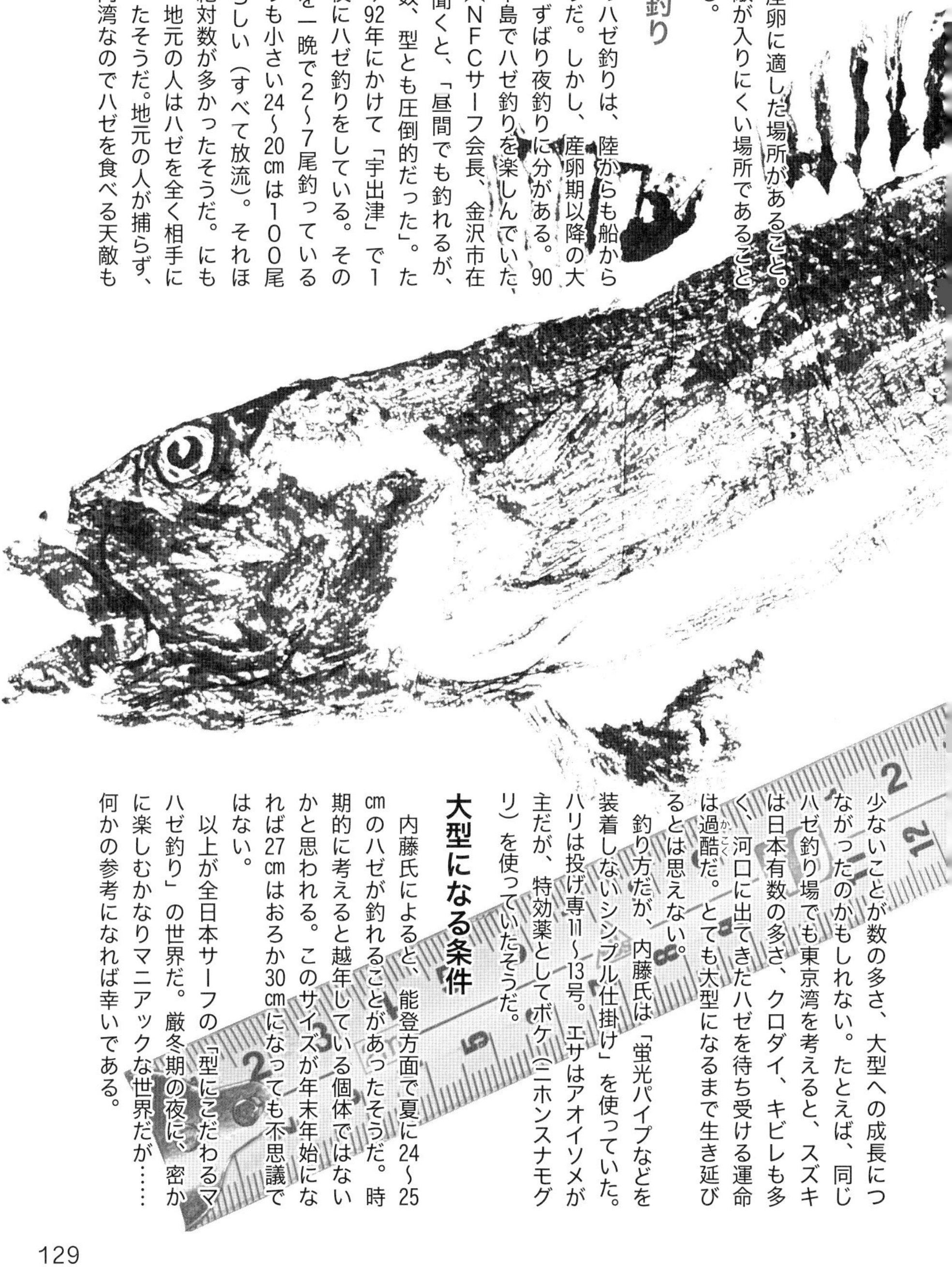

少ないことが数の多さ、大型への成長につながったのかもしれない。たとえば、同じハゼ釣り場でも東京湾を考えると、スズキは日本有数の多さ、クロダイ、キビレも多く、河口に出てきたハゼを待ち受ける運命は過酷《かこく》だ。とても大型になるまで生き延びるとは思えない。

釣り方だが、内藤氏は「蛍光パイプなどを装着しないシンプル仕掛け」を使っていた。ハリは投げ専11～13号。エサはアオイソメが主だが、特効薬としてボケ（ニホンスナモグリ）を使っていたそうだ。

大型になる条件

内藤氏によると、能登方面で夏に24～25㎝のハゼが釣れることがあったそうだ。時期的に考えると越年している個体ではないかと思われる。このサイズが年末年始になれば27㎝はおろか30㎝になっても不思議ではない。

以上が全日本サーフの「型にこだわるマハゼ釣り」の世界だ。厳冬期の夜に、密かに楽しむかなりマニアックな世界だが……何かの参考になれば幸いである。

中通し和ザオの船釣りで
江戸前ハゼの釣果を競い合う
マニアックな釣り会が
東京の下町にある。
どんな人たちがどのように
楽しまれている会なのか
お話を伺うと、
話題は思わず耳がダンボになる
技術の方面に広がっていき……。

和ザオは半分サオがハゼを釣ってる!?

—まず会の歴史から教えてください。

鈴木　東京はぜ釣り研究会は、東京の釣りの会としては新しいんです。というのは、戦後の高度経済成長で都心部の河川は汚染されて一時期魚介類が棲めなくなり、釣りもできなくなってハゼ釣り専門の会などはほとんどなくなりました。それが高度経済成長が終わり川が少しずつきれいになると、ハゼもまた少しずつ釣れるようになってきたので、いわゆる団塊世代の私たちが30代のころ集まって、作ろうということになったわけです。

鈴木康友
（東京はぜ釣り研究会会長／㈱つり人社会長）

林　昭和61年9月に会則ができました。

鈴木　それで稲荷町の東作さんに事務所をお願いして会が始まったんです。

—現在の活動は。

林　年7回例会をします。9月が1回、あとは1週3週で10、11、12月で6回。

鈴木　イト巻き付き和ザオで、対ザオ、2本ザオで釣るのが基本的なルールです。

—1本じゃだめなんですか？

鈴木　1本ザオの人もいます。

林　江戸時代からのハゼ釣りスタイルなんですね、それ（対ザオ）が。

—会員は現在何名くらいですか。

林　30人くらい、増えたり減ったり。

鈴木　今問題なのは、人数増えたらできないこと。冨士見さんでハゼ釣りのできる船頭さんは2人しかいないので、僕らが2船使うとほかの会の人ができない。

林　乗合も。

鈴木　今いわれてる人材不足の典型（笑）。ハゼはイトを立てなきゃいけないし、釣らせなきゃいけないから（操船が）簡単じゃない。この前の新年会で、船がいっぱいになったら最初に僕が手を上げて、「僕は今回欠席でいいです」と。歳の人にもそうお願いしてるのが現状。絶滅危惧状態（笑）。

—例会は数釣り競技ですよね。

林　はい、7時半出船で上がり（沖上がり）が午後1時半。その間に何尾釣るか。

—現在の会員はどんな方たちですか。

鈴木　50、60、70代で独身者が半分。嫁さんもらうと魚釣りできなくなる（笑）。

林　道具もお金かかりますよね。

鈴木　竹ザオなんて女房に内緒で買えな

い。でもそれくらいね、ハゼ釣りする人は変なヤツということでいいんだと思う。僕と林君はカミさんいるけど（笑）。

—中通し和ザオのハゼ釣りの魅力（魔力!?）について教えてください。

林　釣り味、ですよね。カーボンってピンとはねちゃう時があるじゃないですか。だから私は、ハゼは半分サオが釣ってるんじゃないかと思うんです、腕じゃなくて。

—でも、釣り比べしてますよね（笑）。

林　あとは集中力の問題だとか、仕掛けを一所懸命研究する人もいれば、エサの付け方？その中で差が出ることはあります。

鈴木　僕らの時代は竿師さんがいっぱいいたけど、今の人はけっこうネットで中古を買ってるようですね。今現在、本当にハゼザオをちゃんと作れるのは江戸和竿協同組合の中では竿中君くらい。若手の人も頑張っているけど、竿中君や昔の竿辰さん竿治さん、東作さんに比べるとまだまだ。ハゼ釣りにも行ってほしいですね。

—昔の竿師さんは釣り好きでしたよね、竿富さんなんかも。

鈴木　富さんは競技でやってたくらい好きですね。竿治さんもかなり好きでした。

林　やっぱり、自分で使ってみて調子とかって分かるものですからね。

—サオもだんだん増えていくとか（笑）。

鈴木　楽しみですよ（笑）。船は動くから、前の人と長さ違いで釣るのは昔からいわれてる話です。だけど、はぜ研では林君、橋本（春雄）さん、菊地（貞雄）さんの3人がここ何年か年間チャンピオンを取り合いしてます。このレベルの人たちはあまり関係ない。だいたい決まってるよね。

林　文則
（東京はぜ釣り研究会幹事長／千代田区体育協会事務局長）

林　まあ私、9尺か10尺しか使いません。

鈴木　たとえば昔の十六万坪なんかだと水深1mくらいでやってるから長いほうが絶対有利。僕も東作6代目に15尺で作ってもらったり、そういうサオも必要でした。今はそんな場所がない（笑）。それに、トップ3の人たちはさっきもいったように一番使いやすいサオ、決まったサオが2、3本くらいでしょう。

林　そうですね。

アタリの妙と釣果の差

鈴木　林君がさっきいった集中力。僕はいつも思うけど、ハゼは昔から「ノリ」「もたれ」とかいうけど、基本的には生命感。要するにオモリのそば、ハリのそばに魚がいるかどうか分かる人が釣れる。

林　小突いてて、あれ？というのいわゆる昔でいうノリ、なんかもたれてるようなのがあれば私は何でも合わせちゃいます。

鈴木　ノリって何って説明はできないよね。何にもないところにオモリを落としているのと違って、何か違う感じがする。

林　均等にやってて、あれ？っていう感覚はありますね、そこを分かるか分かんないかで差が出ちゃうんだと思うんですよ。本当、雲泥の差でトップが1束釣っても10尾とかね。そんな差になっちゃう。

鈴木　例会の最初、9月の木更津だとトップが200からいくときで300。スソは20～30だから。だけどそれが面白い。僕も昔は年間チャンピオンになってるけど、もう手が動かない。橋本さんだけおかしい。僕より年上なのに、あれは天才児。

林　負けず嫌いだし、集中力がすごい。

――橋本さんはサオはどこですか。

鈴木　あの人は押上（竿辰）かな。

――林さんは。

林　私は竿辰が多かったんですけど、竿富さん、竿中さんのも。

鈴木　僕は一番多いのは東作かな。竿治もいろんなの作ってもらったけど。一平ザオ（自作オリジナル）は使いますよ（笑）。でもやっぱりね、調子としては竿辰の全盛期と、竿治さんのはよかったね。

――竿師さんによる調子の違いとは。

鈴木　東作さんは同じ3号でも、弱めの3号なんです。で、竿辰さんは3号でも強めの3号。同じ号でも全然違う。その好き嫌いがあって、それぞれが竿師さんを選べたんだけど今は選びようがない（笑）。

林　竿辰さんは狂いが少ないですよね。重いですけどね。

鈴木　頑丈だからね。そのかわり塗りは1種類で装飾がほとんどない。質実剛健。

――トップとスソの差がダブルスコアどころか10倍差。何が違うんでしょう。

林　まあ船の場合は、釣り座によって有利不利はあります、もちろん。

鈴木　はぜ研では前年度チャンピオンは次の1シーズンは四隅に座れないんです。抽選で四隅引いた場合は戻すと僕が決めました。またこれは全員ですが、一番釣果が少ない回を外して6回で最終決定します。都合が悪くて休む人もいるので。そうすると、公平性が少し高まるでしょ。

林　まあ当然7回全部出た人は有利です。

鈴木　それは絶対有利。だけどいろんな人が優勝するチャンスがあったほうがいいじゃない。といっても近年は菊地さん橋本さん林さんの3人だけだけど（笑）。

林　その中の2／3は橋本さんです（笑）。

釣果を競い合う会でも天ぷら船では和気あいあい

2本の和ザオを同時に操る対ザオは江戸時代から続くスタイルとされる

尽きない工夫

鈴木　林君は橋本さんたちと比べるとエサが平均して大きいですよね。小さくしたほうがいいときって確かにあるはずで、大きいほうがいい場合ももちろんある。だけど橋本さんは小さい時はすっごく小さい。

――エサが小さい時はハリも小さい？

林　いや。

鈴木　いろいろあるよね。でも橋本さんたちは比較的ハリも小さいし、普通の基準じゃない。キスリベロっていうあのハリは普通の袖と比べて小さい、2ランクくらい違うかも。袖よりちょっと狭いよね。

林　袖に似てるけど細身です。

鈴木　それと先がへたりにくいとかね。メーカーの社長に何か鋼材違うの？加工違うの？って聞いたら「同じです」と。まあ、形状かな。

林　形状はほぼ袖ですね。

鈴木　袖よりちょっと細いよね。

林　細いけど、形は袖。私はなかなか手に入らないから使ってないんですけど。

——オモリは例のタイコですか。

鈴木　それもいろんな人がいろんなことをいう。橋本さんは最初、オモリが底に着いて安定しなきゃいけないってタイのテンヤオモリみたいなのでやったり。今はみんな丸いの使ってる？　林君もタイコだよね。

林　基本は。たまにナス使いますけど。

——ナスって使う意味あるんですか。

鈴木　いやほんとはあるはず。

東京はぜ釣り研究会の例会風景

林　ナスの底削って3・5号とか使ってます。3・5とね、まあ2・5号なんです。あとは3、4、5（号）刻み。ちょっと4号よりは軽くしたいなという時に、ヤスリでお尻削って。するとさっきの橋本さんじゃないけど下が平らで三角錐になるんです。小突きの時は私は持ち上げる派です。底も切ります。

鈴木　だから林君はハリスが長い。橋本さんのほうが短い。

林　でも10㎝、12㎝くらいですよ。

——はぜ研の人は皆さん地獄バリ（孫バリ付きの2本バリ）ですか。

林　頑なに1本がいいという人もいます。

鈴木　振り分けの人もまだいる。

——トップ3は全員地獄バリですか。

林　ですね。

鈴木　ただ橋本さんは1本切っちゃう時もあるよね。釣れる時は1本のほうが速い。エサ付けだって1個のほうが速いから。

林　私が思うに、深い所は上げるの大変じゃないですか、10m近くあれば2つなら1個なくなってもまだあると。あとはアピール。だってアタリ出さなきゃいけないわけじゃないですか。そこを先に考えますね。

鈴木　ほんとに食いのいい時だったら落ちた瞬間にパーンとくるから、ちっちゃくて1本バリのほうが絶対有利。

林　トラブルないですしね。

小突きの要、ラインの選択肢

——小突きについて伺います。イラストや文章だと底をトントンつつくようなイ

メージですが、実際はもっと繊細ですか。

鈴木　林くんの（小突き）は、どっちかっていうと大きい。

林　たぶんこれくらい（ハリス分）上がるかなって感じです。まあ10cmあるから、10cm上げても(エサは)こう着いてんのかなってイメージです。

鈴木　それが一番アタリが出やすい。

林　ダイレクトに来ますからね。

鈴木　林くん見てると全部バーン、バーンってアタリ合わせる。

林　強すぎるって怒られます（笑）。

鈴木　いや、そんなに合わせる必要ないっていうのがあるでしょ。ただ橋本さんとかにいわせると、ハリは5mm動けばいいって。それはそのとおり、口に掛かるのは5mmで充分。どんな釣りも一緒。だけど、林君の場合は全部口にガチッと掛けたい。

林　くせですね。ただデメリットは、ガチッてやるとエサがいっぱい浮いて、次に落ちるまで時間がかかるってことなんです。

鈴木　だけど、一番いい時は落ちてる時に食う。

林　うまく回転するとバシバシッと（笑）。

鈴木　一方が乗んなくてももう片方で乗るでしょ、で、こっちもオモリが落ちてエサが落ちてくるところで食ってるからリズムはよくなる。ただ大きいといってもね、普通の人のアワセのそれじゃないです。

林　最近は前に突き出すような感じで合わせてます（笑）。ヘラと一緒ですね。

鈴木　ただ深いところへ行くとあれ通じなくなっちゃうからね。角度がついちゃう。

高層ビルの下、豊洲運河を釣る

それはなかなか難しい。

林　まあ、深い時は反応遅いからいいんですけど。

――いろいろありますね！

鈴木　基本的に、小突きって、オモリが底に着いているみたいな気がするよね。でもオモリが底にべったり寝て着いている時は絶対数釣れない。エサが動かないから。だからオモリの上にビニールパイプとか入れて、その上からハリス出して角度を変えたり、どれが正解ってことはないけど。オモリの輪っかに頑なに1本バリという人もいるし……。

林　エサがあって小突いてれば私は仕掛け、関係ないと思ってるんですけどね(笑)。

鈴木　でもみんな何十年も悩み続けてる。ハリスが細いの太いの、硬いの柔らかいの。僕らはハリスを10cmから1cmまで縮めたことあるけど、3cmくらいになるとアタリが出ない。5cmくらいまでは出るよね。短いほどアタリが出るはずだけど、ただヘラブナなんかもそうだけど、落ちていく時に当たるのが基本だから。ぶら下がったエサって食わない。だからオモリが着いたままなんてだめ、ボーッとした人はだめです。

―イトはどうですか。

鈴木　僕はPE。

林　私はPEは使わないです。

―PEで和ザオは大丈夫なんですか。

鈴木　昔は塗料が剥げて中で詰まったりしましたが、今のPEは何ともない、サオなんか修理に出したことないくらい。

林　深いところもPEですか。

鈴木　PE、PE。

林　PEの欠点は手繰ったときにね、グジャグジャになる。あと風（に弱い）。

鈴木　けっこう面倒くさいよ。だからバケツ2個置いて、中に水入れておいてそこに手繰っていく。で、4本撚りのなるべく硬いのを使います。

林　硬いっていっても0・4とか0・6とか使って……（笑）。

鈴木　いやそんな細いのダメだよ、クシャクシャになっちゃう。

林　でも1号使うんだったらあまりPEの意味がないんじゃないですか。

鈴木　いやでもナイロンとはちょっと違う気がする。

深川・冨士見は今もハゼ船を出す貴重な船宿

林　感度はいいですけど、抵抗はそんなに変わらなくないですか？　あまり使う意味なくなっちゃう気がするんですけど（笑）。

鈴木　抵抗は変わらないけど、水中で切れがちょっと違う気がする。橋本さんもPEじゃない？　今はPEの人が多いと思う。

林　私は1回やってやめました。1mくらいPE付けたんですよ、ちょっと効果あるかなと思って（笑）。でもトラブルが多い。私は1・7号のナイロン使っています。磯釣り用のミチイトですかね、硬めの。2号は嫌いだし1・5号は何なので真ん中の。色は右と左で黄色とオレンジかな。

鈴木　色は変えなきゃグジャグジャになった時分かんなくなるからね。僕も変えてます、グリーンとピンクとか、白とか。

林　あと船長がね「黒じゃ見えねえよ！」って（笑）。昔みんな黒だったじゃない（笑）。

―最後に読者の方にメッセージを。はぜ研に入りたいと思っても、今は人数の問題があってという話もありましたが。

林　まあ、「お試しあれ」ですかね（笑）。

鈴木　東作さんに連絡すると、「1回じゃあゲストで参加したらどうですか」って連れてくるんだよ。すぐ会員にはしないよね。

林　ただ、基本は推薦者が必要です。

鈴木　まあ東作さんも推薦者だし（笑）。船の都合がつけば40人でも50人でもいいんです、会員としてはね。

―今日は尽きない楽しい話をありがとうございました（2024年5月21日、㈱つり人社にて）。

地元釣具店・ハゼ釣り名手おすすめ

首都圏・名古屋・大阪ハゼ釣り場ガイド 17選

※2021～2023年月刊『つり人』各10月号より転載。釣り場の現状は工事や規制等で変わることがあります。文末氏名は解説者。

千葉県市原市

養老川河口

9月から本番を迎える車横付け釣り場

養老川河口左岸にある養老川臨海公園の前が釣り場。公園には駐車場があり、車を停めた目の前がポイントなのでマイカー釣行向き。川幅がありフェンス越しの釣りとなるので2m前後のスピニングタックルでチョイ投げスタイルが釣りやすい。スピニングリール2500番前後にPEラインの0.8号前後を巻いておくと感度よくアタリが取りやすい。ハゼもしくはシロギス用のテンビンにオモリ1号＋シロギスの投げ釣り仕掛けの競技用アスリートキス50本連結4号を2本ずつカットして使うと便利だ。エサはアオイソメ。

川幅があるといっても遠投の必要はなく、10～20mも投げれば充分だ。仕掛けを投入してイトを張って待っているとコンッ、ゴンッなどとアタリが来る。アタリが出ない時は少しずつ巻いて誘いをかけよう。

ここはハゼのほかフグも多いためハリスを切られることが多いので仕掛けの予備は多めに持参したい。この釣り場は9月からが本番となる（坂本和久）。

●交　通　館山自動車道・市原ICよりR297を経由してR16を右折。2㎞ほど直進し養老大橋東交差点を左折して養老川臨海公園。

●問合先　キャスティング市原16号店
☎0436・40・2085

養老川河口に面した釣り場。護岸の先端にはオリジナルメーカー海釣公園がある

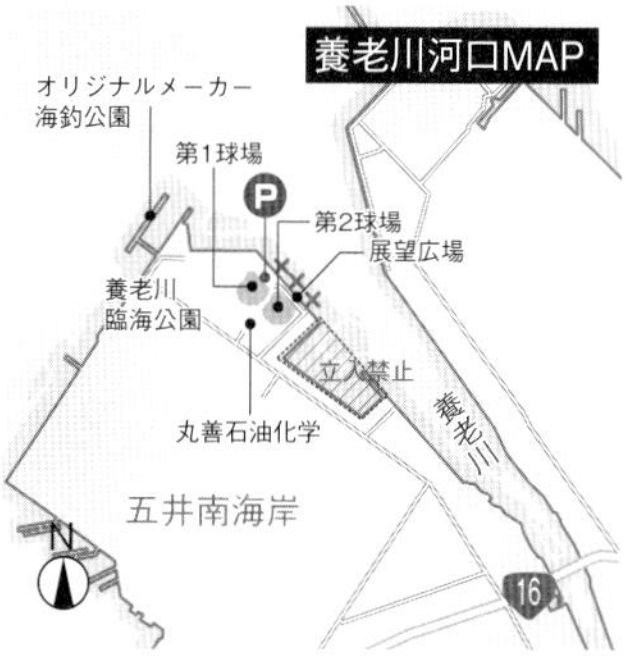

千葉県市川市
江戸川放水路

ハゼ釣りファンのテーマパーク

6号のオモリを使えば川の中心まで飛ばせる（ボートに注意）

東京メトロ東西線妙典駅から歩いて行ける釣り場。近隣には駐車場やショッピングモール、コンビニなどがあるのでいろいろと便利。また貸しボート店も多いのでボート釣りも楽しめる。

水深は浅く、底は砂地で所々にカキ殻がある。オカッパリではウキ釣り、ミャク釣り、チョイ投げ、ハゼクラなどさまざまな釣法でねらえるが、なかでもチョイ投げは誰でもコンスタントに数を伸ばしやすいのでおすすめ。タックルは、6号（22.5 g）オモリが扱えるスピニングロッド＆リールに、ミチイト PE0.8 号、ハゼテンビン5㎝、ナス型オモリ6号をセット。ハリはイト付き赤はぜ6号、エサはジャリメがおすすめだ。手前にも奥にもハゼはいる。

高架下には岩やカキ殻が多く、避けてもよい。
シーズンは7～10月がベストタイミング。サイズは9月で7～10㎝が多い（土井康昭）。

●交　通　東京メトロ東西線・妙典駅下車、徒歩約7分。車は京葉道路・京葉市川 IC を出て県道6号を直進。寺町通りとの交差点で左折し、突き当りを左折すると目的地。

●問合先　キャスティング 南行徳店
☎ 047・356・6560

東京都江戸川区・墨田区
旧中川・中平井橋～平井橋

障害物周りを釣り歩こう

この付近は歩道が隣接していて足場がよい。岸から沖に向かって3mほどの位置にはロープが張られていて、その内側を探る。特に石の周りは魚影が多い。アシ周りの陰にハゼが溜まっていることもある。そうした変化をねらって、移動しながら活性の高い個体を拾っていくイメージで釣るとよいだろう。

釣り方はウキ釣りがおすすめ。2.4～2.7 mのノベザオにミチイト 1.5 号、ウキはシモリウキ1号と2号を2個ずつ付ける。オモリは丸型オモリ 0.5 号、ハリス止付ヨリモドシ 14 号にハゼバリ6号ハリス 0.8 号をセットする。エサはアオイソメ。

日中はどの時間でも問題ないが、サイズねらいなら夕方がいい。8月後半になると 15㎝前後の良型も混じる（中村忠司）。

●交　通　東武亀戸線・小村井駅下車。車は首都高6号線・向島出口を降りて左折、県道 306 号を進み白髭東詰交差点を右折したのち中居堀交差点を左折し、2つめ信号を右折すると目的地。

●問合先　上州屋 新千葉美浜店
☎ 043・302・5505

歩道が隣接しているため歩きやすい。当然のこと、歩行者には注意して釣りを楽しもう

東京都中央区

新月島川

月島川と並行する新たな釣り場

きれいなボードウォークに柵もある安全な釣り場。対岸は水辺に出ることはできずサオだしは不可

東京都中央区月島周辺にはハゼの好ポイントが点在するが、新しく新月島川が加わった。これまで新月島川はサオをだせる場所がなかったのだが、新月島川に架かる新島橋から隅田川の水門までの中央区立勝どき五丁目親水公園側にテラスが新設されたのだ。このテラスから釣りができる。ただし、投げ釣りは禁止となっているので注意したい。

水深は 2.5 mほどあるが手前のヘチにもハゼはいるので 3.6 ～4 mの渓流ザオにミャク釣り仕掛けの組み合わせでねらうと釣りやすい。オモリは 0.5 ～1号を使用し、ハリはハゼライト5号（ハリス5㎝）。エサはアオイソメでタラシは出さないようにエサ付けをする。

潮が利いて食いが立つとオモリが着底後すぐにアタリがある。7月下旬の釣りでハゼの魚影は他の月島界隈のハゼ釣り場とそん色ないほど多いので、これからが楽しみだ（坂本和久）。

●交　通　都営地下鉄大江戸線・勝どき駅下車。徒歩 5 分で新島橋。

●問合先　春海屋釣具店

☎ 03・3531・2872

東京都中央区

朝潮運河

都会的な遊歩道に面した長ザオのミャク釣り場

桜小橋側から晴月橋方面を望む。トリトンスクエア前は遊歩道が広がり釣りやすいが通行人も多いので注意。投げ釣りは禁止されている

朝潮運河は月島と晴海地区間を流れる約 2.2㎞の人工水路である。かつては資材運搬航路として多くの船舶が往来していたため水深がある。現在では晴海トリトンスクエアがある近代的な町並みと下町の風情が混在した風景だ。

秋の好ポイントとして知られている黎明橋もよいのだが、晴海トリトンスクエアの前も有望だ。遊歩道からの釣りになるので投げ釣りは禁止されており、注意したい。足場が高く水深もあるので5～6mの渓流ザオに PE ラインを使ったミャク釣り仕掛けの組み合わせがおすすめ。水深があるのでオモリは1号を使用する。

左岸一帯で釣れるが、特に桜小橋周辺は広くなっているので釣りやすい。シーズン的に9月からが本番。

なお、遊歩道は人通りが多いので背後の通行人に注意して釣りをしてほしい。また、船が往来するのでくれぐれも橋の上から釣りをしないこと（ここに限らず橋の上からの釣りは禁止）。エサは月島駅を出てすぐで釣り場に向かう途中にある春海屋釣具店さんが便利（坂本和久）。

●交　通　都営地下鉄大江戸線・月島駅または勝どき駅下車。朝潮運河を渡って左岸側の遊歩道へ。

●問合先　春海屋釣具店

☎ 03・3531・2872

東京都品川区
夕やけなぎさ

立ち込みOK！ 運河にある砂浜釣り場

アクリルケースを持参すると観察も楽しめる

釣り場は大井競馬場の対岸に位置する運河で、大井ふ頭中央海浜公園内に位置する。隣接する「はぜつき磯」というポイントもよいが、夕やけなぎさは磯ではなく砂浜になっているので、より釣りがしやすい。マリンシューズなどを履けば、安全に立ち込めるところが魅力だ。水の中に立ち込んでいると、涼しいうえに、足もとまでハゼが泳いでくるのが見えて臨場感がある。

したがって、釣り方はチョイ投げではなくウキ釣りでねらうといい。ウキの動きを視覚で楽しめるので老若男女楽しめるはず。ミャク釣りでもよいが、底に小石などの障害物が多いので注意が必要。

タックルと仕掛けは、2.7 mのノベザオにミチイト 1.5 号、玉ウキ６号、割ビシ中オモリをセットし、自動ハリス止メに流線５号ハリス 0.8 号を付ける。エサはアオイソメ。

●交　通　東京モノレール・大井競馬場前駅下車、勝島橋を渡る。車は首都高速1号線・平和島 IC を降り左折。道なりに進み臨海斎場前交差点を左折すると目的地。

●問合先　キャスティング品川シーサイド店
☎ 03・5495・7666

東京都大田区
海老取川・多摩川合流点

足場が良好、初心者におすすめ

「釣りをやってみたい！」という方に特におすすめの、足場がよく、ハゼが多く、根掛かりが少ない釣り場。

干潮時は、長靴などを履いていれば五十間鼻無縁仏堂の辺りで立ち込んで釣りをすることもできるが、釣りやすいのは満潮で、護岸からの釣りがおすすめ。

釣り方はウキ釣りがシンプルで楽しい。足もとに魚がいるので投げる必要はないだろう。

タックルと仕掛けは、ノベザオ 2.7 mにミチイトナイロン1号、玉ウキ５号、オモリカミツブシB、ヨリモドシ8～12 番、ハリはイト付き赤はぜ６号。エサはアオイソメ。アオイソメは細め～中がマッチし、活性が高ければタラシなしでよい。低ければ1～1.5㎝タラシを作ってアピールするとよいだろう（杉山大輔）。

五十間鼻無縁仏堂付近。満潮時に護岸からの釣りがおすすめ

●交　通　首都高速1号線・空港西 IC を降り、県道 311 号を進み、突き当たりで左折し、羽田空港二丁目西交差点を右折して進むと目的地。

●問合先　キャスティング 日本橋店
☎ 03・3516・0930

神奈川県横浜市

富岡並木ふなだまり公園

クロダイ、シーバスも多いが ハゼも多し！

市民のいこいの場になっているふなだまり公園。左の奥に伸びているのが川筋

さざなみ団地前にあるふなだまり公園は富岡川とつながり、クロダイが泳いでいるのが見えて、シーバスねらいの人も多い。しかしハゼねらいは少なく穴場なポイント。

ハゼはふなだまりよりも富岡川筋がよく、足場が高くフェンス越しの釣りになるので2m前後のスピニングタックルのチョイ投げスタイルで攻略したい。遠投の必要はないのでオモリは 0.5 ～1号で充分。ハリは競技用アスリートキス 50 本連結の4号を2本ずつカットして使用している。

7月下旬の試し釣りでも富岡川もよく釣れたが、一番アタリが多かったのはふなだまりにつながる富岡川の川筋だった。ハゼのほかにダボハゼ、フグ、チンチンも釣れた。逆にふなだまり内はアタリもなかった。

歩道からの釣りになるので通行人には充分注意したい(坂本和久)。

●交　通　金沢シーサイドライン・並木中央駅下車。駅を出るとすぐ右側が富岡川。京浜急行・京急富岡駅からも徒歩圏内。車は横浜横須賀道路・並木 IC から至近。駐車はコインパーキングを利用。

●問合先　つり具の上州屋横浜南部市場店
☎ 045・773・5011

神奈川県横浜市

平潟湾

風光明媚なプロムナード沿いの釣り場

奥の金沢シーサイドラインが岸から離れる辺りから手前側がおすすめの釣り場

平潟湾は金沢八景駅を降りてすぐの釣り場で、金沢シーサイドライン下の平潟湾プロムナード沿いにある。金沢シーサイドライン下は日陰になり日差しが強い時は特に人気が高い。なお、金沢シーサイドライン周辺では投げ釣りは禁止のため注意したい。

推したいハゼのポイントは金沢シーサイドラインよりも先の侍従川にかけて。湾は広いが上げ潮時にはハゼは手前にいるので、3～3.3ｍの渓流ザオにミャク釣り仕掛けで充分だ。ミチイト1号に中通しオモリ 0.5 号を通して自動ハリス止メを結ぶ。ハリはハゼライト5号、ハリス 5㎝。エサはアオイソメ。

平潟湾の大きな特徴はマハゼのポイントとダボハゼのポイントがはっきりしている点。よいポイントではマハゼが入れ食いになるが、そうでないポイントではダボハゼの入れ食いになる。いかにマハゼが釣れるポイントを探し当てるかがキモとなる（坂本和久）。

●交　通　電車が便利。京浜急行線・金沢八景駅下車。金沢シーサイドライン・金沢八景駅方面に出てすぐ平潟湾。

●問合先　釣具のポイント金沢文庫ユニオンセンター店
☎ 045・786・0521

神奈川県平塚市
相模川・馬入ふれあい公園お花畑前

干潮時は水際まで寄れる。長靴を持っていこう

下げ潮ねらいでアタリを楽しむ

アタリが多く数釣りを楽しめるポイント。8月後半〜9月後半にかけてのハゼの大きさは10cm前後。ハゼ以外にもセイゴやフグ、ニゴイなどのゲストが釣れる。おすすめの時間帯は下げ潮のタイミング。潮の動きに伴いハゼ以外の魚種が抜けていくので、ハゼだけのアタリに集中できる。手前がゴロタ、沖側は砂地となっているためチョイ投げで広く探ってハゼの溜まり場を見つけるとよいだろう。

タックルと仕掛けは、1.8 m前後のコンパクトロッド＆リールにミチイトナイロン2〜3号、ハゼテンビン、オモリ3〜5号、ハリは流線6号。オモリは流れの強さに合わせ、流されないながらも底とアタリをとれる重さに調整すると数を伸ばしやすい。初めての方には完成仕掛けのハゼ大将Ⅱ 6号（ONLY）がおすすめ。エサはジャリメがおすすめ。

●交　通　圏央道・寒川南 IC を降り茅ヶ崎市街方面へ。県道44号を進み湘南銀河大橋西側交差点を左折。馬入ふれあい公園入口交差点を左折すると目的地。

●問合先　上州屋平塚八幡店
☎ 0463・24・4821

愛知県豊橋市
清須河川敷広場

釣り歩いて数を伸ばそう

手前はゴロタ帯、奥は砂底。所々に岩があり根掛かりには要注意。ハリや仕掛けは普段より1パック多く持っていくとよい。ゴロタの間にはいくつかコンクリートの階段があり、そこから釣りをすると足場も悪くなく快適。

ここではチョイ投げかミャク釣りがよい。チョイ投げをするのなら、完成仕掛けで対応できる。サオもイト付きのリールとコンパクトロッドのセット製品でお手軽に遊ぶことができる。オモリは5号が投げやすいのでおすすめだ。

数を伸ばすのなら、3.6〜4.5 mのノベザオでミャク釣りだ。オモリは1号を使用する。8月初旬だと魚のサイズは10cm以下でハリはハゼバリ5〜6号。13〜14cmがアベレージサイズになる9月は7〜8号がよい。ハリスの長さは25cmくらいが適している。このハリにイシゴカイもしくはアオイソメの細めを半分に切って付けるのがおすすめ。魚影が多いエリアをねらい、釣れなくなったら移動というスタイルが数を伸ばすうえで有効。1時間に30〜40尾釣る人もいる。初心者でも15〜20尾は釣れるだろう。

無料駐車場があるのもうれしい。トイレも近くにある。休日は混雑するので早めの行動が吉。

●交　通　JR 豊橋駅西口よりしおかぜバス、「清須」停留所下車、徒歩約10分。

●問合先　フィッシング遊 豊橋店　☎ 0532・69・1331

足場のよい階段からの釣りがおすすめ

愛知県西尾市
一色港

女性でも快適な釣り場

周辺施設も充実で家族釣行におすすめ

一色漁港の一色さかな広場は新鮮な海の幸を買える施設。飲食店、駐車場、トイレもある。家族釣行にもおすすめの釣り場で、もちろんハゼの実績も高い。広範囲を探るほうが釣果を望め、チョイ投げがおすすめ。ロッドは2m以下。ナイロン3号程度のミチイトに小型スピニングリールがセットされたパックロッドでよい。5号オモリを付けたハゼ用テンビンに、6号か7号のハゼバリをセットする。エサはこのエリアではアオイソメより細くて柔らかく、吸い込みのよいイシゴカイ（ジャリメ）がポピュラー。通し掛けにして2㎝ほど垂らす。ベテランはPE0.3～0.4号に3g前後のオモリを用いて数を伸ばしている。

時合は満潮近くの上げ潮がよい。朝マヅメが重なる潮回りだとより釣果が望める。

水深は2～3mで底は砂に岩や牡蠣殻が混じる。波や流れの影響で小さな起伏が所々にあり、そんな所がねらいめだ。ほかにもウロハゼやカサゴ、まれにセイゴが釣れる。ベストシーズンは9～10月。初期の小型が多い時期は、サヨリバリの5号程度を使うとよい。特におすすめのエリアは、青いタンクのある場所から浮き桟橋の間である。

●交　通　R 247 一色港入口交差点から県道 476 号線に入り一色港へ。
●問合先　フィッシング遊 岡崎店　☎ 0564・84・5541

愛知県半田市
亀崎海岸緑地

ハゼクラでサイトフィッシングもできる

ミャク釣り、ウキ釣り、チョイ投げ、ハゼクラと幅広いハゼ釣りが楽しめるポイント。亀崎港内でも釣れるが、おすすめは根掛かりが少ない砂浜。この砂浜は遠浅で、手前にたくさんハゼがいる。ハゼクラでねらうと追ってくる魚が見えることもある。おすすめはバスデイ「はぜむし ss」のアカキン。標準装備のアユバリの威力は素晴らしく、ヒット率が高まる。サオはトラウトロッドかアジングロッド、イトはナイロンの 0.8 ～1号がおすすめ。

エサでねらうのなら、チョイ投げ。ハゼ用テンビンにオモリ 1.5 ～3号、ハゼバリ5～7号があれば安心。エサはイシゴカイを5㎜ほど垂らすとよい。サビいては止め、時おりトントントンと小刻みに誘う。カケアガリを感じたら、サオを戻しながらゆっくりイトフケを取る。

釣れるタイミングは朝マヅメに満潮からの下げ潮が重なる日。近隣に駐車場もあるが、条件のよい日は混雑するので要注意。トイレもあるので女性や子どもと一緒に来ても困ることはないだろう。亀崎駅から歩いて 15 分程度なので電車釣行も可能だ（山本）。

●交　通　JR 武豊線・亀崎駅から徒歩約 15 分。
●問合先　フィッシング遊 刈谷港店
☎ 0566・93・8826

穏やかな砂浜

愛知県名古屋市
稲永公園

足場が非常によい

ハゼ以外のゲストも豊富

足場がよく安心して遊べるこの釣り場は満潮時のチョイ投げがおすすめ。干潮時は干上がって釣りにくい。一方、満潮時はウキ釣りも可能になるほど手前の浅場にも魚が寄ってくる。10 mほど投げられればハゼは釣れる。

タックルは2000～3000円でサオから仕掛けまでオールインワンのセット品で対応できる。大人なら3m、子どもなら2mくらいが扱いやすい。オモリは8号程度がよい。ハリはハゼバリかキスバリの6～7号。どちらを選んでもそれほど差はなく、完成仕掛けで釣れる。エサはイシゴカイがよい。半分にちぎって使うとちょうどよいだろう。初心者でも1時間に5尾程度、上手い人なら20尾程度釣る。

ここではハゼ以外にもキビレやセイゴが同じ仕掛けでコンスタントに釣れる。夜はウナギを本格的にねらう釣り人が集まる。予想外のゲストも釣れることがあるだろう。

釣行前や釣行中の仕掛けやエサの調達には、このポイントから約10分の「かめや釣り具名古屋みなと店」がおすすめ。7月中旬から10月がハゼのシーズン。最近、ハゼ釣りは特に人気があるそうだ。釣り座としてはサッカー場前から野鳥観察館前がおすすめ。

●交　通　あおなみ線・野跡駅下車、徒歩約10分。
●問合先　かめや釣り具 名古屋みなと店
☎ 052・661・9141

大阪府大阪市
淀川・十三大橋右岸

アクセスのよい定番ハゼ釣り場

十三駅から歩いて行けるこの釣り場は駐車場も多く、電車と車のどちらでもアクセスが良好。橋の下は日陰にもなっているので、日焼けや暑さからも逃れられる。手前はゴロタ場でその先は砂と岩混じりの川底。ここではゴロタの先に魚が多く潜んでいるので、チョイ投げのほうが多く釣果を望める。150㎝程度のパックロッドを用いて、ハゼ用のテンビンで探れる範囲で充分釣れる。オモリは5～6号でよい。ハリはハゼバリ8号がおすすめ。ハリは少し大きいほうが飲まれにくい。袖バリでもよいが、ハゼバリのほうが軸も太く、口に掛かりやすいので使い勝手がよい。

ウキ釣りをする際には、4m前後のノベザオがよい。ハリにイシゴカイを付け、3～5㎝垂らす。釣れる場所を探して釣っていくイメージだ。

釣行のタイミングは朝マヅメやタマヅメがよく釣れるのでおすすめ。特に満潮時からの下げ潮がよい。干潮時は引きすぎてしまい釣りにくい。完成仕掛けと簡単なタックルで対応可能なので手軽に楽しめる。

近年このエリアではハゼ釣りの人が減っているようだが、魚はまだまだいるのでねらってみる価値あり。

●交　通　神戸本線、宝塚本線、京都本線・十三駅下車。
●問合先　フィッシングエイト2
☎ 072・636・0008

駅から近いので簡単にアクセスできる

大阪府大阪市

淀川・姫島橋駅周辺

ゴロタの先をねらうが吉

変化の多い川だ

姫島駅と淀川駅を結ぶ橋の下は、姫島駅からは徒歩5分。ここはテナガエビのポイントでありハゼのポイントでもある。対岸は現在工事中のようだ。近辺には駐車場もあり、車でのアクセスも可能。はるか先の上流には堰があり、そこから河口まではハゼが生息していると思われる。1本上流に淀川大橋もあるがここもおすすめ。

9月まではテナガエビの2号バリで対応できる。その場合エサはアカムシでよい。5～10㎝の魚も釣りやすい。型が大きくなる10月はハゼバリ7号くらいを使いたい。比例してエサのサイズも上げる必要がある。柔らかく吸い込みのよいミズゴカイやイシゴカイ（ジャリメ）を使う。

釣り方は潮が満ちていれば、ウキ釣りがよい。サオは1.8mクラスでも対応できるが、引いてくると2.7m程度の長さのサオが釣りやすい。2本あると万全だ。潮が引いていればチョイ投げもよい。ハゼが好む砂と岩の混在した川底になっているので、根掛かりを避けやすい1.5号などの軽いオモリをテンビンに付けて広範囲を探ろう。

満潮からの下げ潮の時間がよく釣れている。魚は手前のゴロタの中よりもその先に多くいる。

●交　通　阪神本線・姫島駅下車。
●問合先　フィッシングジャンプ
☎ 06・6327・5331

大阪府大阪市

淀川・姫島河川敷グラウンド付近

砂地に岩が点在するエリア

ここは砂の多いエリア。岸や沖に岩が点在しており、ハゼが好む川底だ。

チョイ投げかノベザオでの釣りがおすすめ。チョイ投げの場合は、持っているサオで投げることのできる範囲に合わせてオモリを選ぼう。もちろんテンビン仕掛けだ。7～8フィートのルアーロッドで対応できる。メバルやアジなどのライトゲーム用タックルや、軟らかいバスロッド、トラウトロッドなどを選べばよいだろう。ハリはハゼバリ4号、エサは柔らかく吸い込みのよいイシゴカイを1匹付けよう。

ノベザオは3～5mザオでのウキ釣りがおすすめ。この場合は玉ウキの仕掛けで充分。ハリはチョイ投げで使用するサイズと同様。エサはアカムシも有効。1匹付ければよい。その場合はテナガ用の2号のエビバリを使うと小型のハゼもヒットしやすい。また、ハゼクラも可能だが、根掛かりが多いため注意して探る必要がある。

塚本駅からは徒歩10分程度。駐車場もあり、電車でも車でもアクセスのよい釣り場だ。

●交　通　JR神戸線・塚本駅下車。
●問合先　フィッシングマックス 武庫川店
☎ 06・6411・4848

このようなゴロタ場が広がる

ハゼ釣りカレンダーに異変あり!?

「マハゼの棲み処調査」から見えてきたこと

マハゼは老若男女気軽に、また奥深く楽しめる釣魚。夏は浅場でデキハゼ釣り、秋～冬にかけて深場をねらう落ちハゼ釣り、春～初夏は穴釣りでヒネハゼねらいと季節の釣り方が工夫されてきた。しかし近年釣り場環境の変化等の影響で大幅な資源量の減少が懸念されている。そんな東京湾のマハゼに着目して最新の調査結果を解析すると、季節ごとのマハゼ釣りの状況が変わってきていることが見えてきた。

解説◎古川恵太（海辺つくり研究会）

マハゼは大きさや釣れる季節によってデキハゼ、落ちハゼ、ヒネハゼと呼ばれる。それほど身近で古くから親しまれてきた魚だ

マハゼの生活史と釣り

マハゼ釣りは産卵行動とそれに続く生活史に深く関係がある。マハゼは海と川を行き来する回遊魚であり、冬に深場（水深6～8m程度）の泥交じりの海底に巣穴を掘り、一つがいで1～2万粒の卵を巣穴の中に産み付ける。2000年くらいまで行なわれていた東京都の調査では、羽田沖（多摩川河口）や三枚洲（荒川・旧江戸川河口）、三番瀬などで多くの産卵孔が観察されており、産卵の最盛期は3月中旬から下旬であった。

卵は産卵から約1ヵ月でふ化し、1～2㎝程度の稚魚となる。この稚魚は河川や運河など海水と淡水が混じり合う汽水域を遡上し、河岸の浅瀬や潮溜まりなどに集まる。しばらくはプランクトンが主食であるが、成長するにつれゴカイなどの底生動物を食すようになる。そうして初夏から夏に

マハゼは老若男女問わず楽しめる貴重なターゲット

古川恵太

国土技術政策総合研究所、海洋政策研究所などを経て、2019年より海辺つくり研究会理事長。2008年より江戸前ハゼ復活プロジェクトを立ち上げ、東京湾のハゼ釣り復活の道を探っている

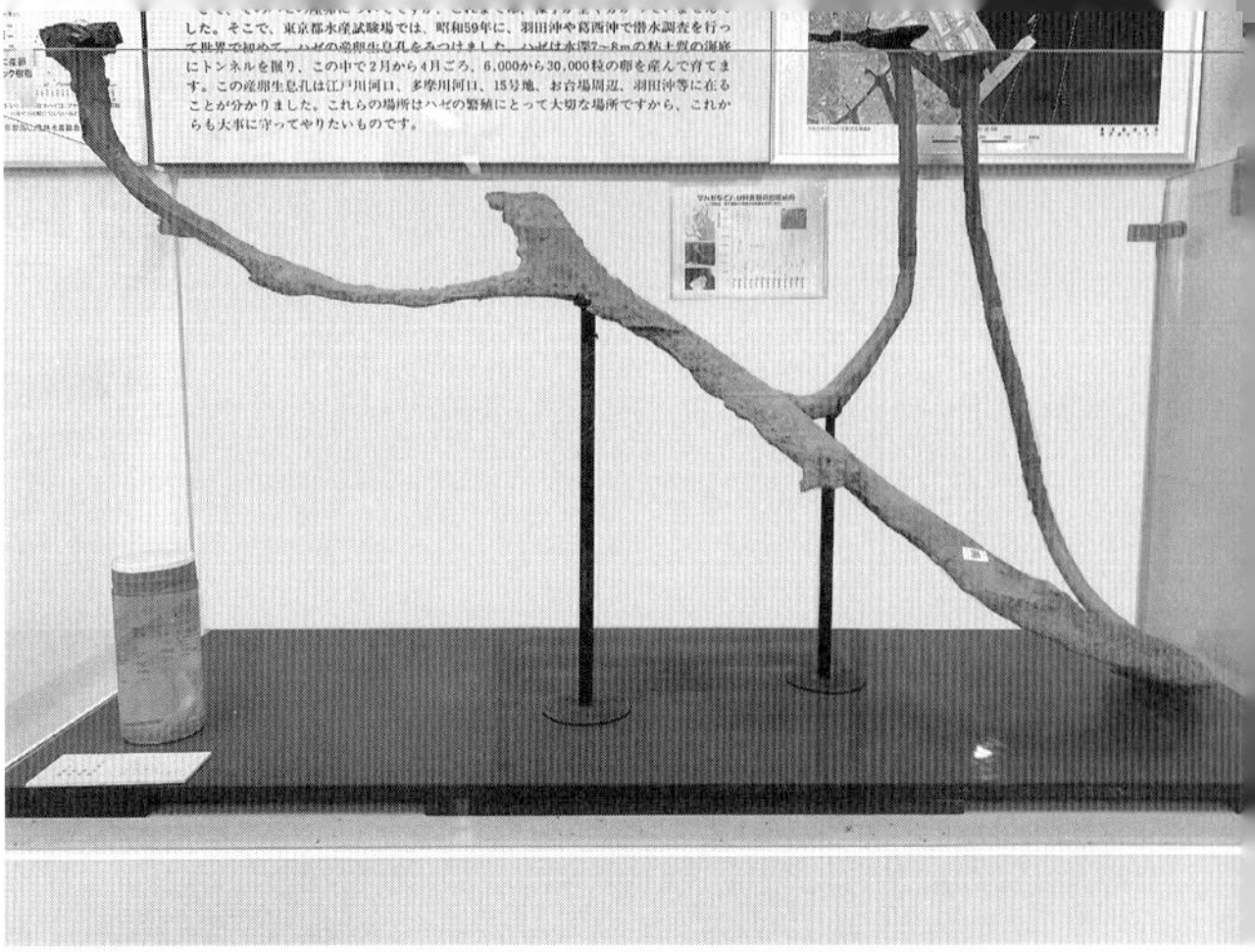

東京都島しょ農林水産総合センターに展示されているマハゼの巣穴の模型。実際の巣穴に樹脂を流し込んで固めたもので、卵の痕も見ることができる。大きさは幅 187㎝・高さ 104㎝・奥行き 75㎝。あの小さな魚体からは想像できないほど大きな巣穴だ

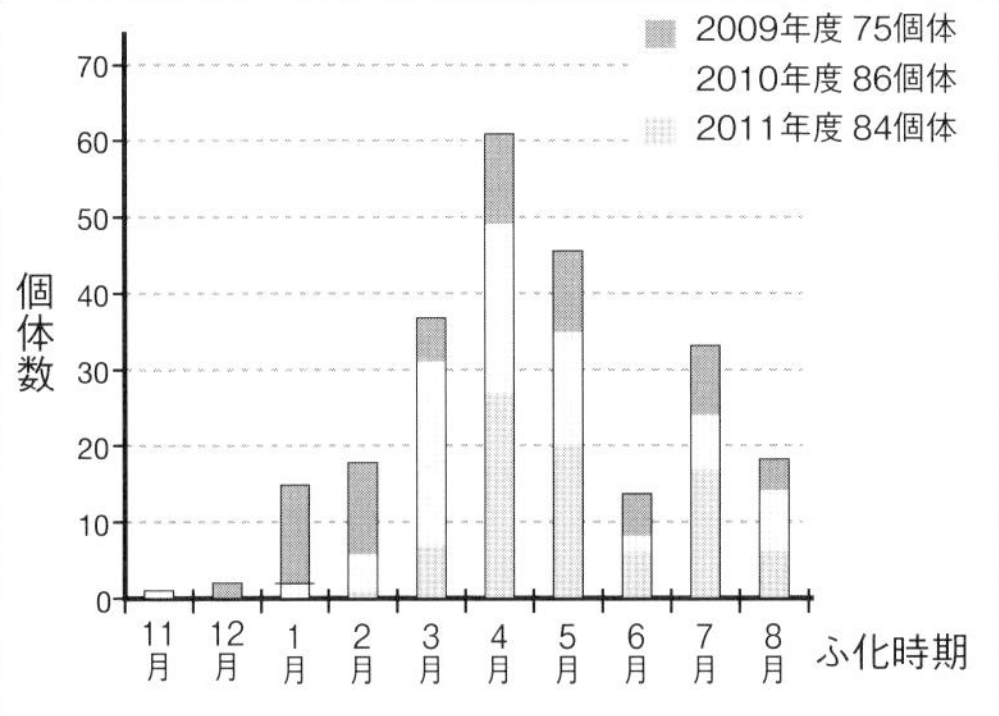

図 1. 耳石から推定されたふ化時期の分布（吉田ら（2013）より作成）

かけて6㎝程度に成長した夏ハゼは、水深50㎝〜2m程度の河口・運河の浅瀬に集まる。この時期1ヵ月に1・5㎝くらいの速度で成長し、昼夜の区別なく食いがよいことが特徴である。やがて初秋から冬にかけて成熟し、産卵するために深場へ移動する。投げ釣りや船釣りで13㎝を超えるマハゼがねらえるようになるものの、エサへの活性は全体として低く、小さなアタリを聞く繊細な釣りが要求される時期である。産卵を終えると一生を終えるようで、産卵を経験した形跡を持つ大型個体は確認されていない。

　以上がマハゼの1年間の生活史であるが、中にはこれを外れて産卵に参加しない群がある。翌年まで生き残ることでヒネハゼと呼ばれるようになり、春先に11㎝、初夏に13㎝、秋には16㎝を超える大型の群が形成される。1950年代の調査結果では、釣れるマハゼの半数がヒネハゼであり、全長で20㎝超のマハゼも珍しくなかった。

「マハゼの棲み処調査」で見えてきた変化

　こうした汽水域を行き来するマハゼの生活史に着目し、東京湾の環境変化を示す指標とすべく2008年にマハゼの調査「江戸前ハゼ復活プロジェクト」が開始された。

　調査を開始してまず驚いたのはヒネハゼが見つからないことだった。調査ではふ化から何日経過しているのかを把握するために耳石（内耳で日々成長する炭酸カルシウムの結晶）を取り出して確認した。耳石には木でいうところの年輪のように、1日ごとに輪紋が刻まれる。輪紋を数えることで日齢がわかるのだ。耳石を取り出して日齢を確認する調査では、2009年から2011年の6〜9月に採取された245尾のマハゼのうち、最も長寿の個体でふ化後300日（17㎝）、多くはふ化後150

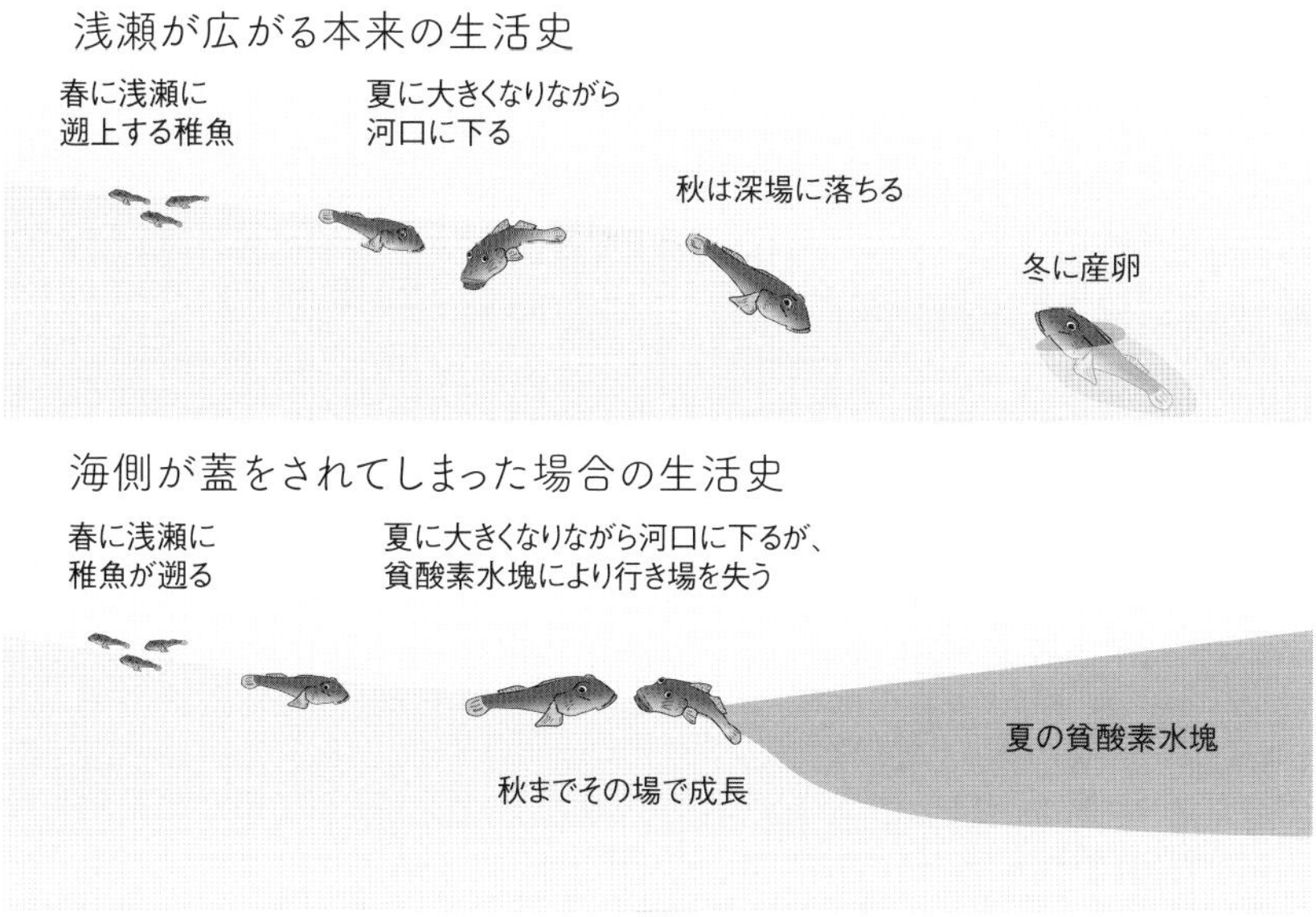
浅瀬が広がる本来の生活史
春に浅瀬に
遡上する稚魚
夏に大きくなりながら
河口に下る
秋は深場に落ちる
冬に産卵
海側が蓋をされてしまった場合の生活史
春に浅瀬に
稚魚が遡る
夏に大きくなりながら河口に下るが、
貧酸素水塊により行き場を失う
秋までその場で成長
夏の貧酸素水塊

図2.1940年と2020年の採捕個体から推測される生まれ月

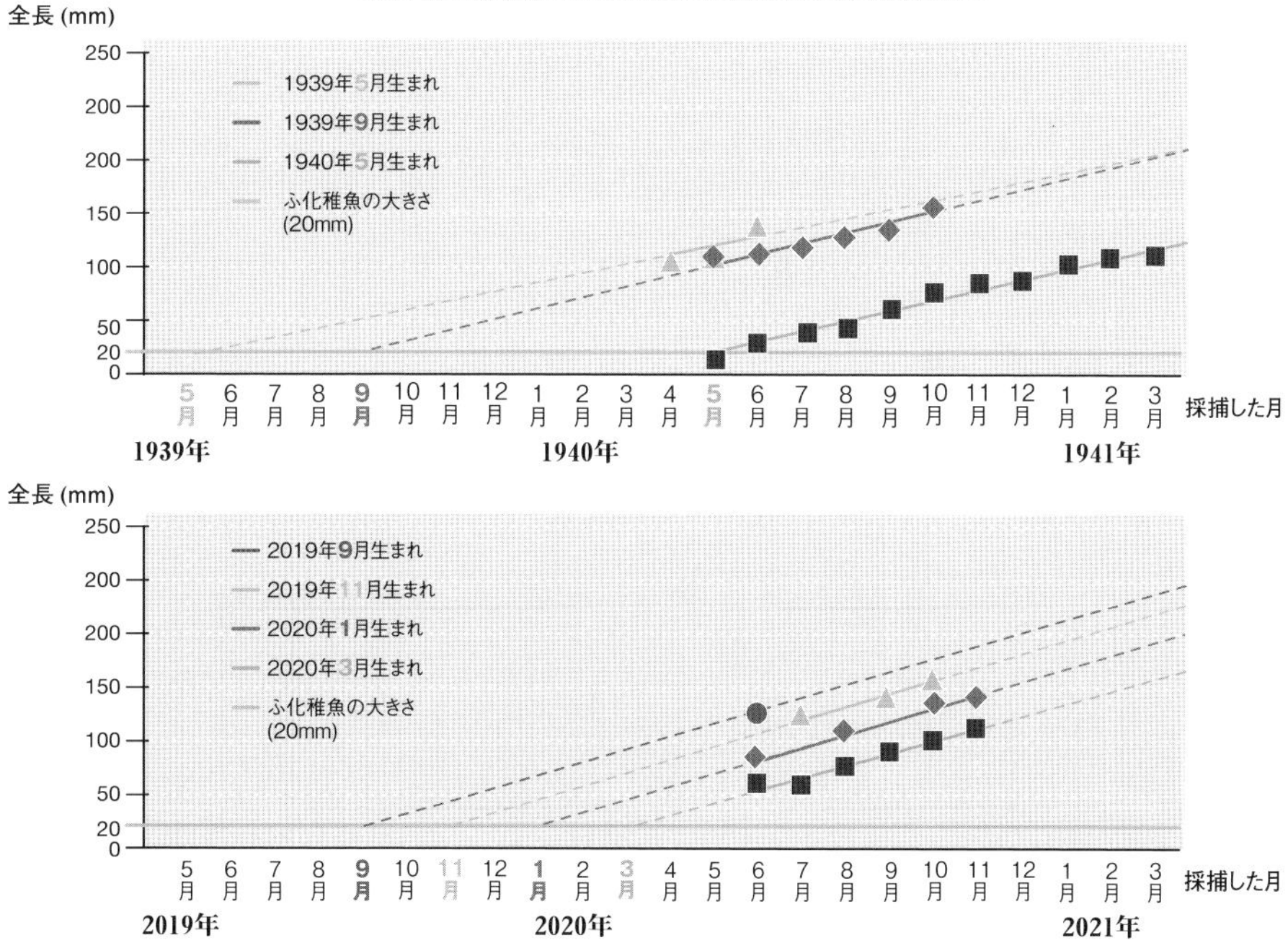
全長 (mm)
250
200
200
150
100
50
20
0
1939年5月生まれ
1939年9月生まれ
1940年5月生まれ
ふ化稚魚の大きさ
(20mm)
5月 6月 7月 8月 9月 10月 11月 12月 1月 2月 3月 4月 5月 6月 7月 8月 9月 10月 11月 12月 1月 2月 3月
採捕した月
1939年
1940年
1941年
全長 (mm)
250
200
200
150
100
50
20
0
2019年9月生まれ
2019年11月生まれ
2020年1月生まれ
2020年3月生まれ
ふ化稚魚の大きさ
(20mm)
5月 6月 7月 8月 9月 10月 11月 12月 1月 2月 3月 4月 5月 6月 7月 8月 9月 10月 11月 12月 1月 2月 3月
採捕した月
2019年
2020年
2021年

〜200日（8〜12㎝）であった。

その結果から逆算してふ化日を確認すると、前年の11月から当年の8月がふ化時期となっていた。つまり採取された個体はすべて1年以内に生まれたデキハゼで2年を超えて成長したヒネハゼがいなかったのである。ふ化のピークは、4月（春生まれ）の他、7月（初夏生まれ）にも現われていた（図1）。

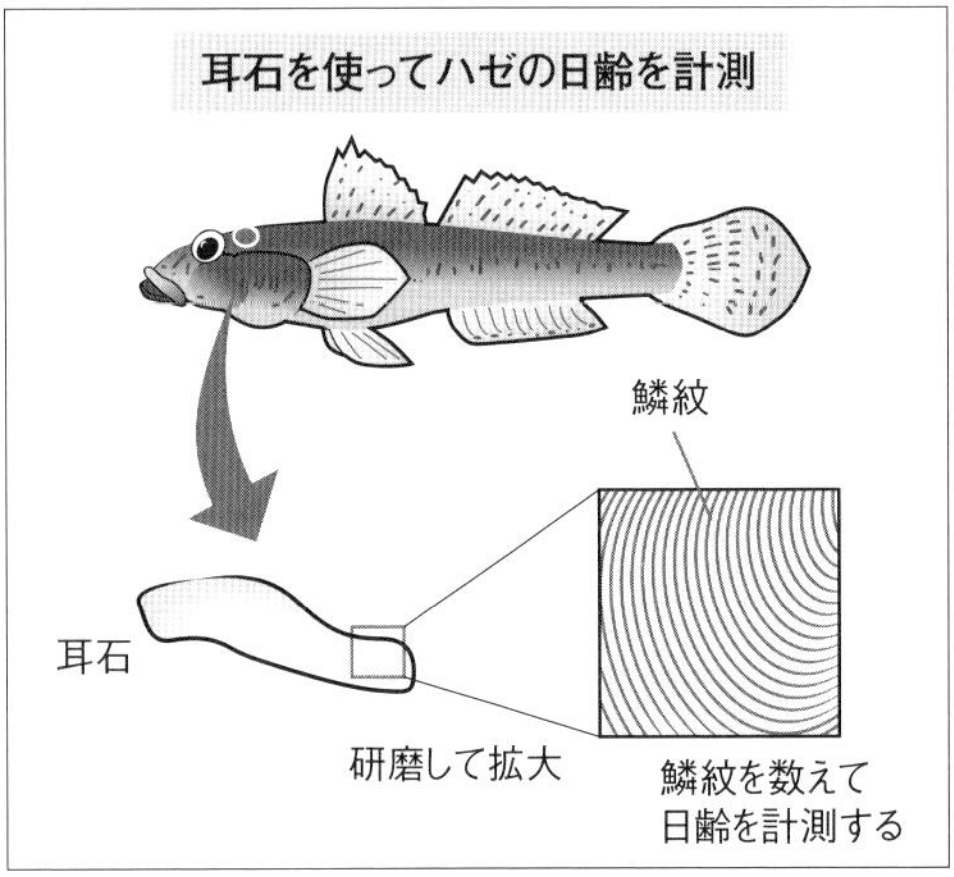

最近のヒネハゼは初夏生まれが年を越したものだと考えられる。1950年代のヒネハゼは前年の4月生まれであったと勘案すると、今より型が大きく2年目の秋・冬には20㎝を超えるサイズになっていたことも納得できる。

ふ化日を推定することで同じ場所で生まれた群の移動が追跡できる。たとえば京浜運河の南端の夏ハゼは東京港側を抜けて羽田空港に向けて南下していく群と、海老取川を通って多摩川河口に向かう群に分かれていた。

より多くの全長データを収集することが研究を進めるために必要となり、2012年からは市民参加型調査として「マハゼの棲み処調査」が開始された。2020年度までの調査で、延べ3000人（450地点：重複あり）の釣り人から、2万尾のマハゼの全長データの提供を受けた。

調査結果を1940年の宮崎先生の調査結果と合わせて整理してみると、春のふ化群、初夏のふ化群だけでなく、前年の11〜12月ごろのふ化群があることが見えてきた（図2）。

また、地点ごとには、左頁写真①7〜9月の間に全長が毎月1〜2㎝程度大きくなる地点（三番瀬、京浜運河、鶴見川など）、写真②あまり全長が変わらずいつも同じようなサイズが釣れる地点（盤洲・木更津市、江戸川放水路、小名木川など）、写真③小型が混ざる地点（多摩川河口、鶴見川、平潟湾など）の3つのパターンがあることが発見された。

①の地点は海側の底層に貧酸素水塊が広がり、汽水域が蓋をされているようにマハゼが閉じ込められている厳しい環境である。実は東京港の内港である運河域の多くがこのパターンに該当し、こうした場所での産卵や稚魚の成長機構の解明と再生方策の検討が急務となっている。

②の地点は、従来のマハゼの生活史が保たれており、毎月新しい群が入ってくるとともに、大きくなった群が次の生息地に移動して出て行っているため見かけの大きさが変化しない場となっている。こうした場所をきちんと保全することがマハゼの資源量を増やしていくために必要である。

③の地点はその年の春から初夏生まれが

夏に見られるパターンが主であったが、最近は秋冬にデキハゼのような5～6㎝のマハゼが見られる地点が増えてきている。このマハゼは前年の9～11月にふ化した群であり、夏の高水温や貧酸素を避けて成長できる新たな群として期待が持てる。

ハゼ釣りの楽しみ方が変わる？

このように冬生まれ群を主体とする夏ハゼ、秋の落ちハゼという今までのマハゼ釣りのカレンダーが変わりつつある。今年の江戸川放水路では、6月の時点で5㎝の当年春生まれ、8㎝の当年冬生まれ（本来のデキハゼ）の他、12㎝の昨年秋生まれの3群が混ざっていた。

デキハゼよりも小さいマハゼをいかに釣るか？　突然混ざる大型ハゼにも対処できる仕掛けとは？　さらには、貧酸素水塊や夏の高水温から逃れた元気なマハゼはどこにいるのか？　などなど疑問は尽きない。地形や水質・底質、エサ環境などの組み合わせをパズルのように解き、マハゼが産卵・成長できる環境を保全して今後も楽しくマハゼを釣り、季節の味を楽しんでいきたいものである。

①タイプの地点例／鶴見川。貧酸素水塊が発生しやすい7～9月において月日が進むごとに釣れるサイズが大きくなっていく

②タイプの地点例／小名木川。ここのハゼは7～9月の間に釣れるサイズが変動しない

③タイプの地点例／多摩川。秋冬でも小型が混じる。貧酸素水塊を回避できる新しい群として期待できる

知らなかった！

わずかに残された浅場・干潟で、かろうじて生き残ろうとする姿が明らかに

東京湾マハゼの最新生態事情

◎写真・文
工藤孝浩
（日本魚類学会）

かつての秋の東京湾。三枚洲の沖には多くのハゼ釣り船が結集して賑わっていた（1965年頃：沢田洋一氏撮影）

釣り人が参画したハゼ釣り調査

私は東京湾の環境再生のシンボルとして早くからマハゼに注目し、１９９０年代にマハゼの生態調査に着手した。しかし、フィールドである神奈川県海面には漁獲データすら存在せず、生息数をイチから自前で調べるところから始めなければならなかった。

その時に用いた調査手法が、ハゼ釣り大会の形式をとった住民参加型の釣果情報の収集だった。現地に設けた受付でエサとアンケート用紙を配付し、参加者は釣り場、釣り時間、仕掛け、魚種別尾数等とともに、用紙備え付けのメジャーでハゼの全長も測って記入する。

受付にアンケートを提出すると、参加賞のテレホンカード（時代を感じさせる）がもらえるというシステムだ。

この手法は狭い水域にターゲットを絞った際に有効で、横浜市南部の平潟湾周辺で１９９６～98年に実施された。その結果は、平潟湾と東京湾とを繋ぐ２本の水路のうちの１つである野島水路の開放に伴う魚類相回復の検討に用いられた。

それから十余年を経た２００８年、マハゼの再生を目標とした「江戸前ハゼ復活プロジェクト」が立ち上がった（古川ほか、２０１５）。国交省国土技術政策総合研究所（「国総研」と略す）の研究者と（一財）東京水産振興会を事務局として、研究者、行政、NPOなどの多様な顔ぶれが参画し、私もメンバーとなった。プロジェクトの目標は３つで、マハゼの生活史や棲み処の情報収集、マハゼの資源回復のための戦略検討、その戦略に基づく回復策の実施である。

その中で、２０１２～14年に市民参加型のハゼ釣り調査を実施した。手法は90年代の平潟湾方式を踏襲した自己申告アンケートだが、その後普及したインターネットを

活用して対象を東京湾全体へと広げ、参加の呼びかけや調査シートの配付、結果の公開などは主にウェブ上のサイトで行なった。

　この調査と並行して、船を仕立てて腕利きのハゼ釣り名手を乗せて調査地点を周り、一定時間の釣りと多項目水質計で水質観測を行なう事務局直営の調査を、朝潮運河周辺、京浜運河周辺、多摩川河口周辺で実施した。釣り手は、つり人社の鈴木康友前社長をはじめとする東京はぜ釣り研究会員などのそうそうたる顔ぶれで、「いるハゼは必ず釣ったし、このメンバーで釣れなければハゼはいない」と言い切れるデータを収集した。

　これらの調査から、今の東京湾を生きるマハゼの暮らしぶりがしだいに見えてくるにつれて、定説を覆す驚くべき事実が次々に明らかになった。

2013年から毎秋開催されている「東京湾大感謝祭」。そのハゼ釣り体験コーナーで参加者にハゼ生態調査の協力を求める筆者（右端）

ハゼの空間分布を捉えた

　2012〜14年のハゼ釣り調査には各年に延べ102〜135人が参加し、116〜137ヵ所から釣獲尾数と全長組成データが得られた（古川ほか、2015）。

　これらのデータのうち、7〜9月の3ヵ月間の平均全長を場所ごとに再整理し、全長変化の大小（成長速度の遅速）とその年の全地点平均とを比べ大きさでパターン分けした。すなわち、次頁の図1にある①…全長変化が少ない（見かけ上成長が遅い）地点、②…全長変化も全長も大きな地点、③…全長変化は大きいが全長が小さい地点の3パターンである。

　3ヵ年分の結果をまとめて図1に示した。年によってパターンが変化した地点については、それぞれのパターンを2分割、3分割して示している。この結果から次のような空間分布が見えてきた。

　まずパターン①で示された地点は、そこに滞留しない通過点であると推察された。ハゼは成長に伴って順次その場を離れ、その移動先には適切な生息場が存在する。江戸川放水路や木更津周辺がその代表で、それぞれの前面海域には三枚洲・三番瀬や盤洲干潟といった東京湾最大の浅場・干潟が広がっているエリアである。

　パターン②、③のように大きな全長変化

釣ったハゼはその場で細かく記録される

こちらもハゼ釣り大会の形式をとった釣果の収集調査。受付でエサとアンケートを配付し、回収時にテレホンカードを渡して釣り人の協力を得た（1998年 横浜市平潟湾）

図1 東京湾各地のハゼの成長速度の遅速と貧酸素水塊

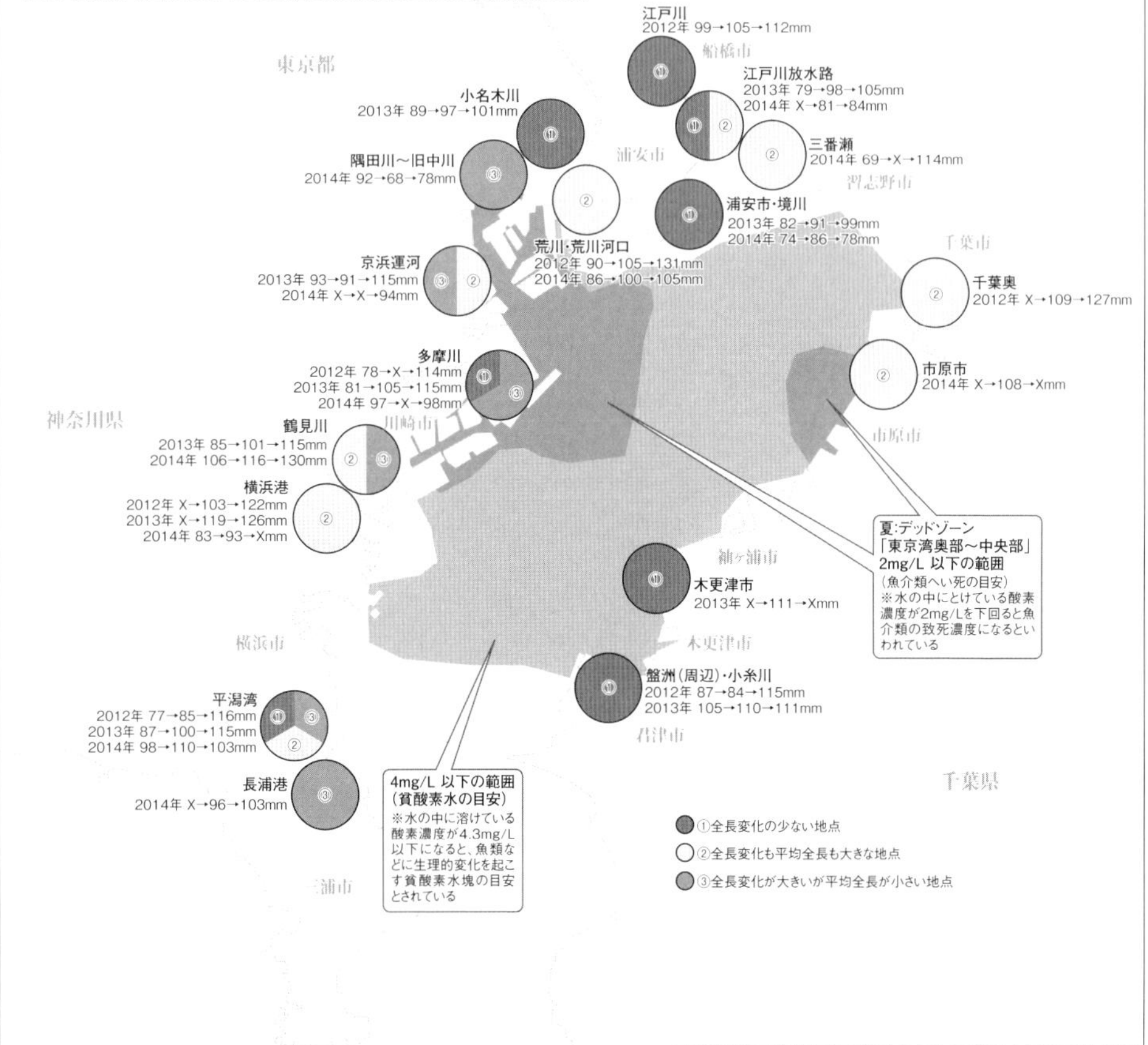

※「古川ほか（2015）」「東京湾の環境をよくするために行動する会（2008）」から改写

は、その場に滞留して成長していることを示している。滞留の原因としては、豊富なエサや少ない捕食者という正の要因と、移動先の環境が悪い（後述するデッドゾーンの存在など）といった負の要因がある。正の要因が効いている地点は、パターン①が混じる多摩川や平潟湾。負の要因が効いているのが横浜港、鶴見川、京浜運河、隅田川・荒川、千葉港奥、市原市などと推定された。また、その場で成長しているが全長が小さいパターン③は、通常より遅く生まれたハゼが多いものと考えられた。

図1にはさらに、東京湾最大の環境課題であるデッドゾーン（夏季に底層の溶存酸素が欠乏して生物が生息困難となるエリア）の広がりを示した図（東京湾の環境をよくするために行動する会、2008）も重ね合わせた。濃灰色は魚介類がへい死する目安となる溶存酸素2㎎／ℓ以下の範囲を、薄灰色は魚類などに生理的な悪影響を引き起こす貧酸素水塊の目安とされる4㎎／ℓ以下の範囲を示している。

パターン②・③地点の前面にはデッドゾーンが広がっており、これがハゼの移動を妨げているものと推察された。

耳石はドライブレコーダー

釣りを通じたマハゼの空間分布にかかる推察を具体的なデータから支持したのが、耳石を用いた研究である。

耳石とは、魚の内耳にある炭酸カルシウムの結晶からなる組織で、平衡感覚をつかさどる。頭骨から左右一対出てくる白色不透明の小さな硬い石のようなもので、マハゼでは扁平な楕円形をしており、全長10㎝のもので長径3・5㎜、短径2・8㎜前後である。

耳石は日々少しずつ成長するのだが、成長した時期によって光の透過性が変わるためその断面には同心円状の輪紋が見える。この輪紋は成長の履歴であり、木の年輪を数えるようにして魚の年齢を知ることができる。水産研究の世界では、耳石の輪紋を数える方法がクラシカルな年齢査定法として長年用いられてきた。

１９８０年代になって電子顕微鏡で耳石の微細構造が調べられると、多くの魚から1日に1本ずつ形成される日輪の存在が知られるようになった。日輪を数えることでその魚が生まれてからの経過日数、すなわち日齢が分かり、特にマハゼやアユのような年魚やシラスのような若齢魚の生態研究が飛躍的に進歩した。

耳石がもたらす情報は日齢のみならず、その魚が海にいたのか川にいたのかという生息環境の履歴をも教えてくれる。そのメカニズムは次のとおりである。

耳石は、その表面に炭酸カルシウムを日々沈着させて成長する。炭酸カルシウムは体内で合成されるが、その素材のカルシウム（Ca）は魚が暮らしている環境水からその都度取り込まれる。

一方、環境水中には微量元素としてストロンチウム（Sr）が存在しており、カルシウムとともに取り込まれて耳石に沈着する。ストロンチウムは元素の周期表でカルシウムの真下に置かれていることからも分かるように、化学的な性質がカルシウムと

釣り名手を揃えたプロジェクト直営のハゼ釣り調査のようす（2014年 多摩川河口）

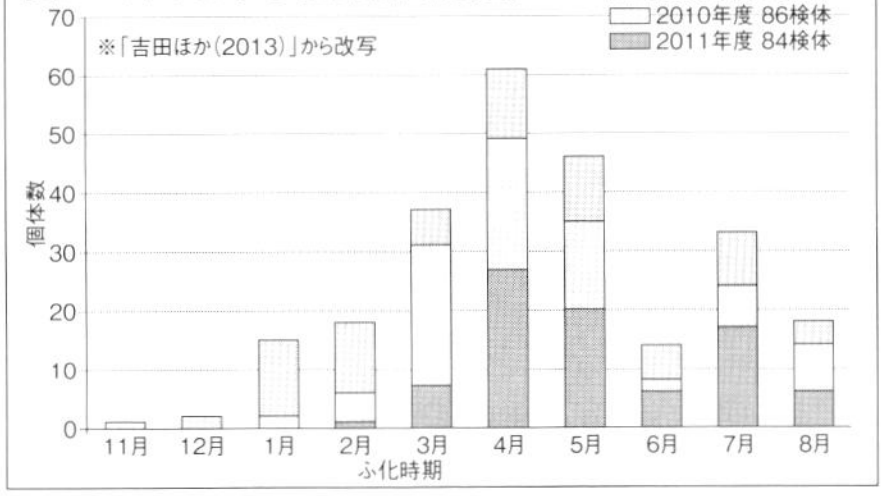

図2 マハゼのふ化時期（推定）

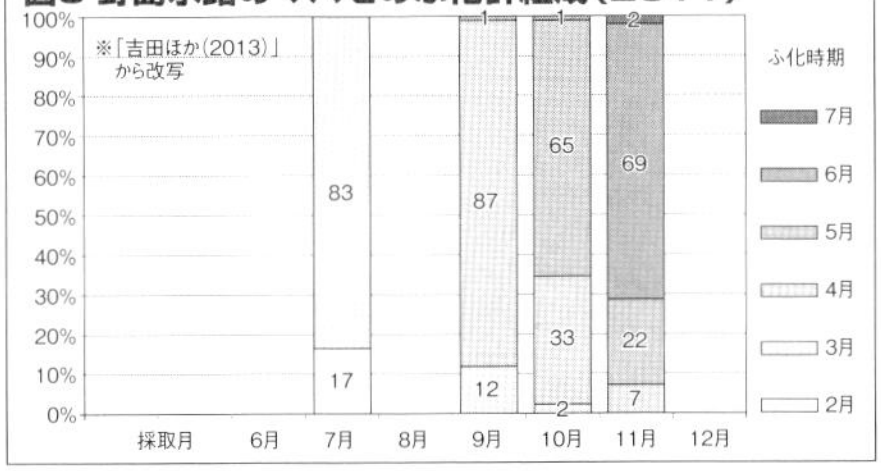

図3 野島水路のマハゼのふ化群組成（2011）

よく似ており生体内では同様に振る舞う。

原発事故では、放射性ストロンチウム（Sr90）が骨に沈着して長期にわたる内部被爆をもたらしてしまうが、これもストロンチウムが体内でカルシウムと同じ振る舞いをすることによる。

ストロンチウムは海水中に多く含まれ、その濃度は河川水の100倍にも達する。そのために、マハゼが海で暮らしている間にできた耳石には多くのストロンチウムが含まれることになる。すなわち、耳石中のカルシウムに対するストロンチウムの比（Sr／Ca比）は、海水生活期に高く淡水生活期に低くなるのである。

さらに、耳石の日齢を読み取った部位ごとにストロンチウムとカルシウムの含有量を分析してSr／Ca比を割り出せば、ある日のマハゼが海にいたのか川にいたのかが分かる。つまり、耳石に刻まれた日輪と微量元素量とを併せて解析することで、海や川を行き来した履歴を追跡できる。まさに耳石はマハゼに搭載されたドライブレコーダーなのである。

耳石が語る現代ハゼ事情

耳石を用いた研究は国総研により2009年以降精力的に進められ、私もサ

江戸川放水路。干潟の前面に水深数mから十数mにかけて前置斜面という砂質から泥質へと徐々に変化する緩やかな斜面があり、そこがハゼの大産卵場になっていると考えられる

ビルの谷間に直線的な垂直護岸が続く北十間川では7月は良型が多く、8月になると小型が増えるという。かつてのハゼ暦とは少し違うのは、実は生まれも育ちも違うからかもしれない

図4 朝潮運河のマハゼのふ化群組成(2011)

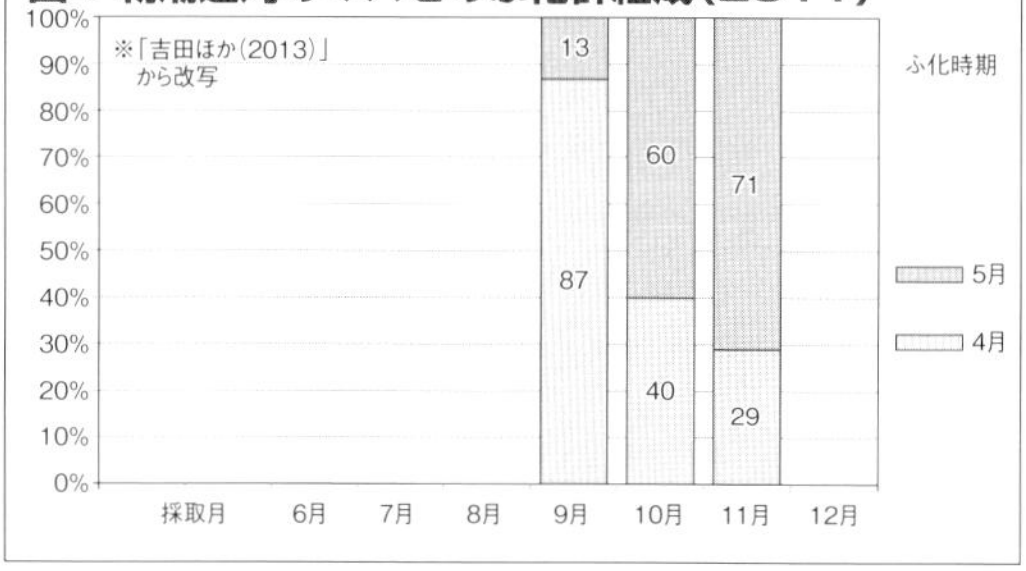

図5 採取したマハゼに見られた日齢に伴う耳石中のSr/Caの変動パターン ※「岡田(2014)」から改写

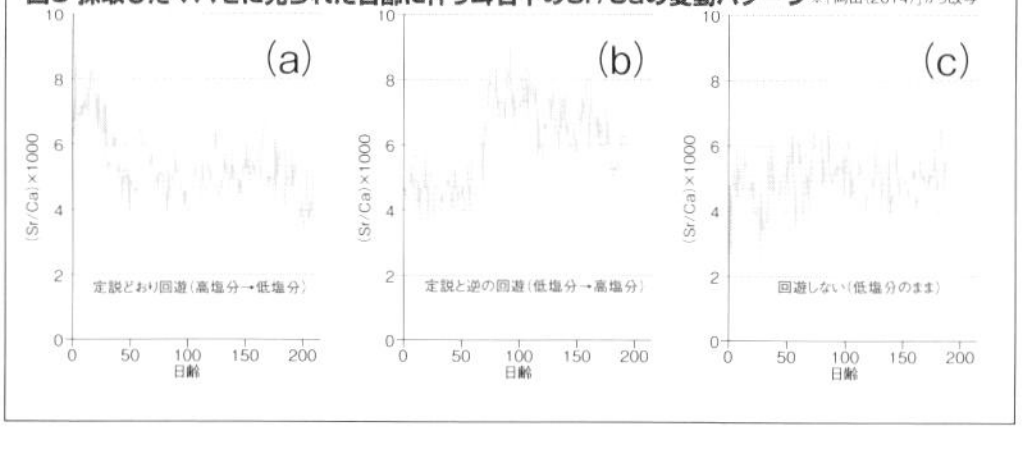

図6 地点別のマハゼの回遊パターン ※「岡田(2014)」から改写

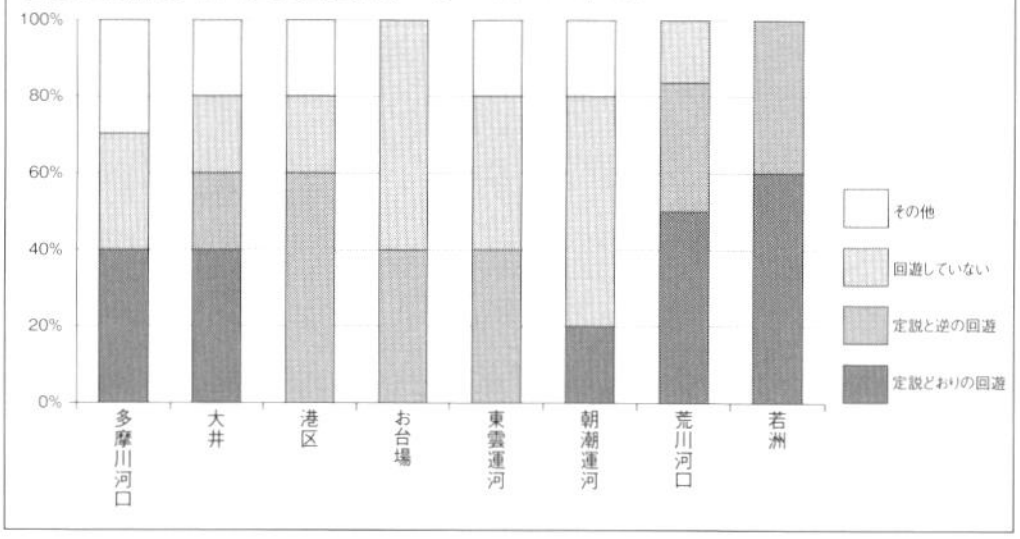

ンプル提供などで協力した。ここでは吉田ほか（2013）と岡田（2014）に基づく研究成果を紹介する。

マハゼの耳石から日齢を読み取り、採集日から逆算してふ化した時期を推定し図2に示した。驚いたことに、ハゼのふ化は定説に語られた冬から春だけでなく長期間にわたっていた。そのピークは年によって異なるが、3~5月の春季のほか7・8月の夏季も多かった。

図7 回遊履歴の違いによるグループ分け

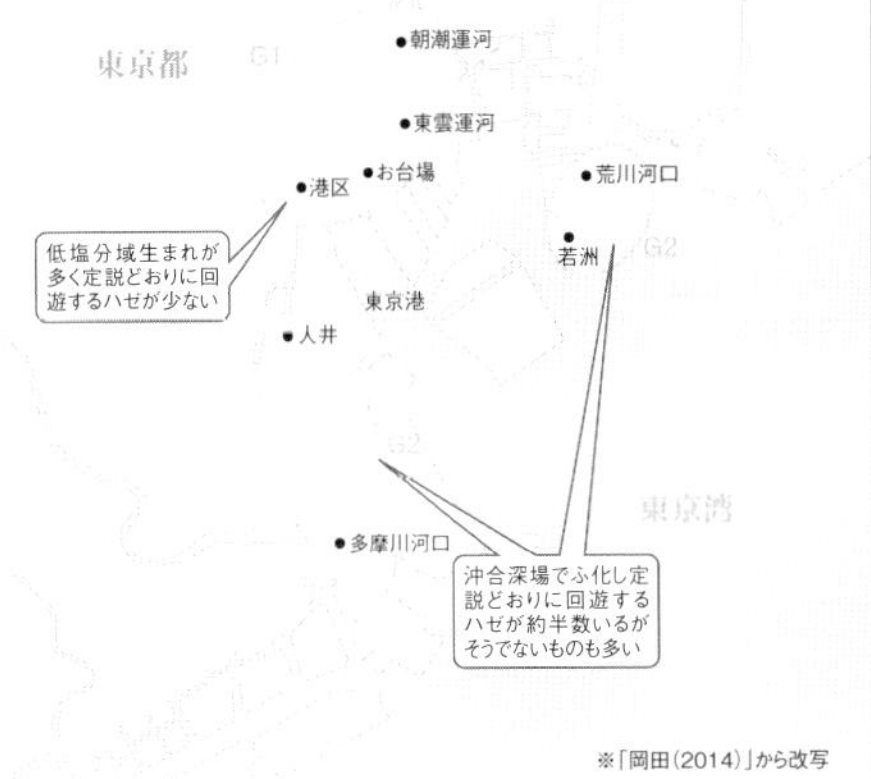

※「岡田(2014)」から改写

年月ごと・採取場所ごとのふ化群の組成をみると、場所によって特徴的な変化が見られた。平潟湾に接続する野島水路の組成変化は、7月は3月ふ化群、9月は4月ふ化群、11月は6月ふ化群が主体となっており、月が進むとともにふ化群が入れ替わっていた（図3）。一方、同じ2011年の江東区朝潮運河では、4・5月発生群のみから構成されており、ふ化群の入れ替わりはなかった（図4）。

この間の平均全長の変化は、野島水路では見かけ上小さな図1のパターン①に相当し、朝潮運河では変化が大きなパターン②に相当した。先の推論では、パターン①はその場所に滞留しない通過地点、パターン②はその場に滞留して成長する地点としたが、このことがデータで証明され、所によっては多数のふ化群が存在することが明らかになった。

耳石中の微量元素からはマハゼの興味深い回遊履歴が明らかになった。図5には日齢ごとのSr／Ca比の特徴的な変動パターンを3つ示した。（a）は高塩分→低塩分と移動した定説どおりの回遊履歴、（b）は低塩分→高塩分と定説とは逆の回遊履歴、（c）は回遊していないことを示したものと解釈される。

このような回遊履歴の違いが、東京都海面のごく狭いエリアでみられたことは興味深い。地点ごとの回遊履歴の組成をみると（図6）、定説どおりのものは意外にも少数派で、定説とは逆のほうがむしろ多く、回遊していないものも少なくなかった。

これら地点は、定説どおりの回遊履歴が少ない（20％未満）4地点と、多い（40％以上）4地点とに大別された。前者のグループ（G1）は東京港奥部のエリアに集まっており、後者のグループ（G2）は東京港外縁部の2つのエリアに分かれて存在することが明らかになった（図7）。

低塩分域で生まれたG1は運河や河道内といった浅場の産卵に由来しており、深場の海底がヘドロ化などから産卵場として利用できていない可能性が高い。そしてふ化後は成長に伴う正常な移動もできておらず、デッドゾーンが移動を妨げているものと考えられる。

G2には沖合深場でふ化したものが約半

数いるが正常な移動が妨げられているものも多く、やはりこちらもデッドゾーンの影響を強く受けているものと考えられた。

江戸前ハゼの復活に向けて

　最新の研究成果から明らかになった江戸前ハゼの暮らしぶりは、大変に厳しいものであった。

　特にデッドゾーンの影響は深刻で、夏季に底層に発達する貧酸素水塊の影響を回避できる浅場や干潟を保全・再生することが急務である。そのためにはこれ以上の埋立ては論外であり、小規模でもよいから積極的に干潟や浅場を各地に造成することが必要である。

　江戸前ハゼ復活プロジェクトが発足した２００８年以降、川崎市川崎区の東扇島に掘込み型の人工海浜が、横浜市神奈川区の国交省事務所内に階段型の人工干潟が、横浜市西区の高島水際線公園には潮入り池が造成された。

　それらの規模は小さいものの、新たな魚類の生息場やデッドゾーン回避の場として機能していることが示唆《しさ》された。

　また、護岸改修のために岸辺が深くなってしまった朝潮運河では、元の浅い海底を再生させた場所があり、そこがマハゼの生息場として機能していることが釣りや水中カメラ調査で確認された（古川ほか、２０１５）。

　マハゼは、現在の厳しい東京湾の環境に負けずに、あの手この手で子孫を残そうと奮闘しているかのように見える。耳石のSr／Ca比から示唆された運河など浅場での産卵は、本来の産卵場が埋立てで失われたりヘドロ化で利用不能となったことへの対応と思われる。また、異常に延びた産卵期と繰り返し生み出される多数のふ化群は、カタストロフィー（突発的な貧酸素化など）に対して次世代の生存確率を高める適応とも、限られた産卵場を入れ替わり利用した結果とも解釈できる。

　いずれにしても、人間が改変してしまった過酷な海で、マハゼは生き様を変えてでも子孫を残そうと頑張っている。

ハゼ暦を狂わせたもの

　ハゼが目に見えて減少した１９９０年代以降、季節外れのデキハゼの出現、ヒネハゼの消滅など、ハゼ暦がおかしくなった。そして、耳石の日周輪を用いた研究から、従来どおりの3～5月生まれのほか7・8月生まれが多くいることが判明した。年魚の産卵期が延びに延びて半年にも及んでしまったわけだが、私はこんな事例を他に知らない。

　また、成長に伴う正常な回遊を行なえな

⬅どこも青潮の影響が色濃い状況でも泥底の緩い傾斜の干潟がある釣り場のハゼは元気いっぱいだった

➡夏の青潮に見舞われた垂直護岸の釣り場。本来は底にいるハゼも底にいられずに浮いて、エサになるイソメや甲殻類は多くが死滅してしまう

いハゼが多くいることも明らかになった。運河や水路の中で生まれ、成熟しても本来の産卵場である深場に出ることなく一生を終えてしまうのだ。

ハゼ暦を狂わせた要因はいくつも想定されるが、溶存酸素が乏しい貧酸素水塊と人為的な沿岸地形の改変の2つに集約されると考えられる。

貧酸素水塊・高水温の脅威

海底に分厚く堆積したヘドロに含まれる膨大な有機物は、常に底層海水中の酸素を消費し続ける。冬場の対流期は表層から底層へと酸素に富む水が循環して問題は生じないが、循環が止まる成層期には底層が貧酸素化する。

一方の高水温は目に見えない貧酸素水塊と違って体感できるため、海の異変として捉えやすい。ハゼが高水温で死ぬことは滅多にないが、高水温によって生じる貧酸素水塊はハゼの命を奪う。

高水温は成層期の長期化と成層の強化をもたらして、より強力・より広範囲・より長期間に貧酸素水塊を生じさせる。従来の発生時期は6～10月であったが、水温が高い近年では5～11月へと延びている。貧酸素水塊は東京湾漁業にとって最大の脅威で、水産に関わる研究機関は「貧酸素水塊速報」を発行して関係者に注意を促している（図8）。

さらに、深場から湧き上がった貧酸素水塊が浅場のハゼを襲うことがあり、この現象は「青潮」と呼ばれる。ハゼは泳いで青潮から逃れることができるが、主なエサである底生動物はその場で死滅してしまうので、運よく生きながらえてもエサがない。こうして貧酸素水塊はハゼに深刻な影響を与えるのだ。

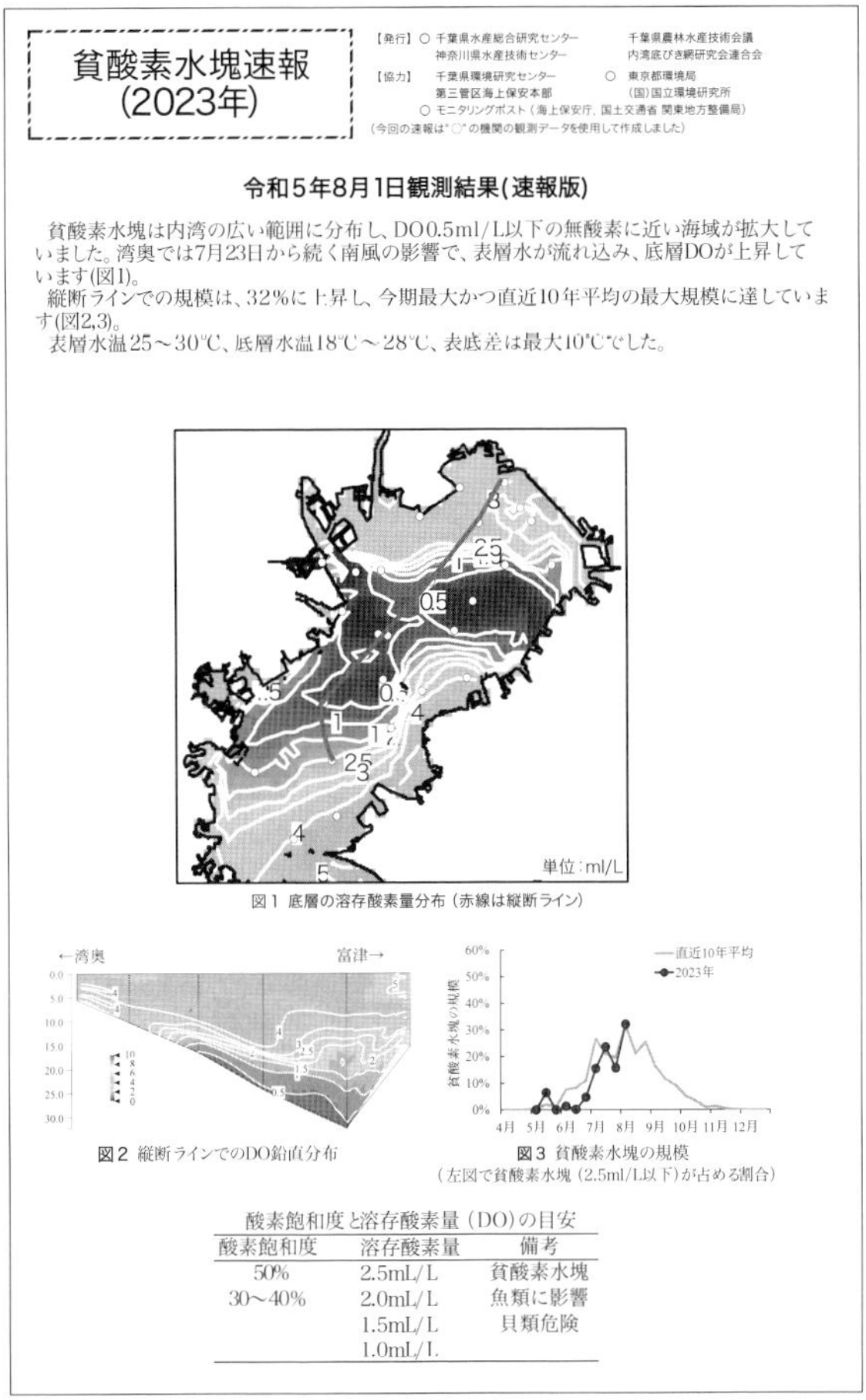
貧酸素水塊速報
(2023年)

【発行】○ 千葉県水産総合研究センター　千葉県農林水産技術会議
神奈川県水産技術センター　内湾底びき網研究会連合会
【協力】千葉県環境研究センター　○ 東京都環境局
第三管区海上保安本部　(国)国立環境研究所
○ モニタリングポスト（海上保安庁、国土交通省 関東地方整備局）
（今回の速報は"○"の機関の観測データを使用して作成しました）

令和5年8月1日観測結果(速報版)

貧酸素水塊は内湾の広い範囲に分布し、DO0.5ml/L以下の無酸素に近い海域が拡大していました。湾奥では7月23日から続く南風の影響で、表層水が流れ込み、底層DOが上昇しています(図1)。
縦断ラインでの規模は、32%に上昇し、今期最大かつ直近10年平均の最大規模に達しています(図2,3)。
表層水温25～30℃、底層水温18℃～28℃、表底差は最大10℃でした。

図1 底層の溶存酸素量分布（赤線は縦断ライン）

図2 縦断ラインでのDO鉛直分布

図3 貧酸素水塊の規模
（左図で貧酸素水塊（2.5ml/L以下）が占める割合）

酸素飽和度と溶存酸素量（DO）の目安

酸素飽和度	溶存酸素量	備考
50%	2.5mL/L	貧酸素水塊
30～40%	2.0mL/L	魚類に影響
	1.5mL/L	貝類危険
	1.0mL/L	

2023年8月1日発行の「貧酸素水塊速報」（図8）

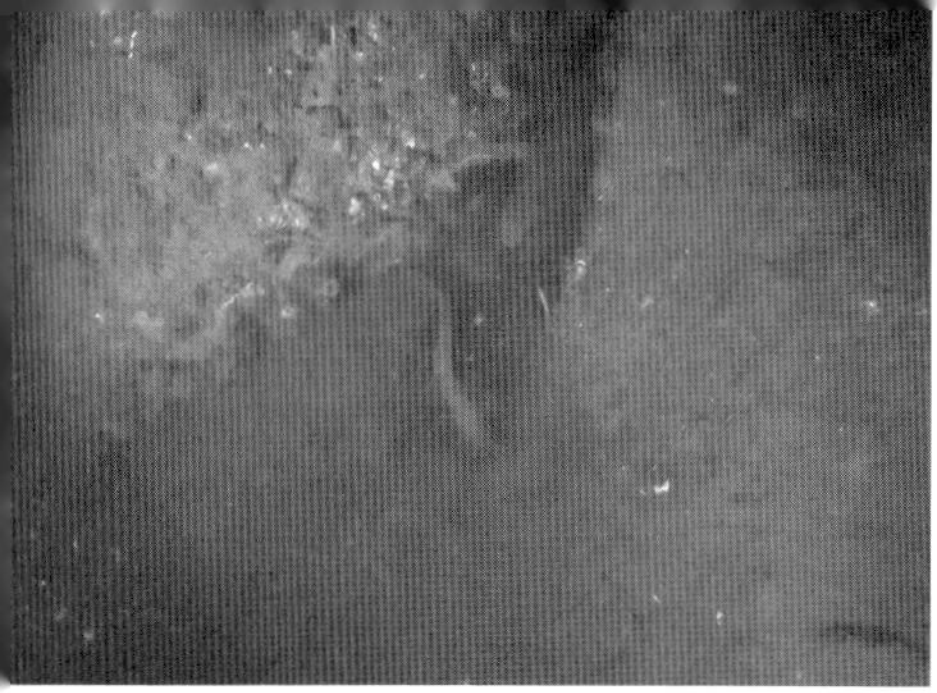

写真１　マハゼの求愛行動（©NTV）

写真２　直立護岸の前面に造られたテラス型の干潟と潮だまり（2011年９月 横浜市帷子川河口）

写真３　埋立地が掘り込まれた造成中の人工海浜（2006年12月 川崎市東扇島東公園）

地形改変の影響

　ハゼの生活史の中で、人為的な地形改変の影響を最も強く受けるのは産卵だ。ハゼは口を使って巣穴を掘るので、硬い海底では穴を掘れず、軟弱な海底では穴が崩れてしまう。

　かつて湾岸に広がっていた干潟の前面には、水深数mから十数mにかけて「前置斜面」という砂質から泥質へと徐々に変化する緩やかな斜面があり、そこがハゼの大産卵場になっていた。しかし、前置斜面のほとんどは埋立地に呑み込まれてしまい、木更津市盤洲干潟、江戸川河口沖の三枚洲、船橋・市川市地先の三番瀬に隣接して残るのみとなった。

　実際に木更津や江戸川放水路のハゼは高塩分域で生まれた正常な回遊履歴を持っており、多くが前置斜面で生まれたものと推定される。一方、湾奥の運河や水路部のハゼは低塩分域で生まれた履歴を持つものがほとんどで、これらは運河や水路部に存在すると推定される未知の産卵場で産まれたものと考えられている。

繁殖生態をテレビ番組が撮影

　そんな中、日本テレビ「ザ！鉄腕！DASH!!」とNHK「ダーウィンが来た！」がタッグを組んで、湾奥某所にある「DASH海岸」で2022〜23年にハゼの繁殖生態の撮影に挑んだ。現場には最新鋭機材と経験豊富な撮影チームが投入されたが、撮影は難航し総撮影時間は水中素材だけで1300時間以上にも及んだ。

　DASH海岸は埋立地を走る運河のどん詰まりで、既知の産卵場とはかけ離れた環境。こんな場所での繁殖の知見はなく、しらみ潰しに穴を調べて回るしかなかった。そしてようやく雄が出入りする穴が発見された。それは水深3mの海底にあり、人工の岩礁帯を造成するために投入された巨石の基部という意外なポイントであった。以後はそこに定点カメラを据えて粘り、ついに世界初と思われる決定的な繁殖行動が撮影された。

　まず成熟した雌が集団で現われて、気に

入った巣穴を探し回っているようだった。人気の巣穴を巡っては雌同士が争い、勝ち抜いた雌が巣穴に近づくと、穴の主の雄が体をなまめかしくのS字にくねらせるダンスをする（＝写真1）。その後、雌は雄に続いて巣穴に入ってペアが成立した。

特に興味深かったのは、巣穴が泥底に半ば沈み込んだ巨石の底面に沿って掘られているらしいことだ。おそらく、柔らかい底質に対応するために、巨石の底面を穴の形状保持に利用していた可能性がある。これは今後、ハゼの産卵場を造成・拡大しようとする際に有益な情報となろう。

写真４　埋立地を掘り込んで造成された小規模な干潟（2011 年９月 横浜市高島水際線公園）

江戸前ハゼ復活のために

江戸前ハゼは、人間が改変した環境に適応しつつ何とか命のバトンを繋いでいるが、貧酸素水塊と高水温という抗し難い危機に直面している。今我々ができることは、貧酸素水塊を回避する生息場や産卵場となる浅場を創出することと考えられる。

東京湾では２０００年代後半に、直立護岸の前面にテラス型の干潟や潮だまりが造られたり（東京都芝浦運河、横浜市帷子川河口＝写真2、横浜市国交省横浜技調）、埋立地を掘り込んで人工海浜（写真3）や小規模な干潟（写真４）が造成された。しかし、東日本大震災後はこうした動きが停滞してしまって現在に至っている。この間にも生態に関する新たな知見は蓄積されているので、今後はそれを活かして場づくりを実現したい。

こうした官や学の動きとともに、釣り人諸兄にもできることがある。それは、伝統ある江戸前ハゼ釣りを大いに楽しみ、様々な場面でハゼ釣りの楽しさや意義を発信していただくことだ。これこそが、東京湾の再生に向けた官民連携のアクションなのである。

引用文献

古川恵太・渥美雅也・岡田知也（2015）：江戸前ハゼ復活プロジェクトによる東京湾のマハゼの生活史の推定とその再生への試案．第 28 回日本沿岸域学会講演要旨集

工藤孝浩（2012）：魚類を指標とした東京湾の干潟における生物多様性の評価．東京湾の漁業と環境，第 5 号，67-78

岡田知也（2014）：沿岸域の統合的管理による港湾環境の保全・再生に関する研究－マハゼの生活史行動を利用した広域的な環境評価手法の開発－．建設マネジメント技術，2014 年8月号，24-27

東京湾の環境をよくするために行動する会（2008）：東京湾読本．pp.62

吉田　潤・古川恵太・上村了美・岡田知也（2013）：沿岸域の総合的評価に向けた指標生物（マハゼ）の群集動態の整理．国総研資料，第 740 号，pp.47 江戸前ハゼの復活に向けて

参考文献

工藤孝浩（1999）：江戸前ハゼ釣りの復活を目指す 21 世紀のウオーターフロント像とは．つり人，通巻 639 号，84-87.

工藤孝浩（2016）：知らなかった！東京湾マハゼの最新生態事情．つり人，通巻 845 号，83-87.

本書は、2016 年～ 2023 年の月刊『つり人』ハゼ釣りに関する各記事を
再構成するとともに、書き下ろし原稿も大幅に加えて一冊にまとめたものです。

みんなのハゼ釣《つ》り

ファミリーからベテランまで楽《たの》しめる多彩《たさい》な釣《つ》り方《かた》を徹底解説《てっていかいせつ》。
料理《りょうり》、生態《せいたい》、釣《つ》り場案内《ばあんない》も！

2024 年 7 月 10 日発行

編　者　つり人社書籍編集部　編
発行者　山根和明
発行所　株式会社つり人社
〒 101－8408　東京都千代田区神田神保町 1－30－13
TEL 03－3294－0781（営業部）
TEL 03－3294－0766（編集部）

印刷・製本　港北メディアサービス株式会社

乱丁、落丁などありましたらお取り替えいたします。
©Tsuribito-sha. 2024. Printed in Japan
ISBN978-4-86447-722-2 C2075
つり人社ホームページ　https://tsuribito.co.jp
つり人オンライン　https://web.tsuribito.co.jp
Japan Anglers Store　https://japananglersstore.com
つり人チャンネル（You Tube）
https://www.youtube.com/channel/UCOsyeHNb_Y2VOHqEiV-6dGQ

本書の内容の一部、あるいは全部を無断で複写、複製（コピー・スキャン）することは、法律で認められた場合を除き、著作者（編者）および出版社の権利の侵害になりますので、必要の場合は、あらかじめ小社あて許諾を求めてください。